全球化與臺灣社會

——人權、法律與社會學的觀照

朱柔若 著

三民書局

Society

國家圖書館出版品預行編目資料

全球化與臺灣社會：人權、法律與社會學的觀照 /
朱柔若著.－－初版三刷.－－臺北市：三民，2015
　面；　　公分
參考書目：面
ISBN 978–957–14–4994–4　（平裝）

1.社會 2.全球化 3.臺灣

540.933　　　　　　　　　　　　　　　　97005746

ⓒ　全球化與臺灣社會：人權、法律與社會學的觀照

著 作 人	朱柔若
發 行 人	劉振強
著作財產權人	三民書局股份有限公司
發 行 所	三民書局股份有限公司
	地址　臺北市復興北路386號
	電話　(02)25006600
	郵撥帳號　0009998–5
門 市 部	(復北店) 臺北市復興北路386號
	(重南店) 臺北市重慶南路一段61號
出版日期	初版一刷　2008年5月
	初版三刷　2015年9月
編　　號	S 541310

行政院新聞局登記證局版臺業字第○二○○號

有著作權，不准侵害

ISBN　978–957–14–4994–4　　（平裝）

http://www.sanmin.com.tw　三民網路書店

三民網路書店
www.sanmin.com.tw

推薦序

　　認識柔若是她在臺灣大學社會學系與研究所當學生的時候。當時，在我的印象裡，她是一個用功、實事求是、凡事慣於尋根問柢的年輕女孩。後來，知道她到英國牛津大學攻讀博士學位，直到她返國任教，才有機會再與她見面，多知道一些她的事。這些年來，柔若致力於教學與研究甚為用心，翻譯、也撰著了不少作品。以她的年齡與資歷來說，成果堪謂豐碩。如今她又將出版《全球化與臺灣社會：人權、法律與社會學的觀照》一書，希望我寫篇序言，說幾句話。一個向上心旺盛的同行後輩，對我有這樣的期待，我自無拒絕的道理。

　　20世紀後半葉的人類文明最大的特色莫過於是，讓所謂的「全球化」成為整個地球發展的主導趨勢。到了1980年代末期，單就經濟體制而言，當整個共產集團產生了相當程度的解體現象之後，「全球化」的趨勢更加明顯，以致使得有些人認為歷史將終結於資本主義的形式。當然，整個世界的經濟體制是否已（或必將）終結於資本主義的形式，是一個極為嚴肅的課題，我個人有著保留的態度，更是不敢妄加言論。然而，毋庸置疑的，有一個歷史性的現象卻是可以肯定的，即：長期以來，即使不斷地受馬克思主義嚴厲的挑戰，西方自由民主的資本主義社會（特別是美國）的基本發展模式，卻持續地展現著無比威力，延續至今，甚至儼然已成為形塑整個人類文明的主導典範。縱然以最保守的態度來說，至少，在未來的一段時間裡，情形似乎還會是如此，而不太可能有著另類典範足以產生具致命性的挑戰威脅。

　　在這兒，我不擬多談「情形何以會是如此」這樣一個涉及19世紀以來之西方社會的特殊歷史與文化質性，對整個世界體系的形塑所以可能產生如此至為關鍵之影響的問題。所以如此，最主要原因當然是，因為其中糾結的因素複雜，實難以使用簡單的語言，也難以運用有限

篇幅來說清楚。況且，在一篇序言裡，也不適合來談這樣一個惱人的課題，否則，不免會有著喧賓奪主之虞。在此，我想特別提示的，只是一個重要的歷史事實。這個歷史事實是，主導「全球化」之發展模式的基本文化基素即是一般所謂的「現代化」，而此一「現代化」體現的，其實只是西方自由民主之資本主義社會長期以來所發展而累積起來的一種特殊文化質性，其中承載的是西方人一連串的歷史經驗。只是，從 19 世紀以來，西方帝國主義的力量以幾近絕對優勢的姿態，不斷往外向非西方世界擴張，以致於使得這個歷史經驗弔詭地成為主導整個世界發展的普世標竿依據。結果，被西方人界定的「現代化」概念，也就因此順理成章地成為「全球化」的基本內涵，並且，使得整體人類產生了一種無以逃脫、且深帶歷史「天命」性質的困境感。

誠如柔若在書中指出的，「全球化」有著一股使得人類整體文明邁向單一化之制度結構的趨力，固然，在「全球化」的同時，我們也觀察、感受到「在地化」連帶地進行著。然而，「全球化」作為一種具特殊歷史—文化內涵的結構性動力，它卻有著一套具主導性的運作模式。在柔若的眼中，這個結構性的運作模式即是，諸如採行市場經濟體系、實行民主政治、尊重基本人權與自由平等、勞動人口的跨界流動等等。同時，分散各地的不同文化、信仰、價值觀念，更是有著朝向具某種單一且共通的基軸，但卻又可以是多元方向的基本模式發展著的趨勢。在這樣的前提下，柔若採取著相當務實的態度，以當前臺灣社會的發展狀況為最重要的參酌點，刻意地選擇了勞動人口、人權要求與實際的法律規範三個相互滲透的面向來作為論述的課題。基本上，這樣的取向，有著一定的社會學意義，我個人相當認同。

就勞動現象而言，柔若強調的是跨國移民的現象，她以臺灣人往外移民（特別是澳洲與加拿大兩個地區）以及接受外來勞動力與外籍配偶的雙向移民現象作為實例來予以分析。至於有關保障與宣揚人權作為一種「全球化」的表現形式，柔若則選擇了以工作與婚姻作為主

調的性別平權、以及特別涉及基因檢測、人工複製與治療技術的醫療人權作為論述的議題。總地來看，在論述中，柔若相當技巧地始終保持著不時讓具「全球化」意義的「法律」概念剔透出來的策略進行著。我個人認為，這樣的作為相當具有社會現實感，充分體現了一個社會學者常秉持之知識分子的社會責任意識，值得敬佩。尤其，柔若甚為坦白，自認在這本書中呈現的研究課題未盡周全，希望在將來能夠對宗教與環境問題提出系統的觀察與批判，以臻至有著全方位的涵蓋，而能克盡現代知識分子的職責。在這個時代的臺灣社會裡，一個讀書人，尤其又是女性，有這樣的知識分子情懷，我除了予以嘉許之外，就是更多的鼓勵。長期來，我總認為，任何的作品都不可能是完美無缺的，作者用上的心意才是我們應當特別在意，也是值得細心體味的地方。因此，我希望讀者們能以作者所持有的同樣情懷來接近這份著作，分享著作者的用心與情意。我相信，這將會是一種相當特殊的感受，而且，也才得以發揮作者期待的社會功能。

葉啟政　識於
世新大學研究室
時 2008 年 5 月

解剖全球化： 我的關懷路徑

從時代標語來討論時代的特色與性格，全球化 (globalization) 絕對是最能彰顯 1990 年代以來國際社會與本土社會關心的焦點概念，而為其連動所引發出來的相關衝擊與效應，更是牽動國內外政治領袖展開一連串對話、談判、甚至衝突的核心議題。英國社會學家安東尼·紀登斯 (Anthony Giddens) 便主張全球化代表的正是現代化時空延伸與去鑲嵌化 (disembedding) 的自然結果。所謂的「去鑲嵌化」指的便是「將社會關係從在地的互動脈絡中拔起，然後在時空中重構」。透過時空延伸、去鑲嵌化、與反思能力三股現代化的主要動力，普世價值取代特殊性成為社會關懷的主要特質，規範因全球化而來的社會關係網絡。

全球化以雷霆萬鈞之勢，驅策包括臺灣在內的世界各國，邁向單一化的制度與結構，諸如採行市場經濟體系、改行民主政治、尊重基本人權與自由平等，而促使分散各地的不同文化、信仰、價值觀念，朝向某種單一、多元、又共通的整體發展。這股統一化的力量，在世界各個角落引發充滿矛盾的情節，的確，跨國資本主義透過全球化的強大勢力威脅著各國政府對經濟與勞力市場的控制權；然而，對普世人權價值的講求，亦隨著全球化的腳步，進入世界各個角落，迫使政府對國內外剝削勢力進行規範。節制剝削勢力與落實人權價值的社會機制，也在法律體系中交會，因此，各國的社會控制機制的執行者與司法體系的行動者，扮演著極為關鍵的守門人與捍衛正義的角色。

全球化衝破傳統民族國家壁壘，催促本土朝國際化的方向統一。為了接軌國際及進軍國際市場，愈來愈多的國家接納並遵守國際性的標準與規範。在接納與遵守這些普遍的國際準則的同時，國籍與公民權成了新的商品，吸引新世代的跨國移民。隨著跨國移民的擴大與深化，地方文化產品得以在國際市場開拓出新的商機；但在新居地落腳的移民，仍有待落實族群對等、性別平權、文化等值等多元文化主義價值觀的內化，使外來客與

原鄉人之間能夠在結合本國傳統與外來特性的過程中，凝聚出新的認同與身分識別。

　　透過外籍勞工、幫傭，乃至於外籍新娘的湧入臺灣社會，以體現在各民族國家文化信仰上、生活方式、乃至於價值觀念上的同質化程度觀之，全球化的趨同效果不論是在臺灣的都市或鄉村皆已顯然可見。再加上器官複製、基因改造等突飛猛進的生物科技生機及其帶來的新病源，亦以同樣快速的腳步穿越國界，將臺灣社會帶進全球化的風險舞臺。在這個背景下，本書試圖彰顯全球化過程中統一化的本質，首先以全球化與勞工、人權、與法律開場，依序檢視全球化與民主法治、全球化與跨國流動、全球化與性別平權、以及全球化與醫療人權等面向下的多重議題，平實地記錄作者對臺灣社會在全球化衝擊下多元回應的觀察與對臺灣社會深切的期待。

朱柔若　謹識
中正大學荊竹園
2008 年

全球化與臺灣社會：
人權、法律與社會學的觀照

目次

第三卷　全球化與去邊界化

第四卷　全球化與性別平權

第五卷　全球化與醫療人權

第一卷
全球化的多元切面

引　言

　　全球化是 20 世紀末最強勢的現象，也是最熱門的概念，在全世界各個角落拓展，將世人捲入一條不歸路。在全球化過程中，全球霸權支配經濟、社會的網絡連結，以及優勢文化對弱勢傳統的衝擊，為世界各地帶來各式各樣的威脅，包括經濟不平等、失業排除、非典型化的勞動體制，甚至生態災難、認同危機。同時，全球化亦夾帶著民主化、人權價值的普世化、全球法律化的強大勢力，喚起世人對於基本人權、環境權、勞動權、文化權的重視，追求無歧視的理想社會獲得早日實踐。在全球化的過程中，法律扮演非常重要的角色，反對全球化的行動者，可以通過立法阻止或延緩全球化的進程與人權價值的落實；支持全球化的行動者也可以透過立法的改變，或者促進全球化的步調、或者深化人權價值的在地化。法律在一般民眾的心中，具有伸張公平正義與保障平等自由的功能，若法律機制無法實現這項功能，則在全球化的過程中，不但人權普世化的理念將流於空談，徒具捍衛正義形式的法律機制反而可能淪為社會優勢者壓迫弱勢者的工具。

單元章節

關鍵概念

社會的去法律化、法律的去社交化、經濟全球化、第一代人權、消極權利、不可讓渡的權利、積極權利、第二代人權、社會失連、社會排除、社會空間、第三代人權、可以讓渡的權利

議題一
全球化與勞工

―摘要―

1990 年代盛行的自由主義市場經濟，展現了全面性的主導力量，不論是產品市場、資本市場、還是勞動市場都是如此，促使企業走向國際化、各國政府解除對金融與勞動市場管制之措施。資本主義動力掌握的不僅止於經濟發展的過程與模式，也左右了國家政策的走向。在資本主義世界體系的運作之下，經濟全球化促使勞動市場彈性化，打造新的就業關係模式。❶

　　經濟全球化是全球化動力的核心引擎、主要的推進器，當此股勢力向全世界各個角落拓展，全球化就宛如一條不歸路。經濟全球化除了意味著生產國際化、貿易自由化之外，還意味著資源配置的全球化。其中資本、技術、管理等資源的跨國流動受到的限制往往比較少，而勞動力資源的跨國流動卻有相當多的障礙。據此，經濟全球化對跨國企業而言，或許代表著朝向全球各個角落開發新商機與爭奪新利潤的機會。對於許多核心或半邊陲國家的勞工而言，極可能代表著勞動處境的弱勢化，致使愈來愈多的勞動者陷於長期失業、或不穩定就業的厄運，加速弱勢勞工的邊緣化。

一、全球化與產業外移

　　經濟全球化引動導致全球產業結構變遷，第一、二產業的就業人數在已開發國家會逐漸下降，第三產業的就業人數會持續上升。已開發國家的企業面對全球競爭的壓力，因應勞動成本節節上升的解決之道，經常是將勞力密集的產業從其國內整批向外輸出，到能夠提供大量廉價勞動力，同時允許長工時、加班不設限的開發中國家重新設廠營利。已開發國家企業的外移，帶給開發中國家與第三世界國家直接投資的豐富資金與先進技術，使其得以憑藉低廉勞動成本，取得競爭優勢，提高經濟成長與改善其就業狀況。

---

❶　朱柔若、童小珠，2006，〈全球化對勞動市場的衝擊——臺灣經驗解析〉，《兩岸與國際事務季刊》第 3 卷第 1 期：79–115。

　　同時，對已開發國家本身的產業結構而言，企業跨國移動能力的提升，也加大技術密集產業的比重，增加其對高技術勞動力的需求，遂使其國內低技術的勞工陷入與開發中國家的廉價勞動力競爭工作機會的處境，也預告了相當數量的低技術勞工面臨失業的危機。換句話說，在全球化的競爭趨勢下，已開發國家或成長相對快速的開發中國家，調整本身產業結構以取得國際比較優勢，朝向高技術層次、技術進步型態的人力運用，而出現對高技術勞動力需求增加、低技術勞動力需求減少等勞力市場與雇用型態轉變的現象。

　　已開發國家之間的貿易已促使這些國家進行產業結構的調整，不具競爭優勢的產業逐漸沒落，或是相繼出走、或是連環倒閉。一旦這些產業的就業需求減少，大量解雇的現象便屬意料之中。隨著大量生產時代製造業工作與低技術組裝工作的消失，代之而起的大多屬於服務業的工作機會。由於服務業產出增加百分之 3，才能換回製造業百分之 1 的衰退❷，這等於說，一個製造業的工作抵得上三至四個服務業工作所創造出的產能。以當時產業結構由傳統的製造業向服務業與資訊產業移轉的速度而言，即使服務業與資訊業有不斷增加的新興工作機會出現，可能也無法吸納產業外移後所釋出製造業的剩餘勞動力，這些低技術的勞動力轉業困難，便造成大量結構性失業者。

　　至於那些順利由製造業轉向服務業的受雇者，也面臨著新雇傭關係的挑戰。新興的服務業就業市場，需求的是兩種不同的勞動力，因此，提供的是兩種極端的勞動條件與就業保障——大量低技術、低工資、無保障的部分工時工作，以及少數高技能、高薪資、高福利、可升遷的全職就業機會。相對於製造業的工作而言，新興的服務業工作，像是速食業、餐飲業、旅館業等，多是一些低所得、部分工時的工作，因此面臨所得差距惡化的問題將更為嚴重。

---

❷　朱柔若，1998，〈第二章：關廠與反關廠行動〉，《社會變遷中的勞工問題》，臺北：揚智。

二、全球化與勞動彈性化

經濟全球化的動力促使政府解除對經濟的管制措施，推動經濟自由化，跨國企業的因應之道，則是採取彈性積累 (flexible accumulation) 的策略，去除先前以福特主義為內涵的工業主義生產模式，一改過去著重大量生產與機械化管理的僵化行為❸。彈性積累強調的是及時生產與外包制度，透過世界性的地理分工來整合資本主義所需要的積累過程。當企業面臨激烈競爭與縮減的利潤時，便利用已被弱化的工會與過剩勞動力，推動更具彈性的工作制度與勞動契約，將一般就業型態導向更多的部分工時、暫時性工作、甚或轉包類的工作安排。影響所及，對勞動市場結構造成徹底的改變──企業大量減少雇用核心的全時員工，取而代之的是大幅增加雇用彈性工時、部分工時、或臨時性派遣的勞工。

彈性積累的結果是一個數量逐漸緊縮的核心勞動力。這群勞工主要是基本勞動市場 (primary labor market) 的受雇者，擁有較高教育水平、報酬、與穩定的職業契約，是由全時、終身雇用、且對企業組織的長遠發展，具有關鍵重要性的員工所組成的。這群勞工在享受較大的工作保障、較佳的升遷、再訓練的機會、以及較豐厚的年金、保險與其他勞工福利待遇的同時，也被寄予厚望，能夠更具有適應力、更具有彈性、而且更願意配合企業發展從事地理上的流動。

相反的，邊陲勞動力包含了兩個相當不同的群體。第一個群體是由全時受雇者所組成的次級勞動市場 (secondary labor market)，這個市場的升遷機會少、流動率高、所需的技術難度低、取得極易、又缺乏提供升遷機會的內部勞力市場，像是文書、秘書、事務員，與低技術性的體力勞工都屬

❸　Harvey, D., 1989, *The Condition of Postmodernity*, Cambridge, MA: Blackwell. 李碧涵，2002，〈勞動體制的發展：全球化下的挑戰與改革〉，《社會政策與社會工作學刊》第 6 卷第 1 期：185–219。

此類。第二個邊陲勞動群體在人數與僱用彈性上都比第一個邊陲群體更大，工作保障更少，是由部分工時勞工、定期契約工、派遣勞工、轉包工、與政府補助的職訓者組成。

　　勞動市場彈性化最大的問題在於企業內部勞力市場的雙元化 (dualization)。在經濟全球化的衝擊之下，企業採行彈性管理制度 (flexible management)，為了適應產品市場快速的轉變，只保留少數固定長聘的核心工人，並要求他們具備多種技能、擔任不同工作，以展現核心受僱者的「功能彈性」。然後，在核心受僱者之外大量聘請兼職、外包、臨時、合約等邊緣勞工，以增加勞工的「數目彈性」❹。勞動市場中愈來愈多的非典型工作、邊緣性工作的勞動者出現，他們所享有的工資、社會安全保障、以及勞動條件與權益，皆與典型工作、核心工作之勞動者，有明顯的差距，形成了勞動市場上的雙元化結構。從事非典型工作與邊緣性工作的勞動者，受不到社會安全制度之保護，又無團體協約的保障、聘用與解僱皆無嚴謹的程序、又無向上流動機會、也缺乏適切的職業訓練，再加上工作性質的高流動性與高度不穩定性，使其成為被勞動市場「潛在排除」的一大群人，而社會排除 (social exclusion) 的概念也在此過程中應醞而生。❺

三、全球化與就業排除

　　經濟全球化、勞動彈性化下，全時工作似乎已面臨快速消失的厄運，早在十年前，《無業可就的未來》(*The Jobless Future*) 一書便指出，革命性的科技變遷，連同失業率攀升和經濟發展遲緩，會使「全職工作」不再是未來世界追求美好生活的重要工具；未來社會的工作景象，是以臨時的、

---

❹ Gore, C., 1995, "Introduction: Markets, Citizenship and Social Exclusion", in G. Rodgers et al. (eds.), *Social Exclusion: Rhetoric, Reality, Responses*, Geneva: International Labor Organization.

❺ 朱柔若，2005，〈失業與社會排除的社會學分析〉，成大政經所專題演講。

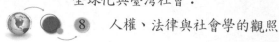

兼職性的工作為主，大約有三分之一的成年勞動者會失去工作，影響所及，中產階級也將成為消失的概念❻。

隨著科技的發展與資本主義的全球化，某些技術性的勞動力將隨之淘汰，取而代之的是另一些因科技新知而被重新界定的非技術性勞動力，以及缺乏穩定雇用、收入低、工時長，說就業不算就業、說失業又不像失業的勞動力後備軍❼。《當工作從社會消失》(When Work Disappears) 一書探討的便是工作不再如往日般穩定的成年人，其個人、家庭、與社區生活所遭受到的嚴重扭曲，甚至影響到整體城市生活與發展的情形。❽

在經濟全球化下，長期失業、低報酬、臨時性、短期雇用的工作，將成為其不得不接受的事實。影響所及，低技術弱勢勞工可能面臨三種勞動市場的排除：第一、沒有指望的長期失業；第二、臨時性或不安全的就業；第三、內部勞力市場的排除，即使有工作可做，但受雇的不是「好」工作、而是「差」、沒有展望、升遷、與職訓的工作❾。

尤其是某些行業的弱勢勞工，可能面臨不論怎麼努力始終脫離不了失業夢魘，一再在臨時工、不穩定就業、低工資的雇用中打轉。對於他們來說，一旦陷入失業／半就業／低薪就業的惡性循環，很難再找到向上流動的機會。就業結構的改變，也使得某些弱勢勞工即使接受職業訓練，仍不易找到穩定性的工作，就算目前是就業身分，也不易持久；只有極少數的長期失業者，能夠在經濟復甦時獲得暫時雇用❿。

❻ Aronowitz, S. & W. DiFazio, 1994, *The Jobless Future: Sci-Tech and the Dogma of Work*, Minneapolis: University of Minnesota Press.

❼ Wilson, W. J., 1997, *When Work Disappears: The World of the New Urban Poor*, New York: Vintage Books.

❽ 朱柔若、童小珠，2006，〈臺灣失業勞工的社會排除經驗探索〉，《香港社會科學學報》第 31 期：1–26。

❾ Littlewood, P. (ed.), 1999, *Social Exclusion in Europe: Problems and Paradigms*, Aldershot: Ashgate. Percy-Smith, J. (ed.), 2000, *Policy Responses to Social Exclusion: Towards Inclusion?* Buckingham: Open University Press.

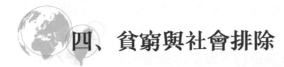

四、貧窮與社會排除

　　社會排除的研究最早可以追溯到 1950、1960 年代對貧窮 (poverty)、剝奪 (deprivation)、以及劣勢 (disadvantage) 等問題的理論探討。那個時期的貧窮研究取向，逐漸從物質匱乏與貧窮的關係，轉變到關注貧窮對社會關係的衝擊，而關照的焦點也從貧困的個人與家庭，移轉到從更廣闊的社會經濟政治脈絡以及制度性結構中探尋造成個人與家庭貧窮的成因。❶

　　到了 1970 年代，社會排除這個概念首先出現於法國的政治研究之中，而後剝奪與劣勢的概念進一步發展成為社會排除的理論。任樂諾 (Ren Lenoir) 是最早明確使用社會排除這個概念的法國學者。處身於當時法國社會的他，與當時的一些政治家、活躍分子、政府官員、甚至新聞記者，皆有意無意地使用「被排除者」(the excluded) 這個詞彙稱呼窮人，後來被擴大使用，廣泛地包括了精神病患、肢體殘障者、自殺者、高齡病患、受虐兒童、濫用藥物者、行為偏差者、單親父母、多問題家庭、邊緣人、反社會人口、以及其他形形色色的「社會適應不良者」。由是觀之，顯然那個時期的社會排除概念，基本上是指那些沒有受到社會安全制度保障，同時又被貼上不同類型「社會問題」標籤的人。根據任樂諾的估計，1974 年法國的「被排除者」構成了該社會全部人口的十分之一。❷

　　從 1970 年代開始到 1990 年代，歐洲各國經濟的迅速惡化，結構性失業期也因之延長，出現了階級兩極化的情勢，貧富不均加重了社會的分裂與衝突。各種新型態的貧窮與邊緣化問題來勢洶洶，使得社會排除概念的

❿　Cheal, D., 1996, *New Poverty: Families in Postmodern Society*, London: Greenwood Press.

⓫　Showler, B. & A. Sinfield (eds.), 1981, *The Workless State: Studies in Unemployment*, Oxford: Martin Robertson.

⓬　Silver, H., 1994, "Social Exclusion and Social Solidarity: Three Paradigms", *International Labor Review* 133 (5/6): 531–578.

使用，逐漸在法國之外的其他歐洲地區流傳起來。短短二十年的時光，社會排除概念從最初用來指因失業而造成個人與大社會之間各種紐帶的削弱與斷裂，演變到用來指涉公民身分與地位所賦予的政治權與社會權的否定，乃至於發展出視社會排除為對民主社會嚴重破壞的控訴與反省，所在多有 ❸。這整系列的過程使社會排除這個概念的討論，從就失業關係的議題拓展到社會關係的議題，而後更延展到社會分配的問題，深入攸關公民權益的資源分配不平等、社會參與不足、社會整合與權力匱乏等等議題。

為了防堵社會排除侵蝕民主社會，以免造成更嚴重的破壞，檢討社會排除概念及其運用於是成為歐洲社會政策相關研究中相當重視的議題。同時亦促使社會排除的研究超越傳統對貧窮的界定，轉而注重從多層面探討劣勢處境如何致使社會上的弱勢群體被拋出於主流社會之外。究其發現，社會排除的出現主要是由於勞動市場、社會福利、法律制度、以及家庭與社區制度的四種機制中，至少一個、甚或一個以上的機制無法有效運作，以致於某些群體長期陷於多方面匱乏的苦境，從而在其成員身上可以發現清晰可辨的社會排除徵狀 ❹。也就是說，或是因為勞動市場機制的失靈，導致某些社會群體中有工作能力的人無法獲得工作機會，致使這些成員長期來在工作環境或薪資報酬上，無法與主流社會群體享有同等的待遇；或是行政與法律制度的不完善，以致於在行政作業程序上阻礙了某些社會群體公民權的行使，致使這些群體成員的公民權長期來受不到保障；或是由於社會福利制度的不完善，以致於某些需要社會救助的團體成員不是長期

❸ Atkinson, R., 2000, "Combat Social Exclusion in Europe: The New Urban Policy Challenge", *Urban Studies* 37 (5/6): 1037–1055. Byrne, D., 1999, *Social Exclusion*, Buckingham: Open University Press. Room, G. (ed.), 1995, *Beyond the Threshold: The Measurement and Analysis of Social Exclusion*, Bristol: The Policy Press.

❹ Berghman, J., 1995, "Social Exclusion in Europe: Policy Context and Analytical Framework", in Room, G. (ed.), *Beyond the Threshold: The Measurement and Analysis of Social Exclusion*, Bristol: The Policy Press.

以來無法獲得照顧，就是社會救助的提供，不但無法協助被救助者恢復正常生活，反而使得其長期來遭受社會其他成員的歧視。

這些因素與障礙模塑了社會排除的多元面貌，常被用來描述具有某種社會特徵的群體，通常是性別、族群身分、身心障礙、年齡的劣勢團體，因現行社會制度的不健全或缺乏經濟與社會參與的機會，而使他們長期來無法整合到工作場所之內，宛如被有系統地孤立於就業場域之外的整系列邊緣化與社會隔離的過程。正因如此，從過程面來看，社會排除不僅指經濟與就業資源的長期匱乏，還包括在社會關係上、心理上、政治參與上和文化上的長期匱乏；從微觀的角度分析，社會排除的成因更不是出於個人缺陷或個人不幸的結果，而是結構性與社會制度性的因素使然，故而這些多層面匱乏與剝奪是無法單純依賴經濟補償而能獲得一勞永逸的解決。

五、社會排除的七大樣態

就社會排除所涉及的多面向特質而言，至少含括就業排除、福利排除、經濟排除、網絡排除、政治排除、階級排除、以及空間排除七大面向，其中就業排除是主要促因，而福利排除、經濟排除、網絡排除、政治排除、階級排除、與空間排除為其關鍵結果。所謂就業排除 (employment exclusion)，亦即勞動市場的排除，主要是指失業或是處於勞動市場邊陲地位。就業排除常被視為社會排除的主要指標，特別是歐盟的官方文件，確認了長期失業與社會排除之間的高度關聯性。❶因此，有關社會排除各面向之間的關係研究常以勞動市場的排除為自變項、因果關係的成因變項，

❶　Campbell, M., 2000, "Labor Market Exclusion and Inclusion", in J. Percy-Smith (ed.), *Policy Responses to Social Exclusion: Towards Inclusion?* Buckingham: Open University Press. Castel, R., 2000, "The Roads to Disaffiliation: Insecure Work and Vulnerable Relationships", *International Journal of Urban and Regional Research* 24 (3): 519–535. Robinson, P. & C. Oppenheim, 1998, *Social Exclusion Indicators*, London: Institute of Public Policy Research.

進而比較研究勞動市場排除與其他社會排除面向，特別是經濟排除、社會關係排除、政治排除之間的關係模式。迄今已有不少研究證實指出，勞動市場的排除或邊緣化，除導致經濟排除與貧窮化之外，長期的失業或不穩定就業，也將使其無論在心理上、家庭關係、社會網絡及社會參與上等皆不同於主流社會的生活方式及和價值觀念，漸漸地成為被排除的或被遺棄的社會階層，所謂底層階級 (underclass) 的概念，便是其一❿。

　　其次，經濟排除 (economic exclusion) 是指長期持續性地陷入貧窮狀態無法脫困，亦是一種被貧窮化的過程。福利排除 (welfare exclusion) 是指被排除於福利國家的制度之外，意指即使有福利國家的資源介入，仍無法助其脫離貧窮的劣勢狀況。政治排除 (political exclusion)，則是指參與團體與影響決策權利的流失或放棄，指被排除者沒有興致、能力、資格參與政治性團體，或是不再去行使其公民權、參與投票。社會網絡的排除 (social network exclusion) 主要是指陷入社會孤立、人際關係的孤立，缺乏家人、朋友、社區網絡的支持。空間排除 (space exclusion) 則是指被排除者集中居住在某區域內，從社會整體的角度來看，也就是這類人口被社會隔離，成為大多數人看不見或不願看見的一群。最後，所謂階級排除 (class exclusion)，不屬階級之列、連階級都不夠格，可以說是社會排除過程眾多結果中最嚴重的一項。

　　雖說從七大面向可以觀察出社會排除的七大樣態，社會排除畢竟是新興的社會現象，出現於長期經濟繁榮與福利國家發達之後，隨著經濟發展的減緩、福利國家的緊縮、失業層面的擴增、以及貧富差距的擴大所帶來的新社會問題。特別是當前就業排除的問題，橫跨不同的產職業，普遍發生在各個階層，超越了傳統社會階層理論解釋的範圍。從社會結構面、社會變遷角度來檢討，產業重組是造成社會排除最主要的結構性原因。伴隨著全球化而來產業重組反映在製造業的衰退、結構性失業的深化、部分工

---

❿　Berescroft, P. & S. Croft, 1995, "It's Our Problem Too! Challenging the Exclusion of Poor People from Poverty Discourse", *Critical Social Policy* 15 (2/3): 75–94.

時、低薪資、低保障工作型態的普遍化等等諸多現象之上。據此，社會排除不僅是其他社會變遷的結果，更可能是一個不斷累積、惡性循環中的過程。社會排除的累積性代表處於某種社會排除面向之下的個人，也承受著陷入另一種社會排除面向的高風險。換句話說，社會排除的各面向之間存在著相互影響、互相增強的牽制，猶如惡性循環。

 ## 六、就業排除與其他排除的關係

　　論及就業排除的效應，主要的焦點集中在就業排除和經濟與福利排除（失業與失財）、就業排除與社會關係排除（失業與失連）、以及就業排除與政治排除（失業與失權）之間關係的探討。

　　陷入失業或邊緣就業，薪資減少、甚至歸零是可預期的結果。貧窮處境使其買不起市場提供的商品與服務，淪落為「被排除的消費者」。在社會福利制度規劃完整、運作完善的歐洲國家，像是丹麥、芬蘭、與法國，失業率的大幅度上升，並不必然伴隨貧窮比率的大幅增長，因為國家福利制度與社會關係體系的共同運作，緩和了失業對個人及其家庭的直接衝擊。社會福利制度「去商品化」的理念，透過國家的干預減弱市場對公民地位以及商品與勞務取得的影響。有了失業津貼或社會福利的保障，短期之內失業未必導致貧窮。

　　其次，失業者若本身有積蓄、仍有全職就業的家人賺取可觀的收入，或是得到親朋好友的資助，也未必立即陷入貧困，這就是家庭與社會關係體系發揮了減緩失業立即失財的效果。除了經濟排除之外，就業排除直接衝擊到勞動者的社會關係網絡，也就是失業導致失連 (disaffiliation) 的問題。凱斯特 (Castel)[17]曾經提出「社會失連」(social disaffiliation) 這個概念，

---

[17]　Castel, R., 2000, "The Roads to Disaffiliation: Insecure Work and Vulnerable Relationships", *International Journal of Urban and Regional Research* 24 (3): 519–535.

也就是社會聯繫的失落，來說明當前社會排斥問題的主要成因，在於不穩定就業，而不是長期失業。他根據有無工作與社會關係的強弱兩個變項的關係，區別出四種不同類型的社會存在模式——整合 (integration)、脆弱 (vulnerability)、失連 (disaffiliation)、與有援 (assistance)。整合者是那些同時擁有固定工作與可以給予實質幫助社會關係的社會成員。脆弱者則是指那些擁有無法給予實質幫助的社會關係、本身又從事不穩定工作的社會成員。失連者是那些既無工作又陷入社會孤立的社會成員。有援者則是指那些能夠動員本身社會關係，或是懂得利用社會協助以彌補無工作窘境的社會成員。

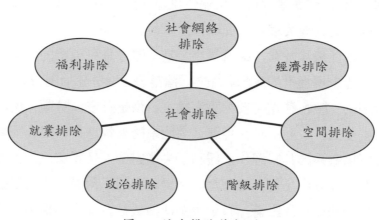

圖 1　社會排除的類型

　　值得注意的是，亦有研究主張造成社會網絡排除的原因，失業並非主因，各國的社會制度與文化扮演重要的角色。根據歐洲各國的比較研究發現，就業排除與社會網絡排除主要與經濟發展、勞力市場結構、社會網絡的強度與國家干預程度，皆有密切關聯❸。在法國、德國與英國，勞力市

❸　Paugam, S., 1995, "The Spiral of Precariousness: A Multidimensional Approach to the Process of Social Disqualification in France", in G. Room (ed.), *Beyond the Threshold: The Measurement and Analysis of Social Exclusion*, Bristol: The Policy Press.

場排除與社會網絡排除有直接關聯；在西班牙、荷蘭、與丹麥，失業者與就業者在家人親友互動的質與量上，並沒有明顯差異；在義大利，失業反而加強了失業者與家庭成員的關係。造成這項跨國差異的主因，福利國家制度扮演了非常關鍵性的角色。福利國家去商品化的機制，保障社會成員最低的生活水準與尊嚴。福利供給較佳的國家，像是丹麥與荷蘭，失業的個人可以獨立過活，無須倚靠家人的協助，這項去家庭化——免除家庭經濟功能——的結果，造成失業者不太可能尋求家人的協助。

社會福利制度最多提供失業者一定期限內基本生活的保障，不可能無限期的供應，所以長期失業者最後還是可能淪為福利排除者。其次，社會保險制度照顧不到從未就業或從未繳納社會保險金的成員。再者，長期失業使社會成員失去了工會會員的身分，也使他沒有多餘的金錢參與社會或政治活動。工會會員身分的喪失剝奪了他參與工會的權利，也取走了代表他利益之組織所給予他的支持與保護。政治排除成了就業排除的另一項可預期的結果，主要的關照重點在於個人參與制訂或改變影響其生活之政治決策的能力❶。換句話說，就業排除的政治效應在於對排除者公民權或人權的侵蝕或剝奪，特別是源自於失業者對政治灰心、冷漠，其結果可能導致偏激的思想與行動。公民權利的侵蝕突顯了就業是取得或實現其他權利的基礎，失權不必然是政府或其他組織的禁止使然。

七、歐盟的反就業排除

終止長期失業的狀況是歐洲試圖解決社會排除問題論戰中的核心議題。將失業者再度整合到勞動力市場之中，使失業者再度就業，改善的不僅是收入，還包括連結個人與社會的管道，所以絕大部分反社會排除的行動都是以改善失業狀況為目標。另一方面，隨著貧窮、低工資、長期失業、

---

❶　Percy-Smith, J. (ed.), 2000, *Policy Responses to Social Exclusion: Towards Inclusion?* Buckingham: Open University Press.

缺乏保障的非典型工作等就業排除現象在歐洲社會的增長，面臨社會保險津貼到期的人數、或者從一開始就不符合領取資格的人數也跟著增加。這些人當中，許多可能已經轉而依賴需要靠資產調查來確認其領取資格的社會救濟過活。從 1980 年代起，有些歐洲國家已經著手改革這些補助方案，試圖將積極嵌入社會的義務帶進所得支持的政策之中。[20]

這些改革在法國最初是針對未曾有工作經驗的青年與女性勞動者而設計的，之後轉向協助長期失業者的「促進整合的最低收入方案」最為著名。該方案由一筆收入津貼與一項附帶的「嵌入契約」所構成，方案的目的在於同時滿足基本需求的權利與鑲嵌於社會以及就業的期望；要求津貼領取者在享受收入津貼之前，簽署一份「契約」，保證從事某種社會嵌入的活動。從事的嵌入活動，包括協助津貼領取者發展社會自主性的行動、職業嵌入的培訓、接受企業的教育、參與政府或非政府組織的集體活動等等。雖然「促進整合的最低收入方案」所提供的收入水準不高，但可以滿足津貼領取者某些基本生活的需求。再者，由於這種收入具有經常性和穩定性這兩項特質，有利於津貼領取者進行長期規劃，進而獲得社會嵌入的機會。

1980 年代末期後，歐盟將相關的社會政策合併成三個主要的方案，即「團結雇用契約」、「嵌入行動策略」、以及「企業雇用契約」。「團結雇用契約」提供一份 3 至 36 個月、每月 20 小時的勞動契約，協助地方、協會、或國營企業透過這份契約，雇用受訓者為其工作，並提供最低的工資。受訓者享有培訓津貼與部分工資的補助，參與這項契約的雇主也獲得減稅與勞動成本的補貼。「嵌入行動策略」利用公共就業服務，提供個人化的培訓，企業內的在職訓練也涵蓋在內。「企業雇用契約」則提供私人企業每週 24 至 39 小時雇用長期或臨時的員工，直接從事一般性的工作。參與的勞動者可獲得較多的培訓津貼與高達 39 個工作小時的薪資，雇主也會獲得減稅的優惠。

[20] Silver, H. & F. Wilkinson, 1995, *Policies to Combat Social Exclusion: A French-British Comparison*, in G. Rodgers et al. (eds.), *Social Exclusion: Rhetoric, Reality and Response*, Geneva: International Labor Organization.

　　在政策的制訂上，歐盟積極加強經濟共同體的適應力，致力於將社會排除的勞動人口重新納入勞動市場，以因應局勢的變化。擁有可雇用的技能是參與勞動市場競爭的重要砝碼，而教育與訓練則是整合勞動力的重要途徑，所以歐盟就鎖定能力提升與技能培訓，作為打擊社會排除與促進勞動者與勞動市場整合的重要政策手段。**❷❶**盧森堡就業高峰會便決議以「提升可雇用性」、「發展企業精神」、「獎勵適應」、與「強化機會平等」為四大主軸，作為會員國擬定其年度就業行動的最高指導原則。

　　歐盟在降低社會排除相關政策上，強調透過教育與訓練將歐洲勞動者完全整合進入勞動市場，以獲取適當的所得、提高社會參與來減少社會排除效應。**❷❷**歐盟盧森堡會議決議的四個就業主軸，廣納勞動需求與供給的社會影響因素，以預防失業為目標，建議各會員國化被動為主動，採取積極勞動市場政策 (active labor market policy)。**❷❸**改變過去「失業便給予救濟」的被動態度，積極主動針對謀職者的需求（如就業訓練、再訓練、以及實習），提供求職者足夠的支持與培訓，以預防長期性失業的發生。

　　歐盟亦積極推動勞動者終身學習、並與雇主發展社會夥伴關係的理念。歐盟將雇主與勞工之間的關係，定位在社會夥伴關係，一方面鼓勵各會員國投入終身學習、提供就業與再就業訓練的方案規劃，以確保勞動者一生的就業力與生產力；另一方面建議社會夥伴之間透過協商訂定工作契約、提升企業組織的競爭力、提高勞動者的就業保障與可雇用性，增加勞資雙方因應新技術與產業結構變化的能力。

❷❶ Silver, H. & S. M. Miller, 2003, "Social Exclusion: The European Approach to Social Disadvantage", *Indicators* 2 (2): 5–21.

❷❷ Rodgers, G., 1995, "What is Special about a Social Exclusion Approach?" in G. Rodgers et al. (eds.), *Social Exclusion: Rhetoric, Reality, Responses*, Geneva: International Labor Organization.

❷❸ 朱柔若，2005，〈失業問題與歐盟的勞動政策〉，臺中市勞工局：勞工教育論壇。
朱柔若、童小珠，2006，〈全球化對勞動市場的衝擊——臺灣經驗解析〉，《兩岸與國際事務季刊》第 3 卷第 1 期：79–115。

除了勞動者就業能力的增進之外，歐盟亦鼓勵各會員國，發展企業網絡，洞察社會上新興的消費型態，開發地方上尚未滿足的市場新需求、推動地方技術創新，全面掌握並開創所有可能的就業機會。對於現行的創業與企業經營、社會安定基金、以及稅制等相關政策法令亦建議加以同步檢討，減少創業與經營的費用與行政支出，以提高經營中小企業的容易度。

　　歐盟的就業政策認清社會經濟不斷改變的現實，全球化與科技進步帶來的衝擊，低技術勞工的失業問題僅是其中的一個層面，失業所引發的社會不均，更可能嚴重侵蝕掉公平正義的崇高理念。長久以來的就業歧視，不但使社會上不同性別、年齡、種族的勞動者無法有效發揮其就業力，也使歐洲社會長期蒙受經濟損失。因此，歐盟改善就業政策仍以性別與族群機會均等為前提，要求各會員國致力提升女性、殘障者、與各族群的勞動參與率。與此同步的是照顧小孩與老人的配套服務措施，讓因無法兼顧育嬰或托老而離職或轉為兼職的勞動者，能夠協調家庭與工作，參與勞動市場，以期就業平等真正得以落實。

八、歐盟的積極勞動市場政策

　　經濟全球化對勞動市場最大的衝擊，是勞動彈性化創造了越來越多的非典型工作、邊緣性工作。從事這類工作的勞動者，在社會安全保障與勞動權益上，與典型工作、核心工作的勞動者之間，存在著極明顯的落差，加重了內部勞力市場雙元化的問題。內部勞動市場的雙元化結構，剝奪了非典型與邊緣化勞動者享有社會安全保障的權利，再加上工作性質的高流動性與不確定性，致使這些勞動者成為勞動市場上潛在的被排除者。因此，如何協助勞動市場的潛在被排除者繼續留在勞動市場？如何協助已失業的非典型勞動者重返勞動市場？重返勞動市場後的邊陲勞動者又是受僱於何種工作？其在勞動市場上的位置如何？有何改善？這些問題便構成了考驗勞動市場政策的重大課題。

　　在整體就業政策中，積極勞動市場政策普遍被認為是付出代價最小、

收穫最大的降低失業方案。❷主要包括求職協助 (job search assistance)、正規課程訓練 (formal classroom training)、在職訓練 (on-the-job training)、就業補助 (subsidies to employment)、直接創造職務 (direct job creation)、以及創業協助 (aid to unemployed starting enterprises) 等多種不同的形式。所謂「積極」，是指有別於傳統以失業保障或入息輔助來保障失業者生活的被動政策，目的在避免被動政策造成失業時間延長的弱點。依照國際勞工組織所下的定義，積極勞動市場政策是政府為達成公平與效率之目標，刻意介入勞動市場的政策措施，以提供工作機會、提升勞力市場弱勢者的就業力與可雇用性為終極目標。因此，積極勞動市場政策具有促使勞動力市場再整合 (re-integration) 與再發展 (re-development) 的功能。之所以認定其具有「再整合」的功能，是因這類政策謀求被勞動市場排除的失業者，重獲工作機會，重返勞動市場。其次，這類政策致力於重新建立起失業者、邊緣就業者與勞動市場之間的關係，使就業弱勢者得以藉此提高就業力，繼續留在勞動市場內維持穩定就業，故具有「再發展」的功能。❷

　　法國學者提出「過渡型勞動市場」(Transitional Labor Market) 的概念，概括描述彈性勞動力的普遍化以及內部勞力市場的雙元化對積極勞動市場政策所帶來的挑戰❷。「過渡型勞動市場」指出內部勞力市場與外部勞力市場的界線的模糊化、就業與失業分際的消失、典型與非典型工作的轉換、核心與邊緣工作間流動愈來愈快，勞動者失業的風險也不斷高築。據此，建議擬定積極勞動市場政策時，必須先認清並接受這項趨勢與市場特質，方能進一步訂出能夠將勞動市場的潛在排除者，轉變成平等機會享有者的有效政策，賦權邊陲勞動者或潛在就業排除者，取得各種制度上應有保障

---

❷　朱柔若，2005，〈失業問題與歐盟的勞動政策〉，臺中市勞工局：勞工教育論壇。

❷　李建鴻，〈積極性勞動市場政策的意涵與實施經驗〉，《就業安全半年刊》第 2 卷第 1 期：16–20。

❷　Yepez Del Castillo, I., 1994, "A Comparative Approach to Social Exclusion: Lessons from French and Belgium." *International Labor Review*: 133 (5/6): 613–633.

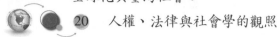

與權利，藉此管道進入勞動市場上有利的就業位置。

除了考量過渡型勞動市場的特質之外，透過第三部門為弱勢勞工直接創造就業機會，是積極勞動市場政策的另一個重點。面對經濟全球化所造成的區域發展不平衡、結構性失業等衝擊，歐盟推動結合區域發展的就業政策，積極從地方的角度出發，聯合地方非營利組織，開發新的產業及工作機會，一併解決發展地方產業與失業問題，遂推出了第三部門、就業與地方發展方案，亦即社會經濟方案。❷⑦

第三部門、就業、與地方發展方案最重要的特色，在於兼顧就業創造與社會凝聚的雙重目標，透過刺激經濟市場上的需求，有效地連結這些需求，以創造就業機會。將就業創造的目標扣緊地方社會的經濟發展，隨時觀察市場的變動以創造新的連結與新的就業機會，特別是勞動市場上的弱勢團體，社會經濟方案更是在肯定其勞動價值的理念下，提供就業力的培訓，目的在重新將之整合成為勞動市場中的穩定成員。這套政策構想藉著經營具有生產能力的社區，不僅滿足有就業需求的失業人口，同時在促進社會團結、相互扶持、與共同合作的基礎，建立社區居民對社區的信賴感，共同為經營社區而出力。就此而言，雖然社區就業不可能完全解決貧困與消除社會排除，至少是項尋求經由政治力量、市場機制、第三部門、社區營造、以及個人努力的有機整合，來解決劣勢群體就業與福利問題的重要嘗試。

表 1 簡單摘要了世界銀行對各類積極勞動市場政策效果的檢討。基本上，「公共工程方案」以公共基金創造低薪就業機會，具有暫時使失業者脫離貧窮的優點，但是無法防止長期失業，參與者欲返回一般的就業市場並不容易。由仲介公司主導的「協尋工作方案」，於經濟情勢好轉時期較能發揮功效，婦女比較容易透過這個途徑找到工作，成本效益較其他積極勞動政策高，易產生正面效果。不過，並不能滿足年輕族群對薪資的期待。「長

---

❷⑦　朱柔若、童小珠，2005，第三部門與就業促進──屏東縣多元就業開發方案的政策檢討，《政大勞動學報》第 17 期：75–111。

期失業者職業訓練方案」創造正面效果的機會小，婦女與老人的反應比較好，但是在尋找工作與提升工資的成效上，不如協尋工作方案，所消耗的成本卻高出二至四倍之多。「資遣者訓練方案」比「長期失業者職業訓練」花費的代價較高，成功重返就業市場的機率不如「協尋工作方案」。「青年就業方案」對 40 歲以下、學歷不錯的男性創業者有所幫助，在參與者的工作滿意度與薪資提升期望方面無正面效果，無法補救教育系統的失敗。「小企業創業方案」僅能使極少數失業者受惠，而且不僅失敗的機率高、又易產生高替代效果，受補助的就業還有可能造成該企業原工作者的失業。「薪資補助方案」對長期失業者、重回勞動力市場的女性稍有功效，但是補助結束後，參與者可能再度失業，長期效果不佳。「第三部門就業方案」必須維持對勞動市場的不斷接觸，方有機會重回勞力市場，雖然長期效益有限，但是對於勞力市場中重度弱勢社群，有其功效。

表 1　各種積極勞動市場政策方案效果檢討摘要

方　案	優　點	缺　點
公共工程	以公共基金創造低薪就業機會，暫時可使失業者脫離貧窮。	無法防止長期失業，參與者很難返回一般的就業市場。
協尋工作	由仲介公司協助尋找就業機會，多用於經濟情勢好轉時期，婦女較易由此途徑找到工作，成本效益較其他積極勞動政策高，易產生正面效果。	無法滿足年輕族群對薪資的期待。
長期失業者職業訓練	對經濟情勢改善的國家有幫助，小規模針對婦女、老人等特定族群反應最佳。	創造正面效果的機會小，在尋找工作與提升工資的成效上，不如協尋工作方案，成本卻比其高出二至四倍。
資遣者訓練	正面效果低，且大多適用於經濟情勢好轉時，集體被資遣者即使不接受再訓練，也比長期失業者較具能力與機會找到工作。	比長期失業者職業訓練代價高，在重返就業市場成功率方面，亦不如協尋工作方案，不過直接訓練的功能仍舊無可替代。
青年就業	對 40 歲以下、學歷不錯的男性創業者有所幫助。	在參與者的工作滿意度與薪資提升期望方面無正面效果，完全無法補救教育系統的失敗，若再考量成本，短、長期計畫皆呈現負面效果。

小企業創業	就解決婦女、老人、較高教度程度等特定失業族群，有不錯的成功機會。	僅有極少數失業者受惠，企業失敗的機率高、還有嚴重的替代效果，受補助的就業造成該企業原工作者的失業。
薪資補助	對長期失業者、重回勞動力市場的女性稍有功效。	對薪資不滿意度高，協助參與者獲得長期工作的成果不佳，補助結束後，參與者可能再度失業。
第三部門就業	對勞動力市場中重度弱勢社群稍有幫助。	必須維持其對勞動市場接觸，方有機會重回勞力市場，長期效益有限。

議題二
全球化與人權

─摘要─

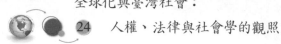

　　聯合國普世人權宣言明示，普天下所有的人都是生而自由，擁有同等的自尊與權利。人權是指身為人就有資格享有的基本權利與自由，通常包括生命權、自由權、言論權、以及法律之前人人平等的平等權。在聯合國成立之前，人權的觀念並未普及化，也並不存在普遍的人權標準。聯合國成立之後，雖然直到今日，仍面臨新加坡李光耀總理還以「亞洲價值」的抨擊，大談「人權思想為西方產物、不見得適用於東方深受儒家文化洗禮的社會」的謬論，但是經過《世界人權宣言》、《公民權利與政治權利國際公約》、與《經濟、社會、與文化權利國際公約》，人權的普世價值以進入國際法化的階段，應當已經被世界大多數的國家所接受。

一、世界人權宣言

　　人權價值法制化的開始，一般是以 1791 年美國憲法修正條文納入十項權利法案為正式的起點，內容主要是宣布人民有言論、出版、集會、與宗教信仰等自由，規定非依法律不得扣押、逮捕、搜查、與沒收人民的財產、保障刑案被告要求盡速偵訊與律師辯護的權利。由於美國憲法是世界第一部成文憲法，憲法位階又高於一般法律條文，所以成文憲法中有系統地明文保障個人自由權利，被視為憲政主義民主政治的萌芽。進入 20 世紀之後先後爆發第一、二次世界大戰。大戰期間獨裁政權在國內摧殘人權、對外發動侵略戰爭，嚴重破壞國際社會的和平與安全，促使英、美、法自由民主國家著手將國內憲法中保護人權的原則，轉化為世界性的規範。第二次大戰後，殖民地紛紛獨立、新興國家建立，相繼效法採取民主體制，將保障人權條款列入憲法。但是，美蘇對峙冷戰的結果，人權被擋在共產主義鐵幕的大門之外，直至 1989 年柏林圍牆倒塌、1990 年代以來蘇聯解體、東歐共產集團紛紛瓦解，人權保障方才加速演變成為普世尊重的價值。不過基於國家主權原則，各國如何對待其國民一般仍被視為內政問題。

　　1948 年 12 月 10 日聯合國通過《世界人權宣言》，是國際社會第一次對人權發表普世性的宣示。兩年後於 1950 年聯合國將 12 月 10 日訂為世界

人權日，二十年後的 1968 年則被訂為世界人權年。聯合國透過《世界人權宣言》的第一條與第二條揭示「人人生而自由，在尊嚴與權利上一律平等。他們賦有理性和良心，並應以兄弟關係的精神相對待」、「人人有資格享受本宣言所載的一切權利與自由，不分種族、膚色、性別、語言、宗教、政治或其他見解、國籍或社會出身、財產、出生或其他身分等任何區別。並且不得因個人所屬的國家或領土的政治的、行政的或者國際的地位之不同而有所區別，無論該領土是獨立、托管領土、非自治領土或者處於其他任何主權受限的情況下」。第三條到第二十一條保障公民與政治權利，包括生命權、人身安全權、不受奴役與酷刑權、人格權、公正審判權、無罪推定權、隱私權、國籍權、免受政治迫害權、財產權、婚姻自由權、思想與宗教自由權、選舉與參政權。繼之，第二十二條至第二十七條規範經濟、社會、與文化權利內容包括工作權、同工同酬權、休息與定期帶薪休假權、組織與加入工會權、受教權、社會保障與基本生活水準權、與文化生活權。

　　為了強化《世界人權宣言》對公民與政治權利以及經濟社會與文化權利這兩大類型權利的保障，聯合國於 1966 年 12 月 16 日分別通過了《公民權利與政治權利國際公約》以及《經濟、社會、與文化權利國際公約》。只是這兩大公約受到冷戰的延誤，直到 1976 年方才生效。《公民權利和政治權利國際公約》從個人層次，規範了公民應該享有的基本權利與自由。明確規定不得以任何情況為由，對於個人的生命權與人格權等基本權利施加任何形式的限制，也不可有任何形式的種族、膚色、性別、語言、宗教、階級、或國籍的歧視。不過，該公約仍然保留某種程度的豁免，給予面臨生存威脅的國家，正式宣布社會緊急狀況的權力，但僅限於最低限度的客觀需要，嚴防借題發揮。並於第二十八條定下設置「人權事務委員會」的規定，由此專責機構負責監督公約實施的成效。

　　《經濟、社會、與文化權利國際公約》以《世界人權宣言》中第二十二條與第二十七條所揭示的權利內容為基礎，確立經濟、社會、文化權利的保障是有法律拘束力的國際條約，藉此肯定經濟、社會、文化權是與公民與政治權同等重要的權利，進而確認了發展中國家民族自決的權利，結

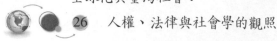

束了歐美先進國家壟斷國際人權政治的局面，同時也強化了發展中國家透過民族自決權追求發展權等第三代人權的行動。

綜上，以《世界人權宣言》為基礎，加上《公民權利與政治權利國際公約》以及《經濟、社會、與文化權利國際公約》，構成國際人權憲章，標識國際社會進入韓金 (Henkin) 所謂的權利時代 (age of rights)。❶ 人權國際化時代的到來，原則上意味著沒有一個國家可以逃避國際社會對人權保障的公開檢視。任何國家統治的正當性，若想獲得國際社會的承認，維持良好的人權紀錄是必要條件。但遺憾的是，反之未必亦然，也就是說，維持良好人權紀錄的國家，其政權未必會為國際社會承認，就以臺灣經驗來說，人權上的努力與政權和平輪替的成就，並不見得能換來聯合國的會員身分。❷

二、人權的基本內容與項目

人權的具體內容項目繁多，林林總總合計起來，大約可分為生命權、自由權、政治權、平等權、正當程序權、福利權、與團體權等七大類。生命權 (right to life) 亦稱人身安全權 (security rights)，相信人有基本的求生的權利，特別是不被另一個人殺害的權利。因此，嚴格禁止謀殺、強迫非自願性的自殺、大屠殺、荼毒迫害、以及強暴等犯罪行為。生命權的概念是所有死刑、安樂死、自我防衛、以及戰爭等爭論的核心。支持這個概念的人，有些認定胚胎與胎兒也是人，有生存下去的權利，因而反對墮胎與胚胎幹細胞的研究。

自由權 (liberty rights) 基本上保護信仰與宗教、集會、結社、參與社會

---

❶ Henkin, L., 1994, "Elements of Constitutionalism", Occasional Paper Series, Columbia University: Centre for the Study of Human Rights.

❷ Chu, J. J., 2000, "Nationalism and Self-determination: The Identity Politics in Taiwan", *Journal of Asian and African Studies* 35: 301–321.

運動等層面內的自由。政治權 (political rights) 保護參與政治活動的自由，包括表達自我、抗議與參與政體的自由。平等權 (equality rights) 保證平等的公民權，法律之前的平等對待與免受歧視。

正當程序權 (due process rights) 保護免受司法機關濫權之害，包括不得不經審判逕行逮捕、監禁、秘密審訊、與給予過度處分。福利權 (welfare rights) 也稱為經濟權 (economic rights) 要求政府提供教育、帶薪假期、免受極端窮困與飢餓的保護。

團體權 (group rights) 又稱集體權 (collective rights)，不同於個人權利的概念。個人權利只有個人才是權利的擁有者，集體權則指人類全體、或是其中某個特定的次群體，集體擁有的權利。屬於集體權這個類型下的權利相當廣泛與異質，包括工會從事集體爭議的目的權、發動階級行動訴訟的權利、民主自決的權利、與革命權。在美國，擁有與攜帶武器的公民權，是正在爭議中的一項集體權。集體權有時與個人權利相衝突，多被劃歸為第三代人權的概念，如何抉擇較為適當是最常引發爭執的問題，因而備受爭議。如果集體權被認定為合法時，該如何與個人權利取得最適當的平衡關係，就該是個公開討論的議題。值得注意的是，1948 年聯合國的普世人權宣言中，除了民主自決權之外，所詳列的所有權利都是以個人為基礎的。換句話說，19 世紀國際法的主體是主權國家，個人是客體。進入 20 世紀之後，特別是從《世界人權宣言》到《公民權利與政治權利國際公約》的發表，這個觀念受到嚴重的挑戰，個人取代民族國家成為國際法上的主體。

三、三代人權論

將人權分割為三代的想法來自於瓦薩克 (Vasak)。1979 年瓦薩克在史翠斯堡 (Strasbourg) 國際人權機構提出這個概念，後廣為學者所採用。他的理論主要植根於歐洲法，反映的是歐洲價值觀，特別是法國大革命所揭示的三大價值觀——自由、平等、博愛。根據瓦薩克，法國大革命所傳遞的理念，正反映人權演進的三個階段：第一代人權追求公民與政治權利；第

二代人權追求經濟、社會與文化的權利；第三代人權的訴求則是所謂的「團結權」。第一代人權著重於在法律上保障個人自由，反映的是 17、18 世紀的個人自由主義思想、第二代人權著重於在實質上為個人自由之實現提供基本社會與經濟條件，反映的是 19 世紀開始勃興的社會主義思想；第三代人權則著重於集體人權，反映的是第二次世界大戰後第三世界國家對於全球資源重新分配的要求，包括自決權、發展權、和平權，以及對資源共享、健康、生態平衡、災害救濟等的權利❸。因此三代人權又分別被稱做「第一世界人權」、「第二世界人權」、與「第三世界人權」。

　　最早的第一代人權 (first-generation human rights) 本質屬性為公民權與政治權，處理關於政治生活中的自由與參與的權利──自由權與公民權，確保個人免於政府權力的濫用與侵犯，提供個人生命與自由的保障。第一代人權緣起於 18 世紀啟蒙運動與自由主義的政治哲學思想，強調國家政府與法律的功能在於保障個人的基本自由。因此，第一代人權是建立在個人權益之上、以公民與政治權為內涵。這些公民與政治權包括了選舉權、言論自由權、自由集會權、公平審判權、隱私權、自我表達權、宗教信仰權、被選舉權、社會參與權等，目的在保障個人受到尊嚴的對待，免於恐懼或歧視，屬於「消極性」的人權保障。聯合國 1948 年所發布的普世人權宣言所揭櫫者，大多屬於第一代人權的範圍。

　　第二代人權 (second-generation human rights) 通稱為社會權，強調實現個人尊嚴與生存權所需的社會、經濟與文化權的條件，所以第二代人權在本質上是與平等權有關的社會、經濟、與文化的權利。19 世紀末、20 世紀初之際，社會民主與社會主義思想的興起，主張國家應該扮演一個更為主動與積極的角色，透過多元福利制度的規劃與社會服務措施的提供，以確保市民權益的實現。第一次世界大戰之後，第二代人權開始漸漸被各國政府所承認，努力確保所有公民都能享有平等的對待。第二代人權被視為「積

---

❸　Ife, J., 2001, *Human Rights and Social Work: Towards Rights-based Practice*, Cambridge University Press.

極性」的人權，涵蓋的項目通常包括就業權、居住權、健康照護權、社會保障、與失業津貼，保障範圍擴大到個人基本需求的經濟、社會與文化權，如工作權、平等工資權、居住權、豐衣足食權、受教權、健康照顧權、社會安全權、老年生活尊嚴權、合理休閒遊憩權等。

第三代人權 (third-generation human rights) 主要為團結權，或稱連帶權 (right of solidarity)，含括的項目遠超過單純公民權與社會權所包含的權益，多屬國際法上相當先進的概念，諸如和平權、環境權與發展權等新權利。不過，截至目前為止，第三代人權仍停留在非官方階段，廣納相當多元的權利，其中包括了團體與集體權、自決權、經濟與社會發展權、健康環境權、自然資源權、溝通權、文化遺產權、世代平等與永續權。第三代人權概念出現較晚，然而，其中比較重要的主張在聯合國 1972 年人類環境會議上所發表的《斯德哥爾摩宣言》(Stockholm Declaration)、1992 年關於環境與發展的《里昂宣言》(Rio Declaration)、以及其他許許多多的柔性法律 (soft law) 都可發現這些權利概念的線索。遺憾的是，由於國家主權的獨立使得這些法律很難成為具有約束力的條文，因此缺乏政治與法律上的承認也成了第三代人權最受爭議之處。

就歷史發展而言，第三代人權概念的興起因福利國家發展到 1960 年代與 1970 年代出現了危機、反殖民主義在第三世界風起雲湧、被殖民國家紛紛起來追求民族自決運動，再加上環境保護運動、同性戀運動的風潮皆催促重新檢討第一代人權理念所賴以建立的西方自由主義政治哲學觀點。因之，第三代人權追求的是一種從集體層面的人權概念，而不是僅限於個人層次的權利，特別是從社區、社會、甚或國家的角度，要求經濟發展權、世界貿易與經濟成長獲利權、生存在一個團結和諧的社會、無污染環境的權利。

表 2　三代人權的內容

	第一代	第二代	第三代
內涵	公民與政治權	經濟、社會與文化權	集體權
權利的性質	消極性	積極性	集體性
起源	18 世紀啟蒙運動自由主義	19、20 世紀社會民主社會主義	經濟學、發展研究、綠色環保意識
實例	選舉權、言論自由、公平審判、免於被逼供、虐待、法律保護及免於被歧視權	受教育權、住宅、健康、工作、平等薪資、社會安全權等	經濟發展與繁榮、經濟成長受益權、社會協調、健康與乾淨環境權
人權行動者	法院大赦、國際組織、人權監督、解救政治迫害工作	福利國家、第三部門、私部門市場福利	經濟發展機構、社區方案、綠色和平
主要專業	法律	社會工作	社區發展
專業代表	律師	社會工作者	政治家、經濟學者、環保人士或是社區發展工作者

資料來源：Ife, J., 2001, *Human Rights and Social Work: Towards Rights-based Practice*, Cambridge University Press.

　　如果說，以公民權與政治權為核心的第一代人權是建立在自由原則之上、以經濟、社會、文化權為主要內容的第二代人權是以平等權為基礎❹；那麼第一代人權要求節制政府權力，以確保個人自由的不受限制與危害，第二代人權主張人民能夠享受經濟、文化、與社會權，有賴於政府的積極作為。這兩代「人權」概念都是以個人自由為核心，所不同的只是第一代人權著眼於在形式上保障個人自由，使之免於受到他人、尤其是政府的侵犯；第二代人權則著眼於在實質上為個人自由之實現提供基本條件，使個人的自我實現有平等的基礎。

　　就權利分類上，公民與政治權利是一種所有權，而經濟、社會及文化權利則是行使權，需結合第三代人權理念方能構成完整的權利譜系。第三代人權主張可歸納為兩類。其一堅持人權概念是特殊的：在不同文化的傳

❹　Mbaye, K., 1982, "Human Rights in Africa", in *The International Dimension of Human Rights*, Paris: UNESCO.

統中，人權概念的內涵會有所差異。訴諸文化相對主義，以否定西方人權概念的普遍意義。有別於此的另一類主張，雖然並不質疑人權概念的普世性，但主張在不同的社會與經濟條件下，人權概念的著重點應該有所不同。也就是說，第三世界國家的人權政策在目標優先性的考慮上，可不同於第一及第二世界，譬如，強調經濟發展的優先性高於其他價值。對於第三世界的國家而言，強調政府與民間團結合作的第三代人權，對發達國家經濟至為重要，因為國家發展不是單獨依靠限制政府權力或要求政府作為就能達成的目標，必須透過人民與國家的團結合作，才能有所成就。所以第三代人權本質上是一種和平權、環境權、發展權及其他類似的權利。

四、積極權利與消極權利

在有關人權清單的論戰中，特別是極端自由主義的學者，從「積極自由」(positive freedom) 與「消極自由」(negative freedom) 引爆區別「積極權利」(positive rights) 與「消極權利」(negative rights) 的討論。❺ 原則上，所謂「積極權利」乃是指擁有的權利是要求他人做某些事，以便排除干擾他享有該項權利的障礙、或是增進其該項權利的行使。所謂「消極權利」是指擁有要求他人不做某些行為以免妨礙其享有該項權利的權利，同時也包含自己不做某些行為以便他人享有該項權利的道德義務。人人都有生命權，所以人人對於他人的生命，都有不得做出不利於他人行使生命權的道德義務。反之，他人對於自己的生命權行使，亦是如此。這就構成了個人對於其生命權具有消極權利的主張。換個角度來說，人人都有生命權，如果人人對於他人生命權的行使，都具有增進其生命的道德義務。反之，他人對於自己之生命權行使，亦是如此。那麼個人對其生命權具有積極權利的主

❺ Hardy, H. ed., 2002, *Liberty*, H. Hardy ed., Oxford & New York: Oxford University Press. Machan, T. R., 2001, "The Perils of Positive Rights", in *Freeman: Ideas on Liberty* 51 (4).

張。換句話說，同以生命權為例，視生命權為消極權利，則要求他人與自己不可殺人。若視之為積極權利，則要求他人與自己主動挽救生命、增進其生命。

一般說來，消極權利的概念主要是來自於英美國家自然權利的立法傳統，是指個人權利中絕對不可奪走的權利，不論對方是政府、任何私人機構、還是其他人。基本人權清單中，生命權或人身安全的權利、免於奴隸的自由、法律之前人人平等的權利、法治之下接受正當程序保障的權利，以及遷徙的自由、言論、宗教、集會的自由都屬於這類。《蘇格蘭權利主張》、《英格蘭權利法案》、《加拿大權利與自由憲章》所揭櫫者，皆屬於此類的權利。

相對的，積極權利之說主要是沿襲歐陸法國盧騷學派 (Rousseauian) 的立法傳統，主要是指國家有義務提供個人增進其生命的權利與資格，通常用在合理化國家對於義務教育、健康照護、社會保障、以及最低生活水準等制度措施的供應。積極人權包括教育權、醫療看護權、維生權。這類權利已經列入普世人權宣言中的第二十二至二十八條，並且寫入 20 世紀許多國家的憲法之內。

對應到三代人權的概念，可以簡單得出，消極權利的概念通常用在合理化言論自由、財產自由、免於暴力犯罪的自由、公平審判的自由、免於奴役的自由等等方面，所以第一代人權所要求政府保障的多屬消極權利，而第二代與第三代人權則多為積極權利。儘管這種分法並未獲得學界的共識，不過人權清單中的各種權利原則上都是相互關連的，難以切割的，也是不爭的事實。

五、基本人權與國家角色

「人權是無法剝奪的權利？」這是項理論命題，亦即應然命題？還是實然命題？答案其實很簡單，人權不論是人權清單中任何一項，還是三代人權中的哪一類，在實際日常生活中，絕對不是無法剝奪的——這是「應然」

方面的期待。相反的，放眼望去，被剝奪的情況，不論自覺與不自覺，永遠多過於無法剝奪的例子——這是「實然」的景況。所以講述「人權是無法剝奪的權利」絕對是個應然命題。既然是個應然命題，就得提供為何應該如此的理論說明與如何落實的機制建構，方具有說服力與實踐性，才有可能將「應然」轉變成「實然」。

無法剝奪是指基本人權本身，是成全人之所以為人的根本，不當是可以透過人類的力量而給出或取得的。「基本人權」強調的是先於國家與政府的自然權利，國家政府只是承認與維護人權的機構，而不具有給予或取走基本人權的權力。雖然如此，人權清單中的權利項目，尚可略分為「不可讓渡的權利 (nontransferable rights)」與「可以讓渡的權利 (transferable rights)」兩種。「可以讓渡的權利」是指個人可以信託交給政府運用的權利，不過需要在憲法中訂明其形式、權限、及運用方法。權利讓渡的目的在於交換有效的政府，藉其保障不可剝奪的權利。如果政府違背信賴的理念，濫用人民交託的權利，人民可以變更或撤銷所讓渡出去的權利。「不可讓渡的權利」是指政府權力不得介入干涉剝奪、只得保障或保護的權利。不可讓渡是指不可侵犯、不可褫奪，排除政府權力介入的權利。

基本人權概念本質上在規範國家與個人的關係以及國家之於個人的相對權利與義務。這兩者之間的關係，如果重點擺在我為國家，則個人的主體性便消失；如果重點在於國家給「我」，則為國家添上父權主義的色彩❻。面對這個兩難，米爾頓‧傅立曼 (Milton Friedman) 提出一個有力的思考依據，藉此澄清國家與個人的隸屬關係與權利分際，那就是——如果基本人權本諸自然或屬天賦，那麼國家存在的理由為何？國家規範個人權利義務的依據為何？換句話說，個人願意將其自然權利釋出給國家並接受其規範，必然是因為國家這個機制能夠為個人完成其單獨力量無法完成之事。那麼個人究竟能夠透過國家這個機制完成什麼呢？❼這個問題的思辨藏著解開

---

❻ 朱敬一、李念祖著，2003，〈壹、平等自由的人權理論〉，《基本人權》，臺北：時報出版，頁 4。

個人自由受到國家的尊重、個人也不輕易收回讓渡給國家之權力的鎖鑰。

約翰・洛克 (John Locke) 主張每個人都擁有自然權利，保護自己的權利、尊重其他人同等的權利是每個人的責任與道德義務。由於實踐不易，需建立政府代為保護個人權利。因此，所有的政府都只是人民委託保障其權利不受侵害的代理人，政府的權威只能建立在人民的擁護上。當代理人背叛了人民的信賴時，政府就應該被解散。當政府被宣告該解散之時，人民便有權再建立一個新政府，以對抗舊政府的不正當權威。

與洛克一樣，盧騷 (Jean-Jacques Rousseau) 認為政府的權力來自被統治者的認可。社會秩序來源於共同的原始、樸素的約定。一個理想的社會建立於人與人之間而非人與政府之間的契約關係。自然狀態中的生存障礙過重、非個人所能負荷，因而被迫改變生活方式，遂與眾人形成一個「道德共同體」，並約定將自身的權利置於共同體的指導下，共享平等的權利。有了這個社會契約，個人就從自然狀態進入社會狀態，從本能狀態進入道德與公義狀態。由社會契約而喪失的是天然的自由以及對所企圖得到的一切東西的無限權利；而所獲得的，是社會的自由以及對所享有的一切事物之所有權。

以邊沁 (Bentham) 為代表的功利主義 (utilitarianism) 主張，國家權力是以制訂與執行政策或法規為目的，應該以謀求整體社會的最大效益，除非能證明犧牲個人權利所產生的社會利益明顯大於個人權益，否則國家不可以為了照顧社會利益而限制個人權益。換句話說，功利主義的國家角色或功能觀點，授予國家限制個人自由的唯一前提，必須是能夠替社會大多數的人爭取到極大的好處。除了這個總體目標，國家沒有任何理由介入個人自由的行使。但是這個目標是否充分，不違反、不妨礙、甚至未剝奪某些群體享有人之所以為人的基本權利，則構成了新的問題。

約翰・彌勒 (John Stuart Mill) 的《自由論》對這個問題提出了極佳的答

---

❼　Friedman, M., 1982, *Capitalism and Freedom*, Chicago: University of Chicago Press, p. 2.

案──「文明社會唯一能合理化國家以公權力干預個人意志的考量，就是防止個人行為對他人之侵害。行為人自身的實體或道德考量，皆不足以成為國家介入的理由」。這段界定國家與個人關係的說法，同時劃清了人權與父權的界線，終止國家假借以「為人民著想」為由，限制人民自由選擇的權利。❽

以哲學家約翰・芬尼斯 (John Finnis) 為代表的利益論者 (interests theorist)，以創造人類福祉的必要條件為由，合理化人權的工具性價值，其他的利益論者則從自利而不是利他或行善的基礎上，合理化尊重他人權利的義務，強調互惠的用處以及對他人權利的尊重，方能確保他人尊重自己的意願。❾麥克斯・韋伯 (Weber) 與約翰・羅爾斯 (Rawls) 認為個人接受合法權威（如國家）所制訂的規範，以交換安全感與經濟利益。根據羅爾斯的說法，「人權」是指在「無知之幕」(veil of ignorance) 背後，沒有身分、地位、財富、權勢牽絆的人們，在完全不清楚這些資源對自身的利害關係可能造成什麼影響的情況下，所做出的平等承諾。❿為了確保在無知之幕背後所達成的人權共識，大陸法系國家採取的作法是，在憲法上明訂若干基本人權條文，並隱含某些人權推論的原則，諸如「法律保留」、「授權明確」、「比例原則」、「信賴保護」，以確保事後立法對人權的保障。⓫

 ## 六、反人權宣言的論述

反聯合國普世人權宣言的論述中，最主要攻擊來自於文化帝國主義的

❽ 朱敬一、李念祖著，2003，〈壹、平等自由的人權理論〉，《基本人權》，臺北：時報出版，頁 7。

❾ Finnis, J., 1980, *Natural Law and Natural Rights*, Oxford: Clarendon Press.

❿ Rawls, J., 1972, *The Theory of Justice*, Cambridge, MA: Harvard University Press. 可參閱中譯本，李少軍譯，2003，《正義論》，臺北：桂冠。

⓫ 朱敬一、李念祖著，2003，〈壹、平等自由的人權理論〉，《基本人權》，臺北：時報出版，頁 16。

角度。持反對立場的人士主張，雖然人權價值已經廣被西歐、北美，甚至日本、印度社會所接受，仍並未達到放諸四海皆準的地步，更別提人權概念本質上乃根植於西方自由主義政治哲學。舉凡引述人權思想時，所提及的著名人物，不論是約翰‧洛克還是約翰‧彌勒，都是西方的人權思想家，這點又是一項無可爭辯的事實。而這些極具影響力的人權思想家在當時帝國主義社會中，又是位高權重、職司治國要角的重臣，所以人權絕非源自於天賦，反之乃來自於革命。

從宗教的基礎上立論，這項文化帝國主義的批判頗能切中要害。就連人權思想在歐洲社會，都是經過宗教改革運動所贏得的成果。從 15 世紀初到 16 世紀，歐洲社會新舊教派的衝突，不論是新教徒結合諸侯對抗羅馬教皇、還是新教徒本身爭取信仰上自由平等的行動，都被視為人權歷史上「人權對抗教權」時代的印記。人權歷史或許記錄了基督教對人權進程的影響力，但是其與世界其他宗教教條的協調程度，卻令人質疑。例如，1981 年伊朗的聯合國代表就曾經表示，從他國的立場來看，普世人權宣言無異於猶太教與基督教傳統的世俗解釋，對回教徒來說，沒有實踐人權宣言而不觸犯回教法令的可能性。

另一項反聯合國普世人權宣言的論述，主要的癥結點，環繞在誰有義務維護人權的問題上。溯及歷史起源，人權源自於保護市民免於國家濫權侵害的需要，這點或許暗示人類全體，不論身在何處，都有義務出面干預並阻止侵害人民生命財產的國家行為。特別是那些政治分裂的國家，未能如其所願要求不同族群、信仰、宗教的人民都對國家維持一致的忠誠度，於是興起分化人民、排除異己的行動，這種完全否定人民具有天生共同點的國家行為，對人權運動的貫徹最具毀滅性的殺傷力。支不支持國家干預與使用武力的論點，則主要取決於立論者是世界一家的信徒、還是民族主義的服膺者，這將影響他們相信是否人權是法律上的權利、還是道德上的義務。

七、亞洲價值與人權論述

「亞洲價值論」、「儒家文化觀」與人權普遍標準之間存在多處明顯可見的縫隙，無法如拉鍊般的契合，是新加坡李光耀總理製造出來的話題。儘管就李光耀個人的解釋，為了推銷新加坡的發展模式，不便使用新加坡價值，以免過於託大，若稱中國價值又無法向國內的馬來與回教民眾交代，只得以亞洲價值為其個人治理新加坡的領導風格做此辯護。至於亞洲價值是否具有高度同質性，皆與當代國際社會的普世人權價值相衝突，則根本不在考慮的範圍內。儘管根據浮面的觀察，亞洲價值中儒家文化的確不強調普遍的權利觀念、權利問題也不是道教的核心思想。另外，佛教與回教關心的是如何以宗教教義與宗教法律來領導社會，似乎正好與李光耀人權不適用於亞洲價值的論調頗為吻合。

一般說來，以亞洲價值質疑人權普世性的主張，基本上具有下列幾點特性。第一、權利的定義本質上是具有文化特殊性的概念。基本人權的價值觀，反映的是西方社會獨特的歷史經驗，從人權的哲學基礎、到不同歷史階段下追求人權的政治行動，到立法去保障人權的概念都不曾存在於亞洲地區。第二、亞洲社會的文化傳統向來高舉集體利益，個體的存在價值在於維繫集體的認同，個體的利益隨時準備為集體利益的實踐而犧牲。第三、人民的權利屬國家管轄的範圍，體察民眾的需求是國家領導者的智慧，領導者與人民皆習以為常的是家長式、父權式的國家與個人關係。在父權家長制度之下，豐衣足食的重要性遠高於參政權利的保障。

據此，提出亞洲價值所喚起的注意，當是擺在宣告不同國家的歷史背景、文化傳統、以及經濟發展的差異性，因此在推動普世人權價值的實踐時，有必要考量國家與地域的獨特性，以及不同國家歷史、文化、與宗教背景對立即接受與實踐普世人權理念，所可能加諸的限制。

 八、巴黎原則與亞洲回應

　　1991 年聯合國做出設置國家層級、獨立的人權促進專責機構，負責組織、預算、人事、與運作，以便進一步釐清國家人權組織的功能與權力的決議。由於該項會議在巴黎召開，所以該決議普遍被稱為《巴黎原則》。對於《巴黎原則》的理念，不少被歸類為傳統保守、甚至反人權的亞洲國家表現出積極支持的態度，紛紛設立國家人權委員會。

　　印度首先於 1993 年通過了設置國家人權委員會的法案，同時成立人權法庭。明訂印度憲法與兩個國際人權公約所規範的，有關生命、自由、平等，與尊嚴的權利皆為國家人權委員會的管轄範圍，掌管人權侵害的調查、協助人權案件的訴訟、監獄與其他監禁所的訪視、司法審查、與推動人權研究與教育的事務。

　　其次是有明顯迫害人權紀錄的泰國，該國在 1992 年才爆發軍人政府鎮壓民主人士示威遊行，造成 52 人死亡、38 人失蹤、數百人受傷的重大違反人權事件。五年之後，於 1997 年議會通過新憲法，明文規定對人權與個人尊嚴的保障，同時設立了三個機制：議會監察使、行政法庭、以及國家人權委員會。但是，國家人權委員會的設置可謂一波數折、篳路藍縷。先是設置國家人權委員會的草案遭到內閣法律顧問委員會提出新法案的擱置延宕，後又被政府主導的弱勢國家人權委員會所取代，其中還引爆民間組織的激烈抗爭。直至 1999 年，泰國政府與民間非政府組織方才達成協議，通過國家人權委員會法。成立的國家人權委員會，尚須在泰國政府緊密的監督之下，依靠微薄的獨立性，努力推動人權保障。

　　再來是印尼。雖然印尼早在 1993 年便經由總統命令，設置國家人權委員會，職司印尼立國的精神與原則 (the State Philosophy of Pancasila)、憲法、聯合國憲章、與世界人權宣言中權利之保障，包括發布人權資訊、宣導人權理念、提供國際人權公約簽署與批准的建議、建議實踐人權法案的策略、以及促進跨國際與區域間打擊違反人權的合作行動。遺憾的是，在國家人

權委員會的監督下，印尼仍然爆發嚴重的排華暴動，以及印尼軍隊重傷東帝汶居民權益的事件。

　　反觀臺灣，人權事務的推動，主要是由臺灣人權促進會（簡稱為「臺權會」）主導。臺權會這個民間人權組織，獨立於政府、政黨、財團及國內外利益或意識型態的陣營之外，致力於倡導、傳播、與人權標準的提升；以建立、維繫、與加強人權保護機制為唯一目標；從事人權理念與教育的推廣以及人權工作者的培訓；不論階級、地位、種族、性別、信仰、國籍或其他區別，積極關懷所有人權受到威脅、侵害的個人、團體與社群；監測國家與強權惡勢可能侵犯人權的作為，必要時採取行動對抗制止之。遺憾的是，自從臺權會於 1999 年結合民間團體成立推動國家人權委員會聯盟以來，先後推動《國家人權委員會組織法》的制訂以及《經濟、社會、與文化權利國際公約》、《公民權利與政治權利國際公約》兩公約的國內法化；後又於 2000 年完成《國家人權委員會組織法草案》以來，迄今尚未成功達成設置國家人權委員會的目標。❷

---

❷　Huang, M., 2002, "Creating a National Human Rights Commission", Taipei: International Symposium on Human Rights in Taiwan.

議題三
全球化與法律

一摘要一

　　法律在社會學家的眼中，既可是帶動社會變遷的因素，亦即引導社會變遷的自變項，也可是社會變遷所帶動的一項結果，亦即社會變遷的依變項。換句話說，任何一項法律的變遷不是社會變遷的因，就是社會變遷的果。在一般社會大眾的心中，對於法律，則充滿了糾結難解的矛盾情結。一方面，期待執法者能公正無私地執法，使法律能夠發揮保障自由與權利的效能。另一方面，又經常對法律的執行過程與結果，存在著高度的不信任感。普遍流傳的「有錢判生、沒錢判死」、「法律千條不如黃金一條」民間俗諺，便是法律效能階級差異的明證。這股對法律的期待與疑慮，突顯出法律現實與理想之間的差距。現今經濟全球化與人權理念普世化的大趨勢下，全球化中剝削與反剝削的兩股力量更是加重了這項落差的衝擊力，使法律是否真正能成為落實正義的法寶，受到嚴酷的挑戰與質疑。

　　從法學角度討論訟案，訟案的裁定基本上關乎法規律則。一件官司裁定的解釋繫於評斷該案既成事實之某條或數條法規。相對的，社會學對訟案模型的解析經常將焦點引導至案件鑲嵌的社會結構——訟案所牽涉的人事物——並據此預測訟案處理的模式❶。就訟案的社會學模型而言，法律是個變數，而非常數，隨著訟案牽涉之當事人的社會屬性而變動。誰是法官？誰是檢察官？誰是訴訟當事人？是誰對誰提出訴訟？幾乎每個社會裡，訴訟本身的社會結構很可能就是決定一件訟案將會被如何處理的最重要指標。更確切地說，訴訟雙方相對的社會地位，大抵預示了該訟案將會受到何種處理。再者，訟案的社會學模型也預測法官行為的公正性，也隨著案件的不同而有所不同。有權威的法官比較可能判決單方勝訴，比較不願意妥協、甚或讓雙方都退一步、都得些好處。他們更有可能不論結果，依法論法。如果訟案當事人對法官來說，都是陌生人，那麼他可能比一個幾乎認識訟案中每位當事人的法官，更能講究依法論法、更加果斷。換句話說，法官與訟案當事人的社會糾葛、與訟案當事人的社會距離、法官本身的升遷慾求，都會產生不同的效果❷。

❶　Black, D., 1989, *Sociological Justice*, New York: Oxford University, pp. 19–20.

 # 一、法律實踐社會正義？

　　美國法律社會學家布列克 (Donald Black)，期望能夠發展出法律的一般理論 (general theory)，藉以解釋並預測每個案件的法律實踐。❸從《法律的行為》(*The Behavior of Law*) 和《社會學的正義》(*Sociological Justice*) 兩大著作，都可以看出布列克對法律實踐的重視，遠超過法律本質或道德起源之探究。布列克以法律工廠 (factories of law) 比喻傳遞其對法律行動者的批判，❹諷刺法院的判決如同工廠進行生產一樣，只要我們瞭解生產原料之特性，如：律師、法官、陪審團、訴訟當事人、檢察官、警察等人的社會結構屬性與表達的方式，便可以對判決結果進行預測與解釋。換言之，訟案本身所牽涉的人、事、物的社會結構，對訟案裁決者有決定性的影響力，預先判定了訟案的最終結果。

　　對布列克來說，法律道德起源的討論無助於法律正義功能實現的強化。如果期待司法改革來強化法律實踐正義的功效，檢視法律實踐過程中的關鍵環節遠比論述法律的道德起源，更能切中要害。根據布列克的觀察，社會上大部分訟案的結果相仿，訟案本身的社會結構幾乎預先決定了該案的命運，亦即會遭到何種處理模式。換句話說，法律代表正義與公理，只是假象、幻想，反而猶如障眼法，掩飾實際運作過程中充滿歧視與不公平對待的醜陋真實。布列克持續表達對於法律實踐的失望與不信任，進而建議應盡量減少法律的應用範圍，更鼓吹法律只是多種社會控制方式中的一種之論點。這個觀點對經濟全球化與人權普世化所帶動的法律全球化的趨勢而言，諷刺中透露濃厚的警示意味，若能從其解構法律執行正義的機制中，

❷　Black, D., 1989, *Sociological Justice*, New York: Oxford University, pp. 15–18.

❸　Black, D. ed., 1984, *Toward a General Theory of Social Control*, Orlando: Academic Press.

❹　Sciulli, D., 1995, "Donald Black's Positivism in Law and Social Control", *Law and Social Inquiry* 20 (3): 805.

掌握造成法律歧視的障礙，或許能有助於一套更具效能的法律社會化機制的發展，以縮減法律理想與實踐的落差。

　　另一位美國法律社會學家弗列德曼 (Friedman) 也曾經說過，法律體系的最終考驗在於它做了什麼，而非它如何做或是由什麼人去做。也就是說，法律體系的實體不是在於其程序或是形式，而是在於其具體落實社會正義的成效。告訴一個無辜的人說，送他上斷頭臺的審判程序是如何一絲不苟，將是令人不寒而慄的安慰。換句話說，如果實體規則本身就不公平或是誤導，如何公平應用這套程序也無濟於事。反之，實體規則本身不論多麼嚴謹公平，若是執法者因人斷案，製造法律階層化的事實，也是徒然。此外，關於民眾對法律的不服從，畢可兒 (Bickel) 的提醒❺，亦是發人深省——人民不服從法律是會養成習慣的，而所養成的習慣對法律秩序是具有破壞性的。即使社會上合法存在著各種形式的不順從行為，也絕對不能容忍不服從法律成為流行性傳染病。因此，為了不讓法律流於空洞化，以致於法律提供的實質保障在實踐的過程中，只聽到高掛空中的大餅，在現實生活中卻苦於無法領受實惠的無力感，徹底檢視「法律工廠」的運作模式是絕對必要的。

 二、法律作為社會控制的機制

　　布列克指出法律與其他形式的衝突管理機制一樣，其功能之發揮，隨著社會情境當中，行動者之間相對的社會空間 (social space) 位置的不同而有不同的改變。社會空間基本上有垂直、水平、文化、組織、以及規範五個構面。從這五個構面分析每一樁訟案，便足以解釋與預測法律實踐的功效。❻

❺　Bickel, A., 1975, *The Morality of Consent*, Yale University Press.

❻　Black, D., 1993, *The Social Structure of Right and Wrong*, San Diego: Academic Press.

「垂直空間」是指當事人之間財富或社會階級的差距;「水平空間」是指當事人之間親密與互賴程度,以及社會生活的整合程度;「文化空間」是指當事人之間在信念、價值、宗教、語言、知識、習慣等方面同質的程度;「組織空間」是指當事雙方發展集體行動或進行組織動員的能力;「規範空間」則是指當事人定義與回應不符合社會規範或期待的偏差行為之方式、或是其過去所隸屬的社會控制類型與範圍,如受尊敬之程度、有無不良前科紀錄等。

這五種社會空間類型在概念上看起來一清二白,但是在實際經驗層次上,卻是相互關連的,效應不易辨識、亦難加以區隔。所以,布列克藉由這五個層面社會空間的交叉分析,建構決定每位行動者在社會空間結構上的相對位置,以期對行動者的空間差距如何影響到法律結果,做出有效的預測。雖然,一般的原則通常是,當事人之間垂直空間愈大,在水平、文化、組織、與規範空間上的差距,不可能會小。

具體來說,經由分析訟案當事雙方,也就是原告與被告兩方行動者的相對位置,可進一步判斷社會控制之走向是屬下對上的社會控制類型,亦即社會控制的方向是由地位低者發動指向地位高者;還是上對下的社會控制,亦即社會控制的方向是由地位高者發動指向地位低者;或是水平社會控制,亦即社會控制發生在社會地位相當的原告與被告之間。基本上,所有衝突的社會空間結構,都可透過當事雙方社會空間位置的描繪,來加以呈現。

布列克依據敵對的當事雙方彼此之間社會距離的遠近以及是屬向上、向下、還是平行的垂直對抗方向,又將當事雙方可能採取的道德行為分成「鐵腕無情」、「陰險迂迴」、「各退一步」、「懷柔安撫」、「愛恨交織」、「一時洩憤」等六大類型。「鐵腕無情」類的社會控制,是優勢者對抗劣勢者的衝突行為,發生在社會距離疏遠的敵對當事雙方之間。由於雙方距離疏遠冷淡,優勢者以強硬的姿態對待劣勢者的偏差行為,如警察驅逐遊民之類的狀況。「陰險迂迴」則發生在敵對雙方社會距離疏遠,由劣勢者對抗優勢者的行為。由於雙方社會距離疏遠冷淡,劣勢者變換各種手段對付優勢者,

如背後中傷、匿名威脅，但絕少發動公開正面的衝突。

「各退一步」發生在地位平等、社會距離疏遠的當事人之間。平等的社會地位使雙方惺惺相惜、互有顧忌、抵銷了爭是非對錯之心。「懷柔安撫」發生在社會距離緊密的敵對雙方，優勢者出手對付劣勢者的行為。由於雙方社會距離緊密親切，優勢者以父執長輩身分教訓劣勢者。「愛恨交織」發生在敵對雙方社會距離緊密，彼此地位平等之衝突行為。由彼此地位平等而相互熟識，無法命令對方遵守規則，也難以用壓迫或懲罰的手段令對方就範。因此社會控制充滿彈性，妥協是經常發生的結果。「一時洩憤」發生在敵對雙方社會距離緊密，劣勢者出手對付優勢者的行為。由於平時劣勢者必須依賴優勢者而生活，無任何協商餘地，不可能對優勢者施加懲罰，遇到衝突，偶或情緒失控突然爆發衝撞。

 三、社會控制的分類架構

布列克認為影響道德主義的主要因素是當事雙方彼此的垂直社會距離。道德主義之所以致命，是因為大多數人堅持「賞善罰惡、正義彰顯」的信念，也是許多殺人、傷害事件背後的趨動力。因此，社會控制的變異類型，還可以從質與量兩方面加以觀察。從量的方面觀察，所謂社會控制的數量，可以使用社會控制的頻率、持續時間、嚴厲程度，或是涵蓋範圍，來加以測量。在不當行為的處分上，法律的量反映在監禁處分時間的長短與金錢賠償的多寡。從質的方面來看，則可以從社會處分偏差行為的型態或是個人回應不正義行為的方式，加以區別。

以社會處理不正義行為的方式區分，社會控制的主要型態有「判刑」、「罰金」、「調解」，以及「治療」等四種。「判刑」的焦點在於行為本身，將偏差者看做違反禁令的人，需要透過管教讓偏差者遭受痛苦，以減少類似行為的再生；「罰金」處理的重點不在於不正義行為本身，而在不正義行為的結果，目的是尋求債務償還、要求當事人對未盡之義務，負起責任；「調解」的焦點在於雙方關係的恢復，透過衝突之解決，修復爭議關係、

回歸平和;「治療」的焦點則是在行為者本身,將偏差者視為受害者一般,是需要接受幫助的人,所以不要求其對行為之後果負責,建立在如果能協助行為者恢復正常,其偏差行為便會自然消失的假定上。

四、個人採取的社會控制策略

以個人回應不正義行為所採取的衝突管理策略觀察之,則可區分出五種不同類型的社會控制方法——「自力救濟」、「逃避閃躲」、「忍耐容忍」、「協商談判」、以及「終結了斷」。「自力救濟」是指直接向不正義的行為者發洩不滿情緒,以攻擊行動像是以牙還牙、出言教訓、動手處罰、或出賣背叛等方式傳遞不滿的感受;「逃避閃躲」與「忍耐容忍」兩者都是對不正義行為比較輕度的反應。「逃避閃躲」是指減少互動,「忍耐容忍」是指不進行任何外顯可見的制裁;「協商談判」是指雙方經由討價還價與折衷方式解決衝突,可能也有律師之類的第三者介入,扮演協商者的角色;「終結了斷」則是指依賴外界非派系的第三方介入來解決衝突。依第三方具有的權威程度,處理的模式還可以進一步分出「調解」、「仲裁」,以及「司法裁決」三類。

表 3　社會結構特徵與個人的社會控制策略

衝突發生之社會結構特徵	社會控制策略
穩定的凝聚	報復
寄生的科層結構	管教或是背叛
不穩定的聚集	逃避閃躲
兩極化的場域	忍耐容忍
糾結的網絡	協商談判
三角科層結構	終結了斷（調解、仲裁、司法裁決）

(一)自力救濟

自力救濟是指單方片面以侵略性的手法處理不公平待遇的方式,其形

式眾多，從簡單地表現不喜歡的姿態、或是開口辱罵咒詛、怒目而視、皺眉嚇嘴、到舞刀動槍、致人於死地者，都包括在內。自力救濟強調當事人親自執行管教行為，重大到在私領域中動用私刑殺人，追求血債血償的正義觀。這個概念似乎不因現代化而式微。即便是眾人眼中最現代化的美國社會，流行的電影文化中仍歌頌不假手外人、自行執法替天行道的英雄主義行徑，其實他們心知肚明，這麼做與犯罪無異。

自力救濟有報復、管教、與背叛三種類型，端視當事人的社會空間位置而定。會以報復作為社會控制手段的社會結構特徵有五：第一，雙方的社會地位以及掌握的組織規模或資源，居於平等地位；第二，彼此社會距離、關係距離、與文化距離愈小，愈可能發生報復式的自力救濟；第三，生活活動空間愈小、愈固定、彼此愈接近或共享社會空間時，則愈會發生報復；第四，彼此功能愈獨立，愈會發生報仇；第五，團體愈具組織性，愈容易發生報仇而且後果可能愈是嚴重。此五項結構特徵，統稱為穩定的凝聚 (stable agglomeration)。

產生管教或背叛的社會結構特徵，不同於報復。管教屬於上對下的自力救濟，背叛則屬於是下對上的自力救濟。儘管如此，兩者發生的情境是相同的，亦即管教愈是極端，背叛也愈是極端。管教與背叛較可能發生的社會結構特徵包含下列五種：第一，雙方居於不平等的地位，如主僕關係；第二，垂直地位差距愈大，管教愈多；第三，彼此之間關係距離愈大，管教愈多；第四，彼此之間具有功能一致性，如受雇於同一企業；第五，社會生活空間長時間連結在一起。這五項結構特徵，統稱為寄生的科層結構 (parasitical hierarchy)。

既然有法律，為何仍有人不願採取法律途徑，寧可以自力救濟的方式進行衝突管理、討回公道呢？究其理由，某些自力救濟之方式，其威嚇效果事實上比法律來得大，所以當自力救濟比訴諸法律更便捷時，即便同樣有能力訴諸法律解決問題，當事人仍偏好以自力救濟的方式處理。其次，選擇自力救濟與衝突或不平所涉及之當事人之間的社會空間有關。低社會地位者、少數族群、或是青少年的需求與問題常未受到當權者的重視，因

此其與社會優勢地位者對抗時，較少使用法律。再者，關係親密的雙方，也較少動用法律來解決衝突或需要。

(二)逃避閃躲

逃避閃躲是以減少彼此互動的方式，來處理不平不義的衝突管理模式。有可能是其中一方、或兩方同時退縮，究其形式包括了短暫的或部分減少接觸、減少溝通，抑或是永遠的逃避、發展出地理空間的隔離等等。永久性逃避最可能發生在下面五種社會結構特徵之中：第一，彼此間無權威關聯的非階層地位體系中；第二，社會生活的流動性愈大、或關係建立與結束之速度過快的個人之間；第三，社會分隔愈多，彼此互動關係愈有限、愈欠缺相互涉入、或交集者；第四，彼此功能越是獨立者；第五，對手是團體或組織時，愈屬於個人化的衝突，愈可能以逃避回應。這五項結構特徵，通稱為不穩定的聚集 (unstable aggregation)。值得注意的是，逃避與攻擊是為相反關係，當永久逃避仍無法解決問題時，可能引爆殺人的行動。

(三)忍耐容忍

容忍經常是遭受侵犯者的典型反應，主要是指以不反應的方式來掌控不平。雖然容忍是否算得上是衝突管理的模式依然存有爭論，但容忍有時卻是回應偏差行為或紛爭的最有效的方式。容忍的程度隨社會與時代的不同而異，正如對酗酒、通姦、同性戀、殺人等偏差行為，不同社會、各個時代的容忍程度也不相同。

採取容忍作為衝突管理方式的社會結構條件有五，第一，社會低下階層面對優勢地位者的攻勢；第二，彼此關係較為親密者；第三，彼此之文化愈接近者；第四，對手的組織性愈高者，如受侵犯的一方本身就是犯罪集團；第五，容忍亦多發生在差異性高的陌生人之間；或是社會分隔過多、以及強調個人化的都市環境中。換言之，發生容忍的社會關係特徵，有可能不是極端緊密的、就是極端疏離的，亦即兩極化的場域 (polarized field)。

(四)協商談判

協商是指透過達成聯合決定的方式來解決彼此糾紛的衝突管理過程。雙方剛開始可能存在歧異，經由不斷磨合的過程，最終做成決定。協商是很多原始社會用以解決主要衝突的方法，其中可能涉及死亡或傷害賠償之討價還價。現代社會中，律師也往往涉入協商過程，諸如庭外和解或是認罪協商。

最易出現協商的社會結構特徵有五。第一，雙方地位平等。不過，平等地位並不一定是衝突開始時的必要條件，劣勢者或衝突雙方都可透過動員更具優勢地位的人前來支持，使原本不平等之雙方變成平等之後再進行協商。第二，敵對雙方因彼此相互牽扯交錯的關係而產生連結。即便雙方過去無任何接觸，但是代表自己的協商者可能與對方或其協商者之間存在各種可能的交情，而開啟溝通的橋樑。現代社會多由律師扮演這個橋樑角色。第三，較可能發生在組織與組織之間而非個人之間。第四，多發生於文化同質的敵對雙方。第五，衝突的雙方易於親近而且願意相互理解。這五項結構特徵，統稱為糾結的網絡 (tangled network)。與前述報復的社會結構特徵相較，交錯關係與文化同質是促使當事人選擇協商而非報復的最具關鍵性的結構差異。

(五)終結了斷

終結了斷是指依賴無派系的中立第三方介入來解決衝突，通常有調解、仲裁，以及司法裁決三種形式，五種不同的社會結構特徵，對第三者的權威性產生不同程度的影響。第一，第三方與敵對雙方之間的社會地位愈不平等，或是第三方的優勢地位愈高，其權威性愈大。第二，第三方與敵對雙方之間的關係差距愈大，第三方之權威性愈高，則其了斷雙方衝突的方式愈具攻擊性與暴力性。相反的，第三方愈不具社會優勢地位、與敵對雙方關係愈親密，則愈不可能做權威性的了斷。第三，第三方與敵對雙方之關係距離必須相等，方有可能保持中立處理衝突。第四，第三方與敵對雙

方的文化異質性愈高，則擁有的權威性愈高。第五，第三方與敵對雙方的
關係若存在組織上的不對稱性，也就是說，第三方是個團體或是機構，而
敵對雙方是個人的情況，那麼組織不對稱性愈大，第三方的權威性愈高。
這五項結構特徵，統稱為三角科層結構 (triangular hierarchy)。

五、第三方的角色

提出衝突處理之第三方理論 (third party theory)，是布列克對法律社會
學的一項重大貢獻。第三方涵蓋的行動者範圍很廣，不僅指不具有派系立
場而進行衝突處理的第三者，像是調解者、仲裁者或法官；也包含公然表
明支持某一方的代表，像是律師、證人等。掌握第三方所扮演的角色，有
助於解釋與預測第三方介入他人衝突的模式。進行第三方角色分類主要根
據三大理由，第一，很多時候第三方雖然宣稱是中立的，實際上卻偏袒其
中一方。第二，很少第三方是在沒有事先評估他們的介入，是否具有優勢
的情況之下，便貿然介入衝突處理。第三，朋黨支持者往往扮演著界定衝
突與提供建議的重要角色。

據此，依照第三方介入的本質與程度，布列克將第三方分為三大類，
十二種角色類型，即五種支持者的角色、五種調停者的角色，以及兩種邊
陲者的角色。五種支持者角色是依據朋黨介入的程度而進行排序，依次為
訊息提供者、諮詢者、辯護者、結盟者，以及代理者。五種調停角色則是
依據其權威的涉入程度而進行排序，依次為友善的與高壓的和事佬、調解
者、仲裁者、與法官。最後是兩個邊陲者的角色，一個是指兼具朋黨與非
朋黨要素的協商者角色，另一個則是超越朋黨派系的治療者。

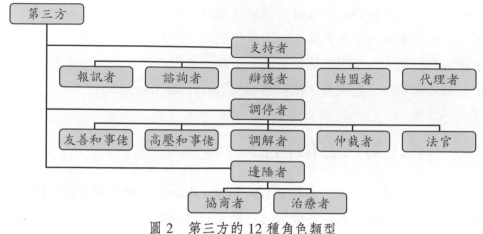

圖 2　第三方的 12 種角色類型

㈠五類支持者

　　五種支持型的第三方因涉入衝突的程度不同，對當事人提供不同程度的幫助，亦承擔不同大小的風險。訊息提供者涉入衝突程度最小，就算提供的訊息能夠使當事人獲得決定性優勢，影響接下來的衝突解決過程，但是通常都是在不出面的情形下提供資訊給當事人，而不參與衝突之解決。報信型的第三方可能是為了賺點小錢、交換訊息、也有可能出於同情心與道德感，包括講閒話、提供線索、私家偵探等等。諮詢者提供當事人如何處理衝突的意見與策略，但並未參與實際行動。諮詢者通常是家庭成員、朋友、或是律師，其中當然包括熟知法律體系運作、提供意見收取費用的人，即便他們並沒有受過正式的專業訓練。辯護者會為支持的對象公開辯護，不過，可能僅止於代表當事人陳述立場，有的辯護者會藉著自身的名望來維護當事人的利益。這三類支持者可能是志願提供協助，也有可能是當事人花錢請來的。

　　如盟友般的支持者，涉入程度僅次於衝突的當事雙方，會出面為當事人分擔風險、把自身的資源提供給當事人，並為其尋求最有利的結果。代理人大多會盡心盡力為當事人承擔風險與責任，在現實社會中這類型的支持者，甚至包括了頂罪者與提起公訴罪的檢察官。

㈡五類調停者

依據權威涉入的程度，可區分出五種類型的調停者角色。和事佬型的調停者首重減低雙方敵對的程度，致力於衝突的終結，對於雙方產生衝突的原因與內容，並不感興趣，因此處理衝突時，與另外三種類型的調停者扮演的角色並不相同。友善的和事佬是所有調停者中，權威涉入程度最低的；而高壓型和事佬則是所有調停角色中社會地位最高的。兩者相同的是，皆認為衝突對雙方傷害遠大於好處，都是出於對雙方福祉的關懷而出面調停，都對衝突產生的原因並不關心。兩者所不同的是，友善的和事佬以支持雙方利益為主，不偏袒任何一方。相反的，高壓型和事佬則只想盡快解決衝突，即便需要採取激烈的手段，也在所不惜。實際上，調停時雙方若出現衝突，對高壓型和事佬來說，就是不尊敬與侵犯。

至於另一類調解者的行為模式也不固定，從完全被動地露個面，到積極主動提供意見，都有可能。不過，雖然同為中立的第三方，調解者不同於和事佬之處，在於其會主動探究產生衝突的問題與原因，同時也會主動鼓勵衝突雙方進行協商、讓步、與妥協，以達成雙方都能接受的協議與結果。因此，有調解者出面斡旋的協商，又稱為監督式協商 (supervised negotiation)。

仲裁者比較接近法官，能在不顧及雙方的期望下，對衝突進行研判、指出對錯、並提供解決之道。不過，不同於法官之處在於仲裁者沒有能力執行調停的結果。換句話說，仲裁者只能給予參考意見而非判決。至於法官有體制授權，其權威性自然大於仲裁者，並有能力執行判決結果。

總之，調停者之行為會隨著其與當事人之間的關係距離與親密程度而有不同的變化。不過，有效的調停行為只可能發生在調停者與雙方當事人的關係距離，是相等的情況之下。倘若調停者與某一方較為親密，便容易變成朋黨而有所偏袒，就做不成中立的調停者。簡言之，調停者與雙方當事人之關係，需如等腰三角形，調停者位於三角形頂端，方有可能達成有效的調停。

(三)兩類邊陲者

　　屬於邊陲中立者的協商者，綜合了支持者與調停者的行為模式，一開始可能代表其中一方的衝突者，之後可能扮演起調解或仲裁者的角色，協助雙方衝突的解決。律師或保險公司的協商代表，經常是現代社會中扮演這類角色的人。大多數的民事訴訟，都是透過律師居間協商或處理庭外和解事宜，有時連刑事案件的定罪亦是透過協商而非單純的判決。

　　治療者與其他第三者最大的不同，在於其介入的主要理由不在於衝突的解決，他的出現主要是在治療當事人，減輕他因失控而遭痛苦的折磨、並且協助他恢復正常。古時候的法師，以超自然的手法，驅除惡靈、找回失喪的靈魂，扮演的便是這個角色。現代社會中大多由心理醫生或心理治療師承接這項工作、扮演這個角色。據此，也可以說，治療者不同於其他的第三方角色，因其既不是當事任何一方的朋黨，也不具衝突處理的權威，但卻因其專業，同時結合了支持者與調停者的角色。

六、全球化與法律去社交化

　　一般說來，全球化對民族國家法律的影響，透過經濟活動的全球化、科技使用的全球化、人權價值的普世化、以及社會問題的全球化，而出現法律規範的全球化。如國際經濟貿易的問題、侵犯基本人權的問題、基因科技、器官移植、人口販賣、毒品走私的問題，都是全球性的問題，為求其獲得有效的解決必然會帶動相關法令規章與制度規範的全球化。換句話說，隨著經濟全球化、科技全球化、以及跨國公司在全球投資活動上所發展的策略聯盟，法律體系的全球化勢必成為無可避免的趨勢。最後，法律影響的全球化終將成為無可爭議的事實。

　　經濟全球化的動力促使國際法、國與國間締結的條約、協定、以及各種國際性的、區域性的組織章程、規則快速成長，不但限制了本國法律的效用，更將各國的經濟體系緊密地連結在一起，加深加快各國法律間相互

聯繫的廣度與深度。各國法律之間相互取經、借鏡、移植、融貫的機會也愈來愈多，分隔不同法律系統之間的界限也變得越來越模糊。同時依賴法律保障人權、約制國家濫權，嚴防貿易強國踐踏法律，貿易弱國遊走法律邊緣，執法者對法律的態度更顯得重要。

在法律全球化的情勢下，顯得布列克在《社會學的正義》一書中所揭露的法律生活中普遍存在的歧視問題，變得更加不可忽視。美國法律社會學家弗里德曼針對法律與社會變遷的關係，亦曾經指出，法律既可能是反應器、也可能是推動器。❼通常法律變遷被視為社會變遷結果的反映，但是在現代化的過程中，透過法律的變革積極推動社會變遷、實踐人權理念、確保社會正義的舉措，更是多見。據此而引爆頻繁眾多的爭訟案例，實乃意料中事，法官審理斷案的中立性，便成為法制變遷是否能帶動預期的社會變遷最為關鍵的鎖鑰。暫且不論期待法律維持公平對待的原則，是否真為一個不可能的夢想，但是其所提出來的訟案審理去社交化的建議含意甚深，卻頗具當頭棒喝的參考價值。所謂「法律的去社交化」(de-socialization of law)，主要是指法官審理案件罔顧正義的實踐，反而充當穩固社交關係或建立人際網絡的資源，對於這類法律社交化的行徑定當徹底去除。根據布列克的建議，實踐法律去社交化的制度化方法，可以嘗試盡量將法官判決受到訴訟當事人相關社會背景資訊的影響減至最低，甚至模擬電腦程式設計，以電腦取代法官審案，徹底排除訴訟當事人的社會關係左右法官判決，以強化案件審理的公正性，即所謂的電子化的正義 (electronic justice)。❽

布列克批判法律形式主義的抽象理論，並從實在主義的角度切入現實生活中法律運作的方式，揭穿形式主義法學維護社會公義的虛偽假象，得出法律給予律師法官的不過是透過他人遭受的不正義而賺錢謀位的工具。

---

❼ Friedman, L. M., 1977, *Law and Society: An Introduction*, Englewood Cliffs, N.J.: Prentice-Hall, Inc.

❽ 亦有譯為電子化的司法。

至於伸張正義，反而是執法營私運作之下的例外罷了。濃郁的悲觀主義、
看好法律的交際功能、看衰法律的正義功效，構成了布列克法律社會學的
特色，也是其法律的去社交化、社會的去法律化 (de-legalization of society)、
以及組織法律互助會三大主張的基礎。面對法律全球化時代的來臨，推動
社會的去法律化無異於背離時代之潮流，然究其主張，所謂社會的去法律
化，旨在建立調解與仲裁等解決衝突的替代機制，減少對法律的依賴、抑
制法律社交化的效果，進而達到法律的去社交化的目的，那就另當別論，
反而深具實質意義。另一方面，要消除法律的社交功能，對法官進行道德
勸說，呼籲執法去社交化，實非易事，改採布列克的建議，鼓勵個人加入
法律互助會，以培養人脈、多拉關係，發揮社交制衡社交、人脈對抗人脈
的方式，也不失為一帖削弱法律社交化的有效策略，發揮減少法律歧視的
功效。

關鍵概念解釋

社會的去法律化 (de-legalization of society)

建立調解與仲裁等解決衝突的替代機制，以取代全然依賴法律執行社會正義、抑制法律社交化的效果，進而達到法律的去社交化的目的。

法律的去社交化 (de-socialization of law)

去除法官審理案件時，罔顧正義的實踐，反而充當穩固社交關係或建立人際網絡資源的行為。

經濟全球化 (economic globalization)

指商品、服務、資本、勞力的長距離流動，包括連結這些流動過程的跨國組織從事市場交易所產生的長距離訊息與觀念的流通。

第一代人權 (first-generation human rights)

處理關於政治生活中的自由與參與的權利，屬於公民權與政治權，以確保個人免於政府權力的濫用與侵犯為宗旨，提供個人生命與自由的保障。

消極權利 (negative rights)

個人享有要求他人不做某些行為的權利，以使其安享這些權利；同時也包含自己不做那些使他人無法安享這些權利的道德義務。

不可讓渡的權利 (nontransferable rights)

指政府權力不得介入干涉剝奪、只得保障或保護的權利。不可讓渡是指不可侵犯、不可褫奪，排除政府權力介入的權利。

積極權利 (positive rights)

個人所擁有的、要求他人做某些事的權利，以便排除干擾其享有該項權利的障礙、或是增進其該項權利的行使。

第二代人權 (second-generation human rights)

通稱為社會權，強調實現個人尊嚴與生存權所需的社會、經濟與文化條件，本質上是與平等權有關的社會、經濟、與文化權利。

社會失連 (social disaffiliation)

即社會聯繫的失落，不穩定就業使勞動者無法維繫固定的社會關係網絡；長期失業切斷了勞動者從工作關係中建立人際關係以及社會接觸的機會。

社會排除 (social exclusion)

緣起於法國，最初是指因失業而造成個人與大社會之間各種紐帶的削弱與斷裂，後來用指公民身分與地位所賦予的政治與社會權利的剝奪。至少含括就業排除、福利排除、經濟排除、網絡排除、政治排除、階級排除、以及空間排除七大面向，其中就業排除常被視主要促因，而福利排除、經濟排除、網絡排除、政治排除、階級排除、與空間排除為其關鍵結果。

社會空間 (social space)

社會情境當中，行動者之間的相對位置，基本上有垂直、水平、文化、組織、以及規範等五個構面。

第三代人權 (third-generation human rights)

主要是指團結權，屬於國際法上相當先進的概念，像是和平權、環境權與發展權等新興的權利。追求的不僅限於個人層次的人權，而是從集體層次來界定人權概念。特別是從社區、社會、甚或國家的角度，要求經濟發展權、世界貿易與經濟成長獲利權、生存在一個團結和諧、無污染環境的社會之下的權利。

可以讓渡的權利 (transferable rights)

指個人可以信託交給政府運用的權利，不過需要在憲法中訂明其形式、權限、及運用方法。權利讓渡的目的在於交換有效的政府，藉其保障不可剝奪的權利。

第二卷
全球化與民主化

引　言

　　在國際政治舞臺上猶如棄嬰的臺灣，在過去的三十年裡不經意地締造了兩個舉世知名、卻罕有國際銷路的經濟與政治奇蹟。「經濟奇蹟」是臺灣靠著勞力密集的出口導向工業化政策為這個社會帶來了「臺灣錢淹腳目」的富裕生活。這個奇蹟的重點不但在於「富」而且在於「均」。換句話說，是大家都有錢了，而不是只製造了某些少數的富豪。這項奇蹟既然舉世知名，財富誰人不愛，又如何會滯銷呢？理由很簡單，問題並不是出在經濟奇蹟的本身，而是在締造這項奇蹟的成因，更嚴重的則在於其後果。因為這個奇蹟是在一個威權政治體系下締造的，敢問放眼國際，這項經驗可以向哪個國家推銷，而不挑戰有民主導師之稱的美國強權的大不韙。至於另一項所謂的「政治奇蹟」──成功的政黨輪替，儘管其中點綴著國際傳媒刻意突顯的、「博士立委、流氓身手」的臺灣式民主模式，把立法院當成街角一言不合便打群架的精彩畫面。人民用選票將與他們共創經濟奇蹟的執政黨硬狠狠地投下了執政舞臺。這項結果在國際舞臺上令所有勵精圖治、盡心改革的威權政黨膽顫心驚，唯恐贏了經濟、輸了政權。至於擁有這項光榮成就的臺灣，在政治奇蹟的光環下，親自經驗到好賤的民主、好貴的法律、好假的學者、好晦澀的前途，還有機會見到臺灣締造第三個奇蹟嗎？在此之前，先看看光明的一面吧！即便在這些光明背後，藏著最黑暗的陷阱。

單元章節

關鍵概念

雙元文化主義、公民身分、憲法法庭、憲政民主制度、合法性危機、司法行動主義、司法自我節制、政治衝突的法律化、有限政府、多元文化公民權、多元文化主義、差異政治／認同政治、承認政治

議題四
民主化與全球憲政主義

―摘要―

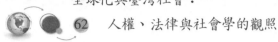

　　現代化理論預測了社會變遷對法律革新的衝擊，當現代化發展成全球化之後，在政治民主化 (political democratization) 的這個面向之下，全球憲政主義 (global constitutionalism) 的抬頭，服膺憲政主義成為從威權主義國家正朝憲政民主國家移動的指標。以臺灣的經驗而言，無論是從 1986 年民主進步黨宣布正式成立起算到 1996 年總統直接民選，還是從 1987 年宣布解嚴起算至 1997 年的香港回歸中國大陸，甚至從 1988 年威權時代的強人蔣經國過世起算至 1998 年完成第四次修憲為止的十年期間，臺灣社會在吵吵鬧鬧的政治鬥爭中不知不覺地走向前所未見的政治革命。回歸憲政是這個時代的主調，這個走勢一方面是回應國內政治自由化的動態，另一方面則反映臺灣試圖以主動擁抱全球憲政主義的方式，換取國際社會對其爭取不受中共掌控之國家主權行動的支持。

一、政治現代化、法律變遷與民主政治

　　一個尊重法治、可靠的行政官僚體系常被界定為政治現代性的一項關鍵特徵，足以帶動民主政治的深化。理論上，界定現代性 (modernity) 的意義，可從社會結構的層次或是個人層次兩方面著手❶。所謂社會結構層次，現代性意指一系列在現代社會體系結構層面中都可以發掘到的科層化、講求效率、文憑主義、自動化、與科技化等特質。在個人層次，現代性預期見到科學的態度、組織化的生活型態、未來導向的心態、以及民主的方式處理反對意見。譬如，美國學者丹尼爾・冷納 (Daniel Lerner) 就主張現代性涉及五項基本的特質：經濟層面展現內生的持續成長、政治生活層面展現全民參與政治、文化層面展現世俗理性的規範、社會層面出現流動的增加、以及在典範人格上出現相對應的轉型❷。另一位美國學者馬里昂・勒維

---

❶　Tsai, W. H., 1986, "In Making China Modernized: Comparative Modernization between Mainland China and Taiwan", in *Contemporary Asian Studies* 136 (5): 5.

❷　Lerner, D., 1968, *The Passing of Traditional Society: Modernizing the Middle*

(Marion Levy) 也指出四項現代性的結構特徵：社會構成單元的特殊化、各單元自給自足性減低、普遍性的倫理規範日益增多、以及中央集權化與民主化同步發展❸。

　　據此而論，政治現代性對於政治體系的民主要素，有其特別的強調。理論上，民主的首要原則建立在被統治者的同意。因此，民主體系必備三項關鍵要件：抗拒不正義權威的權利、以自由締結之契約作為相互拘束的觀念、以及個人參與統治過程。據此，民主的機制必須有三項功能：第一，有能力節制恣意統治；第二，以正義與理性取代恣意統治；第三，全民參與規範的制訂❹。

　　對於作為政治現代性一項主要特徵的民主制度，社會學家蔡文輝就指出，民主的概念至少包括兩個基本要件❺。第一是與資源配置原則有關的機制，是由全民協議出來、足以反映不同類型選民結構的代議型政治官僚結構。第二則涉及到調解機制，也就是一個法治而非人治的體系。個人必須要遵守法律，法律擁有比任何一個個人更高的智慧。藉由法律，個人修正其個性，同時也保護他人不受其個性之侵害。也就是依法執政與依法行政，而不是依照統治者的意欲執政或依政治官僚的好惡行政。

　　正因如此，無論從理論的角度還是歷史的角度來看，法律的發展、工業化、都市化、以及現代化都緊密地交織成一體。誠如強納森‧藤納（Jonathan Turner）精準地指出，法律發展乃一種制度性調適的形式，是現代化中之社會因應層出不窮的控制與聯繫問題而出現的產物。現代化的過程中不可避免會產生衝突、緊張、壓力、以及脫序，這都可能迫使社會現

East, Free Press, p. 36.

❸　Levy, M. J. Jr., 1972, *Modernization and the Structure of Societies*, Princeton, N.J.: Princeton University Press.

❹　Moore, B. Jr., 1967, *Social Origins of Dictatorship and Democracy*, London: Allen Lane, p. 44.

❺　Tsai, W. H., 1986, "In Making China Modernized: Comparative Modernization between Mainland China and Taiwan", in *Contemporary Asian Studies* 136 (5): 20.

代化其法律制度。❻

二、民主化與憲政民主

民主制衡的憲政設計在於統治權出於人民的授與，然後對獲得人民授權的統治者可能出現的恣意統治行為透過法律加以規範，以使人民的自由、財產等基本權利獲得最大的保障。根據美國的經驗，早期在尋求獨立之初，受到英國國會多數意見的壓制，使得當時處於殖民地身分的人民權益嚴重受損，於是締造了人類第一部成文憲法。由於這段歷史經驗，使得憲政民主制度有對抗「多數暴力」的潛在動因。理想上，在這個「憲政民主」(constitutional democracy) 的架構下，雖然政府政策與人事安排主要都是由多數決定，但是少數的權益在「有限政府」(limited government) 的憲政框架下，並不必擔心會受到損害，因為政府的施政措施與統治行為也僅能在憲法規定的範圍內為之。多數意見若冀圖變更憲法，則不僅需要結合高於半數的多數，更得接受繁複程序的挑戰。許多學者因此指出，美國的憲政設計透露了對多數決的不信任，但也成功地保障了少數的人權。美國所創建的「憲政民主」揭示了一個極為重要的原則，亦即憲法的存在是為了保護少數的權益。故憲法的修改應異於一般法律，必須經過更為繁複的過程與獲得極大多數的同意。有些人認為這是人民主權 (popular sovereignty) 的呈現，以人民明示的同意，作為憲法生效的必要條件。

其次，憲政民主制度強調分權原則，要求國家的政權分解成司法權、行政權、立法權三權，各權之間相互獨立、彼此制衡，以形成有限政府。在分權的民主國家，立法權屬於作為民意代表機關的議會。立法權是國家權力的一部分，由專門機關行使，執行制定、修改或廢止法律的職能。行政權是管理社會公共事務的國家權力。政權的行使必須依法從事。規範行

---

❻ Turner, J. H., 1974, "A Cybernetic Model of Legal Development", *Western Sociological Review* 5: 3–16.

政行為的法律是行政法。由於行政行為十分廣泛、複雜，不可能將全部行政行為的規範制定為一部詳盡的法律，因此行政法是許多法律的總稱，所規定的包括：行政機關的組織、職權和責任；行政機關不同組織的相互關係；中央和地方的行政機關的相互關係；行政機關與公民和非政府組織的相互關係；行政機關制定和執行政策的程序；行政機關的官員以及公務員的權利和義務等等。

在非民主制度的國家架構下，國家權力和法律制度關係的主要特性，在於國家權力制定了法律制度，但是本身卻建構豁免權，擺脫法制的拘束，以致於國家權力的職能總是大於或高於法律制度的職能。直到民主的概念出現、各種社會力的動能被釋放出來，尋求人民權利的適當保障、恣意統治行為的節制，情況才有所轉變——國家權力的職能和法律制度的職能趨向於重合；國家權力的統治同時就是法律制度的統治。民主政治所建構的法律制度，即為法治 (rule of law)，以憲法為最高指導，而這套民主政治機器的上層建築，可稱為憲政民主制度。

民主化伴隨法律革命一併出現的當代實例，以 1990 年代後期南非的經驗最具代表性。在這個過程中明晰可辨的趨勢是議會主權的衰退，民主憲政制度 (democratic constitutionalism) 代之而起。南非民主憲政制度的經驗顯示，針對重新引進法治的概念以及起訴觸犯保障人權之憲法規定的違法舊政府官員所做的研究，不但開啟了正義的相對觀念——亦即從對照舊政權違憲不正義的脈絡下審視正義的定義與範疇，也提供了研究民主制度深化的一個新取向。這個研究取向激起了憲法角色的分析，以及對政治重建過程中司法審查角色的重視。基於這些因素，漢斯·克魯格 (Heinz Klug) 指出，民主化的一項標誌是正式採行權利法案作為憲法變遷的基本標記，相反的，也可以這麼說，某個自我標示為民主的政體，一旦出現不再尊重憲法所賦與人民之權利，就表示這個政權正朝向偏離憲政民主的軌道挪移。❼

---

❼　Klug, H., 2000, *Constituting Democracy: Law, Globalism and South Africa's Political Reconstruction*, Cambridge: Cambridge University Press.

既然權利法案的採行是確認一個國家是否為民主憲政國家的一項基本指標，那麼民主憲政與法治之間究竟存在著何種制度性的關連呢？根據路易‧韓金 (Louis Henkin) 的說法，憲政主義有七大構成要件：一、主權在民；二、憲法至上；三、政治民主與代議政府；四、建立在分權與司法獨立之上的有限政府；五、尊重並保障個人權利；六、制度藍圖；以及七、尊重自決❽。

　　這項定義不但清楚界定憲法作為最高法典的意義，而且提供了民主憲政制度與法治之間的制度關連。所謂法治就是依憲法的主張而進行治理的權能。在 1960 年代對法律與社會發展運動的激情退卻之後，大部分對政治現代化的分析都將焦點擺在政治協商與節制。儘管專研現代化的社會與政治科學家很少把焦點擺在這裡，不過進入 20 世紀末期，植基於憲法的法制體系在國家重建的政治轉型過程中，扮演極其重要的角色，特別是發展中國家，在 1990 年代國際間出現大量援助發展的基金興起之後，對法治與民主憲政制度的尋求，再度浮上檯面。

三、全球憲政主義的興起

　　早在 1980 年代初期，國際社會就已經出現一系列追求司法獨立的運動。不過，一般認為全球司法權擴展的現象，實際上出現於 20 世紀末，冷戰行將結束之際。此時，國家社會主義的崩解帶動了一連串的政治重建過程。在這一波的政治重建過程中，脫穎而出的國際政治文化構成一種新的政治霸權，設定各國制憲政治的外在參數。根據克魯格的分類，20 世紀整整一百年的時間，可以區別出四個不同的政治重建階段。第一個階段的國家重建與憲法革新，出現於第一次世界大戰結束之時奧匈帝國瓦解之後。這個時期的重要發展是一個集中化憲政法庭的出現。1920 年哈斯‧克爾森

---

❽　Henkin, L., 1994, "Elements of Constitutionalism", *Occasional Paper Series*, Columbia University: Centre for the Study of Human Rights.

(Hans Kelsen) 將之引進奧地利的憲法，之後德國將之弱化後複製於威瑪憲法。第二波國家重建的勢力，出現於第二次世界大戰之後，主要的問題在於兩股矛盾力量的拉扯所引爆的緊張，一為單純國家中心的政治文化，展現在聯合國的體制再三肯定以國家中心的取向作為承認與尊重會員國主權的依據。另一股為高舉人權的意識，採行個人人權的範型，並提供社會運動與鬥爭一個國際舞臺。至於高舉人權的原因，有一半是出於經歷大屠殺之後，那種劫後餘生之恐懼；另一半則是各國內部社會與政治鬥爭下的產物。冷戰也出現於這個時期，因而創造了國際政治環境上一個令人難以置信的文化氣氛──許多不民主國家的存在，是仰賴冷戰時期美國為了對付敵對國而保持的緘默。第三階段的國家重建源自於脫離殖民化 (de-colonization) 的過程。這個時期除了延伸有色民族自決的原則外，冷戰的對峙塑造這個時期大半的特色。最後一波也是第四階段的國家重建則是緊迫在國家社會主義的崩解之後，在此之前在拉丁美洲、利比亞、以及許多後殖民主義國家已經陸續出現爭取民主的抗爭。❾

　　在 1990 年代的前半期，透過聯合國發展計畫，有一大群不同的社會組織，像是民間基金會、非政府組織、甚至國家機構，幾乎有將近十億美金花在向全球各個角落推動法治運動。採行新憲法是這股運動之下的主要產物。影響所及，二十世紀這最後一波的國家重建過程，其範圍之廣，令人匪夷所思。在 1989 年與 1999 年之間，聯合國 188 個會員國中有百分之 56 的國家針對他們的憲法做出重大的增修。其中最為顯著的是這些國家中有百分之 70 採用全新的憲法。❿雖然每一個國家重建的過程不可能事先預知，不過一下子出現這麼多國家採行憲政主義的這項事實，的確可視之為標示後冷戰時期新霸權趨勢的一項有力證據。對於這個現象，加拿大比較

---

❾　Klug, H., 2000, *Constituting Democracy: Law, Globalism and South Africa's Political Reconstruction*, Cambridge: Cambridge University Press, pp. 10–11.

❿　Klug, H., 2000, *Constituting Democracy: Law, Globalism and South Africa's Political Reconstruction*, Cambridge: Cambridge University Press.

憲政主義學者大衛・貝提 (David Beatty) 稱之為憲政主義時代❶；而美國學者布魯斯・艾克曼 (Bruce Ackerman) 則以世界憲政主義的興起稱之。❷ 雖然這些學者視擁抱人權以及政治憲法化為世界憲政主義興起的一種預示。但是在這之中仍有許多情況有待克服，當然最普遍的狀況是雖然憲法中明文訂定憲法審查權，但是司法機關卻使用這項權力來打擊任何一項違憲的立法行動，比較嚴重的則有行政機關公然不接受憲法法院的裁定，在另外一些國家中甚至出現憲法法庭遭到解散的厄運。

事實上，引進憲法審查制度的國家並不保證會讓這個制度永遠存在，也不保證這個制度在這些國家能夠充分發揮效能。在 1989 年以前，只有 10 個國家，制訂有有效的憲法審查制度。其中有的設有憲法法庭，有的則是由一般性的法庭，負責駁回與該國憲法相左的法律提案。儘管如此，採行憲法審查制度，至少指出了行政權力的行使必須合乎規範，亦即必須依法行政。不過，到目前為止，國際上已發展出三種司法審查的模型可供選擇，其中以集權化的憲政法庭模式最為盛行，除此之外，尚有美國式的司法審查制度與法國式的司法審查制度。這個模式主導著 1989 年以來最近這一波憲政主義浪潮，大約有 36 個國家，接近百分之 20 的聯合國會員，成立新的憲法法庭，是為該國法律體系的頂點。但是，有憲法審查制度是一回事，是否能夠有效發揮原有的功能又是另一回事。大多數的情形是，憲法審查只具形式上的地位，而司法機關對於這項權力的行使通常侷限於某些範圍。

雖然權利法案與憲法法庭被賦權來審查法案的合憲性，是後冷戰時期憲法的共同特性，但是捲入這波國家重建憲法政治過程中的聯合國會員國，各自在各不相同的國家社會脈絡下，尋找不同的回應模式。各國所表現出的不同反應，不僅反映出各國特殊的歷史脈絡，也包括了各國模塑這波主

❶　Beatty, D., 1994, "Human Rights and the Rules of Law", in D. Beatty (ed.), *Human Rights and Judicial Review: A Comparative Perspective*, Dordrecht, Boston: M. Nijhoff.

❷　Ackerman, B., 1997, "The Rise of World Constitutionalism", *Yale Law School Occasional Papers, Second Series* 3: 9–10.

流的社會政治鬥爭的地域經驗。儘管臺灣不是聯合國的會員國，其獨特的國際身分使它無法自外於這股全球憲政主義的浪潮。

 # 四、大法官釋憲權與公民身分的重建

自從國民黨統治臺灣以後，現代化 (modernization) 一直是其國家建設與發展的主要目標。對國民黨的高層領導中心而言，現代 (modern) 不僅僅是指生命活力、科學導向、甚或平等主義。更重要的是，現代還必須是經濟發達、政治民主、主權獨立、以及國際影響力。

同樣的，作為一項社會價值與目標，如果不被貶為一項政治口號，民主政治的觀念與實施在臺灣的紀錄可以追溯至 1949 年國民政府撤退來臺之日起，甚至更往前追溯至孫中山先生建立中國國民黨、中國國民黨建立中華民國之日起。但是 1987 年以前的國民黨政權，在多重因素的衝擊之下，以一黨專制的方式作為解決臺灣經濟落後問題、推動經濟發展的最適手段。因此，學術界一般認為民主化在臺灣是在 1987 年之後才展現出動力，成為臺灣社會重建過程的核心，而民主風範也是在 1980 年代末期之後才成為臺灣社會生活的主要焦點。

1980 年代後期臺灣回歸憲政主義的努力，有一部分可以從大法官積極釋憲的行動中展現出來。我國憲法規定民事、刑事、行政訴訟、公務員之懲戒、違憲政黨解散、釋憲及統一解釋法令，均屬於司法權的範圍。❸憲法第七十八條規定「司法院解釋憲法、並有統一解釋法律及命令之權」，第七十九條第二項又規定「司法院設立大法官若干人，掌理憲法第七十八條規定事項」。也就是說，為了確保憲法最高性、發揮憲法功能，遂有違憲審查制度的設置。根據我國憲法，這項任務主要是交付由司法院執掌，由其擔任憲法維護者的角色。因此，維護合乎憲法的法律秩序便是憲法賦予釋

❸ 曾華松，1998，〈憲法保障人民訴訟權之回顧與展望〉，《司法院大法官釋憲五十週年紀念論文集》，臺北：司法院，頁 225。

憲者——即司法院大法官——的核心任務。正因為司法院大法官擁有解釋憲法的權力，也就擔負起憲法維護者的重大角色，據此大法官行使司法權時，如果符合憲法的授權與規範，不但能夠維護住合乎憲法的法律秩序，同時也發揮了保障人民基本權利的功能。否則，人民權利的保障以及合憲秩序的維護，即使皆能在憲法中找到明文規定，也只是徒具形式，流於空談。其次，大法官釋憲權的行使，本諸「不告不理」的原則，因此必須經聲請人依法定程序聲請，方能啟動運作。❹換句話說，若無提出聲請，司法行動主義就無用武之地。至於大法官解釋的效力，大法官會議釋字第 177號解釋確立了憲法解釋對於人民聲請解釋之案件有溯及效力之原則。第185 號解釋又更進一步明示司法院所為之解釋有拘束全國各機關及人民的效力；各機關處理有關事項，應依解釋意旨為之。

　　大法官解釋憲法之事項包括，關於適用憲法發生疑義之事項，關於法律或命令有無牴觸憲法之事項，關於省自治法、縣自治法、省法規及縣法規有無牴觸憲法之事項。目前大法官所行使之解釋權，可分為下列四種主要類型：⑴有關憲法適用時疑義之解釋，此得由中央或地方機關、或三分之一以上之立法委員連署提起聲請；⑵有關下位規範有無抵觸上位規範之法規審查之解釋，此得由中央或地方機關、三分之一以上的立法委員連署、各級法院法官、或由人民提起聲請；⑶各機關行使職權時，與其他機關之職權發生適用憲法之爭議，由中央或地方機關提出聲請；⑷適用法律命令時與其他機關發生歧見所為之統一解釋，此得由中央或地方機關、或由人民提起聲請。❺據此，有權聲請解釋憲法的行動者，只限於下列四類：⑴中央或地方機關，於其行使職權，適用憲法發生疑義，或因行使職權，與其他機關之職權發生適用憲法之爭議，或適用法律或命令發生有牴觸憲法

❹　翁岳生，1998，〈我國釋憲制度之特徵與展望〉，《司法院大法官釋憲五十週年紀念論文集》，臺北：司法院，頁 290。

❺　翁岳生，1998，〈我國釋憲制度之特徵與展望〉，《司法院大法官釋憲五十週年紀念論文集》，臺北：司法院，頁 291。

之疑義者。(2)人民、法人或政黨於其憲法上所保障之權利，遭受不法侵害，經依法定程序提起訴訟，對於確定終局裁判所適用之法律或命令發生牴觸憲法之疑義者。(3)依立法委員現有總額三分之一以上之聲請，就其行使職權，適用憲法發生疑義，或適用法律發生有牴觸憲法之疑義者。(4)各級法院就其受理之案件，對所適用之法律，確信有牴觸憲法之疑義者。

　　這套以憲法為頂點的金字塔狀的法律秩序並未確實在臺灣實行，直到1980年代後期，才在司法院大法官以回歸憲政秩序為主要目標的行動中，見到其實踐憲政主義的決心與實力。1980年代中期以前，大法官大多扮演著背書的角色，以強化國民黨政權的合法性。尤其是在戒嚴時期，《動員戡亂時期臨時條款》凍結憲法中有關基本權益的保障，憲法的存在有名無實，大法官的功能只限於法令的統一解釋，對於基本權利談不上提出什麼解釋。事實上，第一屆大法官所適用的大法官會議規則，根本沒有提供人民聲請釋憲的管道。之後，雖然加添這一個管道，但是第二屆與第三屆大法官總共也只受理一件民眾聲請的解釋，也就是釋字第117號解釋。⓰不過，自1980年代後期以來，被政治自由化所觸發的司法院大法官，致力於恢復憲法原本保障的、卻因《動員戡亂時期臨時條款》而遭到凍結的基本人權，其成效堪稱顯著。

五、政治公民權的恢復

　　與政治公民權的恢復有關的憲法解釋，最重要者首推大法官會議釋字第261號解釋。這號解釋文賦予中央民意代表全面改選之憲法基礎，因而開啟了臺灣民主憲政改革的大門。原1948年的憲法針對中央民意代表皆設有任期制度，國民大會代表為六年、立法委員為三年，監察委員為六年。1949年國民政府撤退來臺，為了維繫其統治地位的合法性，突顯其為中國

⓰ 葉俊榮，1999，〈從國家發展與憲法變遷論大法官的釋憲功能〉，《臺大法學論叢》第28卷第2期：25。

的唯一合法政府，除視中國共產黨為竊據中國大陸的亂黨，並透過《動員戡亂時期臨時條款》以及大法官會議第 31 號解釋，凍結第一屆中央民意代表的改選，以免全面改選將使其喪失治理臺灣的合法權力。❶ 雖然自 1969 年以來，仍有定期舉辦中央增額立法委員與國民大會代表的選舉，但是仍無法達到全民參政的民主目標。大法官於這號解釋中重申憲法明文規定中央民意代表為有限任期制，並裁定第一屆未定期改選、事實上已經不能行使職權之中央民意代表，應立即查明予以解職之外，其餘之中央民意代表應於 1991 年 12 月 31 日以前全面終止其行使職權，並於次年辦理全面改選事宜，以確保憲政體制之正常運作。至此，臺灣民眾長期來被凍結之政治公民權——包括選舉政治代理人以及參與公職競選的權利——方才因這號解釋而獲得恢復。

值得一提的，自 20 世紀以來，在國際政壇上有兩個與國家有關的概念頗為昌盛，那就是「自決」(self-determination) 與「主權」(sovereignty)。人民主權的概念，亦即主權乃人民意志的表現，國家主權則尚須有國際的承認。因此，人民主權並不等同於國家主權。也就是說，主權並不僅止於國家的建立，羅列出一套統治者如何治國、如何獲得被統治者的同意、授權、以及向被統治者負責的法規制度，還需要有國際社會的合法承認。對於一個國家來說，獲得其國內人民一致認同的國家身分識別，不論得自於憲法改革還是社會共識，都尚不足以確保其已具備完整獨立的主權。完整獨立的主權需要同時被內外在機構所接受。少了外在合法性，不論其內在主權如何完備，國家易受充滿敵意鄰邦的攻擊。這正是臺灣自 1972 年失去美國承認後所面對的最困難的處境。也正是李登輝政權試圖以強化內在合法性的方式，在面對中共反對下，向國際社會為臺灣爭取外在合法性的授予。❷

---

❶　Chu, J. J., 1994, "Chapter 3: The Rise of Island-China Separatism", in G. Klintworth (ed.), *Taiwan in the Asia-Pacific in the 1990s*, Allen & Unwin Press, pp. 44–58.

❷　Chu, J. J., 2000, "Nationalism and Self-determination: The Identity Politics in Taiwan", *Journal of Asian and African Studies* 35 (3): 301–321.

# 六、基本公民權的恢復

　　大法官釋憲案件中，以基本公民權的憲法解釋最多，其中首次出現於釋憲案中有關基本人權的解釋主要是涉及一般言論自由、集會自由、以及講學自由的權利。釋字第 407 號與釋字第 414 號主要是關於言論自由，釋字第 445 號是關於集會自由、釋字第 380 號與第 450 號則是關於講學自由。釋字第 407 號特別強調民主政治的基石在於傳統自由主義的精神，這種精神信賴人民有追求幸福的能力，而非仰仗政府之干預。在該號解釋的不同意見書中，對於出版自由的界線亦提出說明——出版自由乃個人精神之外在表現，就人性尊嚴之自我實現而言，具有重大意義。除非基於保護他人自由法益與青少年健全發展之考量，可對出版自由為必要之限制外，國家應本於法律節制之精神，給予最大限度之尊重與保障。

　　其次，關於基本公民權益的回復方面，最值得推崇的當屬民眾訴訟權的保障。在威權時期被剝奪訴訟權的群體首推隸屬於特別關係下的公務員。根據傳統的公務人員法，公務員對於考績、懲戒、財產請求權、以及任用，是不具有行政訴訟權的，行政法院對此亦無審查權。不過，自大法官釋字第 187、201、243、266、298、312、323、338 號解釋之後，公務員對於上述權益所引起的爭議，皆享有行政訴訟權。❶❾再者，自 1992 年起，受制於特別權力關係約束的會計師、現役軍人、以及教師不得提起行政訴訟以維護其權利的規制，也經過大法官會議釋字第 295 號、第 430 號、以及第 462 號解釋，而得到修正，使其訴訟權重新獲得保障。此外，大法官釋字第 220 號亦糾正動員戡亂時期，為了避免勞資爭議損害經濟力，勞資糾紛處理辦法中禁止勞動當事人對勞資評斷委員會的裁決提出訴訟的規定。❷⓿

---

❶❾　翁岳生，1994，〈近年來大法官會議解釋之研討——有關人民權利之保障〉，《法治國家之行政法與司法》，臺北：月旦。翁岳生，1994，〈行政法院對特別權力關係之審查權〉，《法治國家之行政法與司法》，臺北：月旦。

其他方面比較具有突破性的,則是關於人身自由與兩性平等權的保障。關於人身自由方面的釋憲解釋有第 384 號與第 392 號。第 384 號解釋裁定關於檢肅流氓條例中授權警察機關得逕行強制人民到案,無須經過司法程序與秘密證人制度的規定,違反憲法對人身自由的保障。第 392 號解釋則強調檢察官並沒有羈押被告的權力。關於兩性平等權方面,又以大法官會議釋字第 435 與 410 號解釋最為突出。大法官在第 365 號釋憲文中,闡明《民法》第 1089 條規定「父母親在行使未成年子女權利時,若出現意見不一致的情況,以父親之意見為主」的父權優先條款,違反憲法兩性平等原則,亦不符合憲法增修條文中消除性別歧視的旨意,應該立即檢討修正,並裁定該規定最遲在兩年後失效。可以斷言的,這號解釋對於男女平等的落實,確實是一大促進。之後第 410 號是有關於夫妻聯合財產制的問題,大法官針對夫妻聯合財產制度中「不屬於先生的原有財產以及屬於妻子的原有財產,不但仍由先生繼續享有其所有權,而且對於妻子原有財產所生的利息亦享有所有權」的規定,未能貫徹男女平等的憲法理念,而裁定有關機關應盡速檢討修正相關法規,以落實憲法對兩性平等權的保障。 ❹

七、社會公民權的保障

在 1990 年代中攸關社會公民權的大法官解釋其實並不多。大法官釋憲案件中比較多的是關於社會保險權益的解釋,共有九則,亦即釋字第 246 號、274 號、279 號、310 號、316 號、389 號、434 號、與 456 號解釋。 ❷ 關於社會公民權的保障,最值得一提的是釋字第 472 號關於全民健康保險

❷⓪ 葉俊榮,1999,〈從國家發展與憲法變遷論大法官的釋憲功能〉,《台大法學論叢》第 28 卷第 2 期: 1–63。

❷① 更多有關平等權的解釋,請參閱法治斌,1996,〈司法審查中之平等權〉,《國科會人文及社會科學研究會刊》第 6 卷第 1 期: 35–50。

❷② 施文森,1998,〈論社會保險權益之性質〉,《司法院大法官釋憲五十週年紀念論文集》,臺北: 司法院,頁 643。

政策中強制納保的措施是否違憲的解釋。該號解釋引述憲法第 155 條及第 157 條重申國家為謀社會福利，應實施社會保險制度；以及國家為增進民族健康，應普遍推行衛生保健事業及公醫制度的憲法承諾。推行全民健康保險是憲法增修條文中第十條第五項的規定。全民健康保險法公布於 1994 年 8 月 9 日，自 1995 年 3 月 1 日起實施。關於全民健康保險法中強制納保、繳納保費等規定，大法官則將之解釋為基於社會互助、危險分攤、以及公共利益之考量，所以無違反憲法推行全民健康保險之意旨。至於加徵滯納金的規定，大法官亦認為是促使投保單位或被保險人履行繳納保費義務之必要手段，也不具違憲之實。儘管如此，對於無力繳納保費者，大法官特別強調國家不得逕行拒絕給付，反而應給予適當的救助，以符合憲法推行全民健康保險，保障老弱殘廢、無力生活人們之旨趣。至於是否建立有效的機制責成國家履行這項保障社會劣勢的義務，大法官並未做進一步的闡明與裁定。

議題五
全球化與司法行動主義

─摘要─

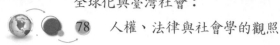
在這一波全球民主化過程中，投入揭櫫憲政理念、捍衛憲政體系這項首要任務的是來自司法體系的行動者。自 1980 年代末期、1990 年代初期以來司法行動主義 (judicial activism) 在國際社會紛紛躍上檯面，展現出數個面貌，具有指標性預示全球化民主政治的新走向。

一、司法行動主義的興起

司法行動主義的浪潮在西方民主國家，出現於在 1960 年代，而其肇因與喬真·哈伯馬斯 (Jurgen Habermas) 所描述的合法性危機有關❶。隨著立法、總統、行政首長、公務人員、與政黨權威的衰退，社會上將出現愈來愈多的聲浪與壓力，希望仰賴法院來從事政策的選擇。所謂司法行動主義，根據肯尼斯·賀蘭德 (Kenneth Holland) 的定義，基本上是指法院不畫地自限於法律衝突的裁判，進入社會政策制訂的探索，藉由這種作法，法院比早先限於狹隘爭訟的處理，發揮更大的效能，影響更多的民眾及其利益。據此，賀蘭德認為法院採取行動主義的程度，可以透過其所行使影響民眾、立法、以及行政部門的權力多寡來加以測量。❷

根據《布氏法律字典》(Black's Law Dictionary)，司法行動主義則被界定為，在其他因素保持不變的情況下，法官放任自己對公共政策的看法左右他的司法裁決。使用這個術語時，通常指遵循這套思維哲學的法官，常做出違憲的裁決，較多的情況下其做出的司法裁決也比較不受先例的拘束。《麥韋氏法律字典》(Merriam Westers Law Dictionary) 對司法行動主義的定義與布氏並無多大差異，更細緻地指出司法行動主義是指，法官所做出的保護或擴大個人權利的裁決，這些裁決不是不同於既有判例與先例，就是

---

❶ Habermas, J., 1996, *Between Facts and Norms: Contributions to a Discourse Theory of Law and Democracy*, translated by William Rehg, Cambridge, UK: Polity Press in association with Blackwell Publishers.

❷ Holland, K. M. ed., 1991, *Judicial Activism in Comparative Perspective*, Houndmills, Basingstoke, Hampshire: Macmillan Academic and Professional, p. 1.

與憲法本意、立法原意相背。據此，美國法律學者大衛・史卓斯 (David Strauss) 主張，從狹義面來說，司法行動主義基本上指涉三種情況。其一是法官做出某項法律違憲的裁定，進而以違憲推翻該法律的有效性。其二，法官做出推翻司法先立的裁決。第三，法官做出的憲法解釋有別於、甚至違背慣常偏好的解釋。❸

法官從事司法行動主義有多種方式，諸如，直接使用釋憲權推翻民選立法院通過的立法；或是做出違反法令文義或原意、或過度曲解的裁決；或是做出違反司法先例的判決；甚或選擇性地使用個案法或國外法，做出否決憲法增修條文或某項立法的裁決，都被視為司法行動主義的樣態。正因如此，不論是美國、還是英國，對於司法行動主義，都採取較為保留的態度，甚至以負面的態度居多。

從發展中國家的經驗來看，區隔國家與個人自主性的邊界，詳列國家無法恣意減損的基本權利，進而建立憲政法庭此一專責機構，以捍衛並保護國家不可隨意侵犯的個人基本權益，是新一波憲政主義的兩大焦點。❹ 新憲政主義的興起不可避免擴大了司法權，促動司法行動主義的抬頭。設立憲政法庭，期望政治中立的司法行動者能夠護衛民主的實質價值免受程序上合法選出的立法委員與國會議員不經意的踐踏。這就是為何高舉人權至上的全球新憲政主義，甘冒破壞三權分立的風險，仍支持立法與司法權的結合。保護民主制度免於陷入濫權的期待，給予司法行動者最具影響力的司法審查權。但是司法審查反多數統治的本質，也引爆了司法行動主義可趁機竊取立法權的疑慮。因為司法部門不是民選的機構，所以也不該具有推翻民選政黨政策選擇的合法基礎。司法行動主義者不同意這項質疑，反而指出民主制度豈止是多數統治，透過司法審查，司法行動者高舉憲法、

---

❸ Strauss, D., 1996, "Common Law Constitutional Interpretation", *University of Chicago Law Review* 63: 877.

❹ Ginsberg, T., 2003, *Judicial Review in New Democracies: Constitutional Courts in East Asia*, Cambridge University Press.

保護少數權利、推翻立法院通過的所有違反憲法的法令。雖說立法院是由民主程序選出之代表所組成的，但是民選的政客出賣背棄人民授權的情形所在多有，事實上，民選政客的行為模式給予非民選的法院，在兩次選舉之間，照顧某些受忽略之市民權益的機會。據此，一項量化的指標——司法行動者積極、密集進行司法審查——與三項質化指標——確認市民人權高過國家權威、維護憲法位階高過所有的法令規章、並對所有公權力施以實質的監督限制，便構成了評估司法行政主義是否落實新憲政主義理念的有力指標。

 二、憲政民主與法治

現代憲政民主的規範架構下，強調分權原則，要求司法權、行政權、立法權三權相互獨立、彼此制衡，以形成有限政府的制度。因此，一個國家的政治體制可以被稱為憲政民主制度，其政府就必須接受四大限制。第一，除了立法院自身之外，沒有其他政府機構或政黨可以解散立法院。第二，司法院法官一旦接受任命，不受立法院的管轄。第三，行政院不可以不經過立法院的同意，片面指派各級首長。第四，行政官吏可以行使否決權，但是只有立法院有立法權。

在民主架構下，行政權的落實在於國家權力的行使。然而，民意的難測與多變，對於國家權力的行使，常出現一種兩極化的思維模式。強調民主的陣營，認為國家機器應該本諸民意、受制於民主決策的機制，回應民眾的需求。然而，公民參與是個難以實踐的目標，究其原因眾多而複雜，其中最重要的一項，莫過於民主參與的理念，實際上衝突到多個有權有勢的既得利益，迫使他們試圖維繫既有的排他結構與權力過程，盡量使公民參與停留在徒具形式的象徵性質❺。正因直接的公民參與難以落實，加上

---

❺ Ife, J., 2001, *Human Rights and Social Work: Towards Rights-Based Practice*, Cambridge University Press, p. 125.

利益團體的複雜多元、實力不均，強調國家主導的陣營便認為，國家機器應該本諸公共利益、憲法精神、與倫理的角度，凝聚甚至建構民意。因此，在國家權力行使的過程中，遂有民主與官僚的對峙古典難題之說❻。

　　民主與官僚的對峙，在法治概念底下，談的就是行政權如何接受行政法的規範的問題。從純法學的角度討論行政法的論著中，重點一直跳不開「法律保留原則」(doctrine of law reservation)。但是，要行使國家權力的官僚，接受法治的概念，而非自外於法治的拘束，那麼常被視為理所當然、甚至被忽略的「法律優先原則」(doctrine of law superiority)，就必須反覆提出要求掌握國家機器的官僚在訂定行政法規、命令時，必須要有的認知。換句話說，接受法的統治不同於用法來進行統治，所謂法治，原則上指連立法者本身都需接受法律管治的概念，而不是任意建構法律來方便統治。

　　實行法治必須具備良好的法律，因此立法是法治的前提。有官僚的地方，不可避免地產生官僚主義。任何國家，產生官僚主義並不奇怪，如何對付官僚主義才顯示出巨大的差別。在民主國家，人們的觀念上，首先承認權力是會被濫用的，官員是會腐敗的，然後設計種種措施來防止與約制。在立法權、行政權、司法權這三種權力中，行政權尤其需要監督。行政機關能自動遵守憲法、行政法，固然很好。但在制度設計上，必須從不遵守的假定出發，以法律監督作為保證。一個尊重法治、可靠的行政官僚體系常被界定為實施憲政民主制度的一項關鍵特徵，足以帶動民主政治的深化。

 **三、憲政架構下行政法的角色**

　　一國的憲法將其政府組織的基本架構與規範以及其所虔信的價值，以法規律則的方式加以具體化。在民主政治之下，憲法是有關國家政治體制、人民基本權利義務、國家權力分配、重要政府機關組織及其相互關係的基本性法律規範。❼憲法主要的功能在於提供政府組織運作並藉此落實憲法

---

❻　陳敦源，2002，《民主與官僚》，臺北：韋伯出版社。

中所揭櫫的首要價值的根本大法。憲法不同於其他類型的法律，因為其他法律的效力皆源自於憲法。基於此，憲法在英國被視為「所有法律背後的法律」。❽同樣的，哈斯・克爾森也曾經說過，「如果憲法具有任何意義的話，必須高於法規命令，如果想要確保法治得以實現，憲法的這個位階必須嚴加捍衛」。❾民主憲政制度高舉憲法至上。不過，憲法只是一部抽象的規範，必須經由行政法予以具體化。行政法以行政為規律之對象，要求政府行政行為必須在法的支配下為之，積極實現憲法所揭櫫之國家目的。因此，行政法實為具體化之憲法。❿

約翰・阿爾德（John Alder）亦指出憲法與行政法的差別，實際上只是基於實務上的方便罷了。行政法是憲法的一個層面，處理的是有關政府部門行政單位的職責，以及如何使行政部門接受管控的問題。行政法可以根據行政活動的特殊部門再加以細分，諸如涉及公共衛生、移民控制、住宅與教育等公務的法令。在此，關於行政法最重要的問題是行政法如何使政府接受管控並承擔行政責任。行政機關是立法與司法之外，基於特殊立法目的而設立來執行關乎公民權的行政機構。根據司法審查的基本原則，行政機關接受行政法院的管控，這包括下面三項，以期行政機關：第一，在法律授權的範圍內行使其職權，並執行法令授權的任務；第二，行事合理；以及第三，行事公正無私。⓫

---

❼　城仲模，1998，〈泛論憲法文化與法治社會〉，《司法院大法官釋憲五十週年紀念論文集》，臺北：司法院，頁 568。

❽　Alder, J., 1989, *Constitutional & Administrative Law*, Houndsmills, Basingstoke, Hampshire: Macmillan Press, p. 3.

❾　轉引自 Chen, T. F., 1996, *Judicial Review and Social Change in Post-war Taiwan*, Unpublished Doctoral Dissertation, School of Law, New York University, pp. 20–21.

❿　翁岳生，1994，〈法治行政的時代意義〉，《法治國家之行政法與司法》，臺北：月旦，頁 220。翁岳生，1994，〈我國行政法四十年來之發展〉，《法治國家之行政法與司法》，臺北：月旦，頁 269。

憲法秩序的創造與實踐係存在於一個獨立的司法部門作為憲法的捍衛者。行政法院乃是一個平等自主的司法行政機構，設計來規範公務員與民間的法律關係。行政正義賦予每一位聲言其權利受到公權力損害的民眾，尋求法律救濟的權利。行政法上對民眾所提供的權利保護，有兩種類型，兩個層次。❷ 第一種也是第一個層次屬於行政救濟的範圍，民眾訴請除去（廢棄）違法行政行為的程序。這個部分所涉及的法規為訴願法與行政訴訟法。第二種屬於第二個層次，即為國家賠償的問題，是指民眾請求填補該違法行為所造成之損害。國家賠償法則處理這類型的權利救濟問題。

四、司法行動主義在臺灣

賀蘭德對司法行動主義的界定提供一個審視司法院在臺灣社會 1980 年代末期以來追求憲政民主過程中所扮演之角色的分析工具。也就是說，1980 年代末期以來，特別是自 1992 年以後司法院大法官會議角色的調整，朝向憲法法庭轉型的角色定位，對民眾憲法權益以及立法與行政部門所展開的司法審查，有助於評估司法行動者打造臺灣成一個憲政民主社會的效能，進而檢視未來十年裡，司法體制內可能阻礙落實行政責任制這個目標的主要障礙。

1980 年代末期司法行動主義可以從數方面偵測出來。其中是積極參與釋憲活動，這可從大法官釋憲件數的增長反映出來。第五屆以前司法院大法官會議的被動屬性可以歸咎於國民黨執政以來所採取的政治緊縮政策 (political contraction)。由於政治緊縮，所以缺乏政黨競爭。沒有了政黨競爭，也少了觸發強而有力司法部門的機會。如果法官、行政官僚、與立法單位都隸屬於同一個政黨，要他們不遵循政黨高層的政策走向，是絕無僅有的事。自 1986 年民主進步黨宣告成立以來，臺灣政壇的氣氛開始有了新的動

⓫　同註❽：頁 6。

⓬　同註❿：頁 292–297。

向。1987 年宣布解嚴之後，政黨競爭更是趨於自由化與活潑化，近四十年來因政治緊縮政策而設計的國家機器與制度結構的合法性基礎亦遭到全方位的挑戰與質疑，因而也給予司法行動主義適當的發展機會。單單 1987 年這一年，全臺灣出現有 1,800 件以上的抗議遊行事件，動員了將近 270,000 名警力維持社會秩序。「要拼才會贏」成了這個時期的主要行動理念。❸ 在這一連串國民黨與民進黨政治角力的過程中，司法院大法官會議扮演了極為重要的角色，也是 1980 年代末期以來司法行動主義的主要推手。

　　固然，司法行動者以最廣的定義，是可以包括各級法院的法官、法律學者、公法學者、甚至民間司法改革基金會等對司法改革有影響力的民間組織、團體、與個人。不過以 1980 年代末期的司法行動主義，特別是引用釋憲文號時，司法行動者主要是指司法院的大法官。這股由司法院大法官主導的 1980 年代後期出現於臺灣社會的司法行動主義，總計有下列五大特色：(1)積極參與釋憲與行政處分的審查；(2)行政救濟法的增補與行政程序法的訂定；(3)強化國家賠償法，特別是冤獄賠償法的執行，要求公務員在行使公權力的同時，扛起行政責任；(4)修正特別權力關係法，保障公務人員的訴訟權；(5)修正威權時代的錯誤觀念，澄清所謂依法行政的真義乃秉持憲法正義，而非將行政命令擴大解釋為法，建立公平、正義、無私、客觀的行政過程。❹

　　表 5-1 提供了自 1948 年至 1998 年為止歷屆大法官的釋憲案件數與百分比，可以很明顯地看出，司法院大法官會議自第五屆起展現出史無前例的司法行動主義活力。單從數量而言，第五屆司法院大法官釋憲的案件數量是前任的二至三倍。除了釋憲件數的增長外，行政法的擴增以及司法院大法官會議詮釋憲法的走向，亦提供了 1980 年代末期以來司法行動主義

❸　Chu, J. J., 1994, "Political Liberalization and the Rise of Taiwanese Labor Radicalism", *Journal of Contemporary Asia* 23 (2): 173–188.

❹　Chu, J. J., 2002, "Amendments of Administrative Law and Democratic Consolidation: The Case of Taiwan", XV ISA World Congress, Australia: Brisbane.

表 5-1　歷屆大法官釋憲案件數與百分比：1948 年至 1998 年

屆別（任期）	大法官解釋案	
	件　數	百分比
第一屆：1948 年 7 月至 1958 年 9 月	79	17%
第二屆：1958 年 10 月至 1967 年 9 月	43	9%
第三屆：1967 年 10 月至 1976 年 9 月	24	5%
第四屆：1976 年 10 月至 1985 年 9 月	53	12%
第五屆：1985 年 10 月至 1994 年 9 月	167	36%
第六屆：1994 年 10 月至 1998 年 7 月	96	21%
總計	462	100%

資料來源：司法院大法官釋憲案 1–462 號，司法院。

的具體指標。其次，大法官會議如何透過憲法詮釋，一方面針對公務人員的合法權利，提供更適切的保護；另一方面，對於其可能的濫權與怠權行為，確立更有效的節制機制。這些積極的司法行動皆標示出司法院的大法官企圖透過憲法條文的詮釋、司法審查、以及行政法的增補，特別是藉由強化行政救濟的法制，落實行政責任制的理念，帶領臺灣邁向民主的基礎在於法治、實踐法治行政理想的時代。

五、行政法的擴增與行政責任機制的確立

就臺灣經驗而言，社會發展對行政法的衝擊，基本上可分為三個階段：1979 年有推檢分隸之實施與 1980 年《國家賠償法》與《動員戡亂時期選舉罷免法》之制訂、1987 年《戒嚴令》之解除與 1991 年《動員戡亂時期臨時條款》的終止，以及 1999 年《行政程序法》的頒布。行政乃是實現國家目的的重要作用，憲法的目標與價值必須經由行政法予以具體化。自1980 年代末起，法學界針對訓政時期下所制訂出來的行政法加以檢討與修訂。主要的方向與原則，基本上是以下列五個重點為核心：強調個人基本權利之保障、重視民主原則、均富原則的實現、行政效能的提高、健全權利保護制度。⓯在這五個重點中與民主憲政依法行政原則關係最為密切的

就是行政責任制度的建立，而與落實行政責任制度這個理想關係最為密切的，就是關於人民權利之保障以及人民權利遭受侵害時的法律救濟手段。換句話說，就是與權利保護有關行政法的修訂與增補。行政法就其內容而言，可以分為行政組織法、行政作用法、以及權利保護法三個主要部分。行政組織法又可分成三部分：《中央行政組織法》、《地方行政組織與地方自治法》、以及《公務人員法》。行政作用法則為傳統行政法的核心部分，下分《行政程序法》、法規命令、行政處分、行政制裁、行政執行法。

至於權利保護法，則包括《行政救濟法》與《國家賠償法》。行政法上有關人民之權利保護，可分為第一次與第二次的權利保護，前者為訴請除去違法之行政行為，屬於行政救濟的問題。後者屬請求填補該違法行為所生之損害，即為國家賠償之問題。⓰ 修訂前的《訴願法》是 1930 年代國民政府時期制訂頒布的，1998 年增補修訂後已經從二十八條擴增至一百零一條，而《行政訴訟法》也從 1932 年版的三十四條擴增為三百零八條。此外，與人民權利保障落實有關的國家賠償制度，雖然自 1980 年公布實施以來歷經十餘年，就已發揮敦促公務員行使公權力時，必須注意其行為是否構成違法，以免日後發生國家賠償事件，而公務員本身亦有被求償之危險，對人民權利保障固有其貢獻。但是國家賠償以公務員有故意、過失為前提的原則，亦是法學界關切的重點，已出現朝符合國際潮流、往無過失主義的國家賠償責任的方向修訂的聲浪。

其次，1999 年公布的《行政程序法》第一條明白規定訂定該法的用意，在於第一，落實行政行為公正、公開與民主原則；第二，確保依法行政的原則；第三，保障人民權益；第四，提高行政效能；以及第五，增進人民對行政的信賴。第二條第一項則說明行政程序的適用範圍，包括行政機關作成行政處分、締結行政契約、訂定法規命令與行政規則、確定行政計畫、實施行政指導及處理陳情等行為之程序。限定《行政程序法》乃行政機關

⓯　同註⓾：頁 220–224。

⓰　同註⓾：頁 292–297。

作成「特定種類行政行為」所應遵循的事前程序，非行政機關的行政行為或行政機關之特殊行為，則不受《行政程序法》之拘束。❶

　　與建構權責相符的行政體系的司法行動主義，展現在法治化行政責任機制的大法官會議解釋，基本上可以分為兩類。第一類涉及的是公務員合法權利之保護。第二類，則是關於公務員行使公權力時濫權與怠權的節制。一般說來，公務員的界定有從其地位、身分來界定，不過就 1980 年制訂的《國家賠償法》來看，則是從功能的角度來界定公務員的範疇。❶❽在此公務員的定義是採取最廣義的界定，亦即《國家賠償法》第四條所含括者，皆包括在內——受委託行使公權力之團體，其執行職務之人於行使公權力時，視同委託機關之公務員。受委託行使公權力之個人，於執行職務行使公權力時亦同。

六、公務員合法權利之保護

　　依法令從事公務之人員，即為公務員。既身為公務員，自然與國家發生法律關係，此種關係即構成了特別權力關係。特別權力關係不同於私法上之契約關係，違反職務上的義務，不能以違背契約視之，乃係違反紀律之罪行，而執行職務亦非履行契約，係克盡其忠實與服從之義務。❶❾

　　傳統特別權力關係的理論，國家或公共團體基於特別權力關係限制其相對人的權利與自由時，不受依法行政原則之支配。行政機關對此特殊權力關係所為之特定處置，並非行政處分，相對人如有不服，不得尋求行政救濟程序，請求權利保護。然而，憲法第十六條規定人民有訴願及訴訟之權，人民之權利或法律上利益遭受損害，不得因身分或職業關係，即限制

❶　林騰鷂，1999，《行政法總論》，臺北：三民書局，頁 492–493。

❶❽　翁岳生，1994，〈司法權發展之趨勢〉，《法治國家之行政法與司法》，臺北：月旦，頁 179。

❶❾　林騰鷂，1999，《行政法總論》，臺北：三民書局，頁 291。

其依法律所定程序提起訴願或訴訟的權利。所以，自1980年代末期以來司法院大法官會議關於緩和特別權力關係的解釋，可依據狹義公務員與廣義公務員兩類分別敘述之。關於受制於公務人員法下之狹義公務員，對於考績、懲戒、財產請求權、以及任用，傳統上認為不具有行政訴訟權的觀念，行政法院亦無審查權的規制已經過司法院大法官會議第187、201、243、266、298、312、323、338號解釋，加以修正。❷第187號解釋確認公務人員對於退休金之請領，有提起訴願或行政訴訟之權利。第201號解釋重申第187號解釋，並且宣告1964年行政法院第5229號判例失效。第243號解釋確認公務員對於考績法上之免職處分，經過訴願、再訴願程序仍有不服者，有提起行政訴訟之權利。第266號解釋確認公務人員基於已確認之考績結果，依法為財產上之請求而遭拒絕者，有依法提起訴願、或行政訴訟之權。第298號解釋確認足以改變公務員身分或對於公務員有重大影響之懲戒處分，受處分人得向掌理懲戒事項之司法機關聲明不服。第312號解釋確認公務人員之公法上財產請求權遭受損害時，得以訴願或行政訴訟程序請求救濟。第323號解釋確認各機關擬任用之公務人員，經人事主管機關任用審查，認為不合格或降低擬任之官等者，於其憲法所保障服公職之權利有重大影響者，有依法提起訴願或行政訴訟之權利。第338號解釋確認公務員對於審定之級俸有爭執時，有提起訴願、行政訴訟之權利。

自1992年起，在廣義公務員的定義下，受制於特別權力關係約束的會計師、律師、現役軍官、以及教師，不得提出行政訴訟來維護其權利的規制，亦受到修正。關於這類的大法官會議解釋共有四件。第一案是有關於會計師的行政訴訟權，見諸於1992年3月27日公布的司法院大法官會議解釋第295號。該解釋確認被財政部會計師懲戒覆審委員會懲戒之會計師，如因該項懲戒決議違法，致使其權利遭受損害，得直接提起行政訴訟，以符合憲法對人民訴訟權之保障。第二案是關於律師的行政訴訟權，見諸於

❷ 翁岳生，1994，〈行政法院對特別權力關係之審查權〉，《法治國家之行政法與司法》，臺北：月旦。

1995 年 4 月 14 日公布的司法院大法官釋字第 378 號解釋。不過該號解釋重申律師懲戒委員會及律師懲戒覆審委員會則相當於設在高等法院及最高法院之初審與終審職業懲戒法庭，不同於其他隸屬於行政機關的專門委員會，所以律師懲戒委員會之決議屬法院之終審裁判，而非行政處分或訴願決定，故無提起行政訴訟之權。第三案是關於現役軍人的行政訴訟權，見諸於 1997 年 6 月 6 日公布的司法院大法官釋字第 430 號解釋。這號解釋確認現役軍官依有關規定聲請續服現役未受允准，反核定其退伍，以致影響到軍人身分的存續，損及憲法所保障服公職之權利，對於這項決議有爭議者，得採訴願及行政訴訟程序尋求救濟。第四案是關於大學教師的行政訴訟權，見諸於 1998 年 7 月 31 日公布的司法院大法官釋字第 462 號解釋。大學教師升等資格之審查，關係到大學教師素質與大學教學、研究水準，並涉及到人民工作權與職業資格的取得，對於大學校院系所教師評審委員會的升等決議以及教育部學術審議委員會對於教師升等資格所為之最後審定，皆屬得為訴願與行政訴訟的行政處分，以符合憲法對人民訴訟權之保障。

七、公務員濫權行為之節制

　　國家權力對於人民權利的侵害，基本上可分兩大類：一種是具體的、特定的公權力對人民的侵害；另一種則是抽象的、一般性的侵害，也就是法規對人民的侵害。立法的侵害是抽象的侵害。行政機關執司行政法規之訂定與行政機能之履行，是故兼具抽象立法的侵害，亦即法規命令對人民權利的侵害，以及具體行政處分對人民權利的侵害兩類。**❷❶**

　　憲法第二十四條規定：「凡公務員違法侵害人民之自由或權利者，除依法律受懲戒外，應負刑事及民事責任。被害人就其所受損害，並得依法律向國家請求賠償」。據此，立法機關有制定關於國家賠償法律之義務。於是

---

❷❶　同註**❶❽**。

有《國家賠償法》、《冤獄賠償法》、《戒嚴時期人民受損權利回復條例》。《國家賠償法》第二條規定：「公務員於執行職務行使公權力時，因故意或過失不法侵害人民自由或權利者，國家應負損害賠償責任」。便是針對國家就公務員之侵權行為應負損害賠償責任所制訂的一般規定。其次，《國家賠償法》第十三條又規定：「有審判或追訴職務之公務員，因執行職務侵害人民自由或權利，就其參與審判或追訴案件犯職務上之罪，經判決有罪確定者，適用本法規定」，則是針對國家就有審判或追訴職務之公務員之侵權行為應負損害賠償責任之特別規定。關於公務員執行職務之國家賠償責任要件，已經過司法院大法官會議第 228、469、477、487 號解釋，加以確認。第 228 號解釋確認有審判或追訴職務之公務員，因執行職務侵害人民自由或權利，經審判確定後，國家對受害之民眾有賠償責任。第 469 號解釋確認被害人得針對行政機關之公務員對其應執行之職務而怠於執行者，以致使其自由或權利遭受損害，得請求國家負起賠償責任。第 477 號解釋針對戒嚴時期刑事案件之審判權主要是由軍事審判機關行使，有別於一般刑事案件，不但救濟功能不足，而且此類犯罪常涉及政治因素之考量，因此《戒嚴時期人民受損權利回復條例》針對軍事審判機關不當之判決，明訂曾被判決內亂罪及外患罪之民眾，得請求回復其權利或針對喪失之人身自由給予相當之賠償。第 487 號解釋修正《冤獄賠償法》第二條第二款國家賠償責任的但書，法院不得未加考量受害人違反公共秩序或善良風俗，是否達社會通常觀念不能容忍的程度，便草率以此為由，剝奪其請求賠償之權利。

八、打造依法行政的民主制度

確立依法行政的民主政體，司法院的具體措施，可以從三方面來看。[22]第一，行政訴訟擴大民告官的範圍。設立行政訴訟的目的，在於保障人民

---

[22]　翁岳生，2002，〈司法正義新作為（上）〉，《司法周刊》第 1068 期：頁 2–3；暨〈司法正義新作為（下）〉，《司法周刊》第 1069 期：頁 2。

的權利，免於受到行政機關違法行為的侵害，就是行政機關行為有無違法，必須經由司法審查程序的審理。這是司法權制衡行政權的一種方式。行政訴訟制度雖早在 1940 年代便已經有了規劃，只可惜在政治緊縮時代，行政權一枝獨大，缺乏健全運作的空間。加上只有一所行政法院，所以行政訴訟只能一審終結。自 2000 年 7 月 1 日起行政訴訟制度變成二級二審制，除原來的行政法院改制為最高行政法院外，另在臺北、臺中、高雄設立三所高等行政法院。除此之外，行政訴訟的訴訟種類也增加了「課予義務之訟」。所謂「課予義務之訟」是指人民向主管機關請求作成一定的行政處分，如果經過一定程序後，主管機關不理會或拒絕，則民眾可以起訴請求行政法院判決命令主管機關做出決定。換言之，行政機關公務人員的怠權行為，正式受到司法機關的監督與節制。

　　其次，司法院特別強調法官維持「審判獨立」的問題。一方面制訂法官守則，期望法官即使加入政黨、參與政黨活動是憲法賦予人民的基本權利，也能夠謹守中立，不受政黨派系的影響，維持審判的公正性。另一方面在各級法院設立「法官自律委員會」，除了避免行政權介入司法審判，同時也期望借助同僚的監督力量，發揮自律自治的效果，減少法官私人因素而干擾到審判的公正性。❷❸不過，再多的外控機制來拘束法官，都不如法官本身的自我要求——「除了法官的人格以外，正義是沒有任何保障的」❷❹。自 1998 年以來，司法院處理過的法官違法犯紀案件，總計 77 件，其中以積延案情與裁判瑕疵居多，占總數的百分之 83。2001 年以前法官多因積延案情，而遭到紀律處分。2001 年遭紀律處分的法官則多因裁判瑕疵，其人數比因積延案情而遭處分的法官人數高出四倍之多。如果這個情形繼續持續，那麼法官的再訓練，專業審判能力的強化，勢將成為一重大課題。

　　這點便與司法院推動司法革新中的第三項有極密切的關連——提升法

---

❷❸　翁岳生，2002，〈司法正義新作為（上）〉，《司法周刊》第 1068 期：頁 2–3；暨〈司法正義新作為（下）〉，《司法周刊》第 1069 期：頁 2。

❷❹　同註❷❸：頁 2。

表 5-2　各級法官自律委員會移送評議案件之類型：1998 至 2001 年

年代／類型	積延案情	裁判瑕疵	行為失檢 （包括接受關說、出言不當）	參與政黨活動
1998	2	0	0	0
1999	8	2	2	0
2000	12	4	4	1
2001	7	29	4	2
合計	29	35	10	3

資料來源：司法院。

官審判能力的問題。一部有效能的司法機器，尚待有能力的法官來完成。針對這點的具體作法有三。第一、落實法官專業化，成立專業法庭。最先成立的專業法庭是於 1999 年 9 月 15 日成立的高雄少年法庭。司法院預定將來陸續成立智慧財產權、經濟、勞工、海商等專業法庭。同時在行政法院下亦將依照專業，成立公平交易、土地徵收、稅務、以及環保等專業法庭。第二、強化法官的在職訓練。司法院已於 2001 年 3 月成立司法人員研習所，2002 年預定舉辦 57 項研習會，預計在職研習人員將有 2,880 人。第三、尋求多元化的法官來源。長期來，法官的主要來源是透過考試分發，不過這個制度的主要流弊是經由考試分發的候補法官，直接參與審判，常因年紀太輕，致使當事人對其判決缺乏信心。對於這個問題，司法院自 1999 年起除了開闢檢察官轉任法官的管道之外，並積極建立延攬優秀律師轉任法官的制度。迄今已接獲 36 件申請，獲審查通過轉任法官的律師有 17 人。長遠來看，司法院準備以循序漸進的方式，廢除考試晉用法官的制度，改由優秀資深的律師、學者、或檢察官轉任，使法官的晉用更加多元化。

　　行政法院從事之司法審查的政治合法性，繫之於全體民眾對授權法院執行此項任務之共識與信賴。因此司法審查存在行政機關與民眾之間的爭議能夠發揮「民主法治國家」的效果，一方面仰賴社會大眾對行政法院執行這項功能的信心。除了民眾的信心之外，另一方面就有賴於行政法院法官的專業操守與能力。就這一點而言，行政法院法官是不可能向他處尋求而得著的。換句話說，提升法院本身的專業能力、強化法官本身的操守、

落實司法獨立，是確保民眾對司法審查的支持與信心的不二法門。如果司法院想要見到社會大眾對行政法院進行司法審查的信心能夠持續不墜，進而發揮擴增行政法典的效能，那麼行政法官便扮演了一個極為關鍵性的角色，必須同時藉助內控與外控的機制，促使法官做到公正無私，才有辦法捍衛臺灣的憲政民主政治與行政責任制度。

九、司法行動主義抑或司法自我節制

20世紀國家重建過程中扮演核心角色的是各國憲法審查制度的建立。這股勢力涉及到範圍更大的司法化過程——把政治衝突帶進法庭，也可稱為政治衝突的法律化 (legalization of political conflict)，確實是隱藏在這波全球憲政主義過程中的一項重要轉折。司法改革，包括成立一個憲法法庭，此制度設計的目的當是建立對付法治議題的機制。在這一波憲政主義全球化的過程中，把政治衝突給法律化，進而把權力轉移到憲法法庭的動態，使得憲法法庭對於那些要求它來解釋的法規所具有的意義與角色，擁有排除其他解釋的至高權力，特別是那些被視為政治遊戲的基本規則。

儘管如此，對於憲法法庭的角色定位，不同的學者則有不同的看法。憲法法庭的運作可以是強化民主轉型的關鍵制度、也可以是維持社會和平與穩定的力量、更可能是對付尖銳的政經脫節問題的場域。若果不然，至少有機會將這些脫節問題給司法化 (judicialization)。有些學者認為司法體制包括依法行政與憲法至上的理念，可以是社會轉型過程中，除去泛政治化現象的一種理想工具。畢竟法院有其制度上的弱點——相較於其他政府部門，憲法法庭的能力只限於聽審與裁奪一小撮落入他們裁量權內的衝突。同時為了避免捲入政爭，憲法法庭對於許多相關連的議題，都可以與訟案無直接關連為由而拒絕裁定。例如美國學者布魯斯·艾克曼就認為執掌釋憲的法院應該將注意力集中在人民權利的保障上，盡量避免介入政治性的爭議，以免壓縮全民對於重大憲政議題的思考空間，據此方能釋放出模塑憲法信念的辯論與對話。㉕相對於這個概念，南非的憲政法庭顯示了憲法

法庭可能扮演一個高度政治化的角色，提供一個空間，使那些經常是無法協調的衝突即使無法獲得永久性的解決，至少可以得到暫時性的抒解，同時在這個過程中，也可鼓勵政治對手擁抱民主程序與結果，繼續想像、編織各自的、甚至相互衝突的未來遠景。選擇全球取向的民主憲政的理念，同時具有促使政治重建以及民主轉型的功效，也開放給憲法制訂者更寬廣的選擇與想像空間。㉖

反觀國內情勢，在三權分立的憲政架構中，司法權在制度與本質上原來就居於相對弱勢。司法權若任意介入政治性的爭議，勢必引發釋憲機關與其他政治部門的對抗，而有削弱釋憲者作為「憲法維護者」地位的危險。㉗既然如此，司法行動者在面對這種即使想避開而事實上極有可能無法避開的政治鬥爭，在行使釋憲權時如何才能有為有守呢？其拿捏的標準又如何呢？基本上，有兩個標準可循。㉘第一，對於純粹政治事件，特別是披著法律外衣的真正政治事件，大法官會議當謹守司法自我節制原則 (judicial self-restraint)，藉助統治行為理論，拒絕對之加以判斷。第二，對於公權力侵害人民權利的法律事件，司法行動者則應承擔起憲法所賦予的神聖使命——憲法維護者的角色，只要審查時有法律上判斷之標準存在，大法官會議就不該放棄其判斷的職責，此可稱為司法行動主義的原則。換句話說，司法行動者可先針對政治性爭議的法律事件加以分類，以人民權利的侵害為基準，作為行使釋憲權時該遵循司法自我節制抑或司法行動主義原則的依據。

㉕ Ackerman, B., 1997, "The Rise of World Constitutionalism", *Yale Law School Occasional Papers Second Series* 3: 9–10.

㉖ Klug, H., 2000, *Constituting Democracy: Law, Globalism and South Africa's Political Reconstruction*, Cambridge: Cambridge University Press.

㉗ 翁岳生，1998，〈我國釋憲制度之特徵與展望〉，《司法院大法官釋憲五十週年紀念論文集》，臺北：司法院，頁311。

㉘ 翁岳生，1994，〈憲法之維護者——回顧與展望〉，《法治國家之行政法與司法》，臺北：月旦，頁399–400。

　　事實上，釋字第 261 號解釋雖然回復了臺灣民眾被《動員戡亂時期臨時條款》所凍結的政治公民權，但是也間接設定了這部憲法的轄區。如果說公民權的賦予在於國家，而國家的疆域領土設定了哪些人民才合乎擁有公民身分權益的資格，那麼釋字第 261 號解釋等於也終結了國民黨政權長期以來所高舉的「一個中國」的主權觀。雖然大法官在釋字第 328 號關於「固有疆域」之解釋中，申明「重大的政治問題，不應由行使司法權之釋憲機關予以解釋」，所表現出的堅持政治問題不審查的原則。但是很明顯的，繼釋字第 261 號解釋之後，大法官勢必無法逃避，甚至無可避免地捲入政治性憲法爭議的論戰中。其次，根據司法院《大法官審理案件法》第五條第一項第三款的規定，立法委員於行使職權時，適用憲法發生疑義或適用法律發生抵觸時，得以現有總額三分之一以上聲請大法官解釋，這項規定也有可能促使國會間的政黨鬥爭轉化為憲法爭議的形貌出現。不過，在釋字第 419 號解釋中，大法官針對有關行政院院長非憲法上義務之辭職應如何處理的問題，明確表示這類議題乃屬「統治行為之一種，不屬於司法院應做合憲性審查之事項」的裁定，再度顯示司法行動者有意避開政黨鬥爭。然而，在可預見的未來，會引爆成為政治性爭議的法律事件，在表面上可能都不是如此的一清二白，許多灰色地帶的爭議是否都能以「政治問題」或「統治行為」而將之擋在司法解釋的大門之外呢？特別是當兩岸三通成為事實之後，譬如公民身分的認定與權益授與的界線，極可能會引起另一波與憲法有關的政治性爭議。展望未來，將隨著經濟籌碼的流失，臺灣經驗如果還有市場價值的話，不論在學術界還是在國際舞臺上，將會是法律與社會的奇蹟。對於這個可能性，已完成初步的觀察。至於最終的結果，留待歷史、結構、與行動者三者之間自行辯證與實踐吧！

議題六
全球化與多元文化主義

─摘要─

一、國家與公民身分

　　在社會科學的討論中，國籍 (nationality) 與民族 (ethnicity) 都帶有正面與負面的含意，唯獨公民身分 (citizenship) 不帶有任何輕蔑的含意，總是帶有正面積極的意涵。事實上，創造次等公民或非公民身分的是國家而非個人，個人是不可能拒絕公民身分的❶。既然如此，何謂公民身分呢？簡單地說，公民身分是指民族國家的成員資格❷，個人成為社群正式成員地位的憑據，擁有這個地位的人在權利與義務上與該社群的其他成員是一律平等的❸。

　　據此，當一國之內同為公民的少數族群，在接近與行使這些權利，若遭到明顯地歧視、攔阻甚至剝奪時，公民權的普遍性便受到質疑。正因如此，公民身分也有形式公民身分 (formal citizenship) 與實質公民身分 (substantive citizenship) 的差別。形式公民身分是指民族國家的成員資格，實質公民身分則是因民族國家成員身分而平等享有的權利，參與公職與選舉活動即為其中之一。顯然，在一個瀰漫著種族歧視或排外情緒的社會，取得形式公民身分，不等於擁有實質公民身分。特別是多元族群社會，在不同階段、因不同機緣而進入其社會的族群，在國家認同、社會團結、公民權利的享有上，是否與如何達到平等便是重要的課題。

　　一般說來，實質公民身分由公民、政治、與社會三大要素所構成。相對應的權利則包括公民權利、政治權利、與社會權利三大類❹。公民要素

❶　Oommen, T. K., 1997, "Chapter 9: Reconciling Nationality and Ethnicity: The Role of Citizenship", *Citizenship, Nationality and Ethnicity: Reconciling Competing Identities*, Cambridge: Polity Press, p. 223.

❷　Brubaker, R., 1992, Citizenship and Nationhood in France and Germany, Cambridge: Harvard University Press.

❸　Marshall, T. & T. Bottomore, 1992, *Citizenship and Social Class*, New York: Fress Press.

賦予市民個人自由的權利，包括有人身自由、言論自由、思想與信仰的自由、擁有私有財產的權利、締結有效契約的權利、集會結社的自由、以及訴訟權（right to justice，接受公正審判的權利）。政治要素提供市民參與政治過程的權利，主要是指參政權與服公職的權利。社會要素在本質上是經濟性的，是指享有經濟福利與社會安全的一系列資格與權利、分享社會文化遺產、過符合社會基本標準的文明生活的權利。事實上，社會公民權益主要是項工具，至少透過這項權利，劣勢階級得以享有有限的救濟。

就西方先進國家的發展經驗來說，這三大獨立的公民身分要素不是一次出現的，是經過漫長數世紀的演進而產生的，法律之前人人平等的觀念屬於 18 世紀、平等政治權利的概念屬於 19 世紀、平等社會權利的概念屬於 20 世紀。不過，誠如湯瑪斯·馬歇爾 (Thomas H. Marshall) 很早就預料的，存在於公民身分權益與市場力量之間的基本矛盾、以及隨之而來的公民身分與階級之間的矛盾，皆令社會公民權益這項工具，很難完成提供劣勢階級有限救濟的使命，而這項障礙是當今民主國家所面對的最根本的、也是最難以解決的問題。據此，隨著全球化的強大勢力，范·岡斯德倫 (Van Gunsteren) 指出有四大因素造成公民身分的侵蝕、以及保護窮人免於市場掠奪的國家承諾漸漸落空。第一、國際間日益頻繁的互動，公民身分已經成為一項眾所追逐的地位。於是出現拒絕將公民身分授與某些族群的抗拒，此即排外的議題。第二、愈來愈多的公民事實上已經開始誤用、甚至被察覺正在濫用他們的公民權益，此為搭便車的問題。第三、國家的權威已經逐漸受到超國家與國內機構的挑戰而弱化，此為國家主權侵蝕的問題。第四、福利國家的規定已經受到全面的質疑，目前強調的是市場力量的自由運作❺。

❹ Marshall, T. H., 1965, *Class, Citizenship and Social Development*, New York: Anchor Books.

❺ Oommen, T. K., 1997, "Chapter 9: Reconciling Nationality and Ethnicity: The Role of Citizenship", *Citizenship, Nationality and Ethnicity: Reconciling Competing Identities*, Cambridge: Polity Press, p. 242.

儘管如此，公民身分這個概念若無國家作為討論的基點，將會是個毫無意義的概念。就這點而言，所謂的世界公民，可以是個理想或未來有待實踐的目標，而不是個真正存在的身分。正由於公民身分的討論必須以國家為基點，所以國家的定義應該是最先面對的問題。所謂國家是指建構在某個法律基礎上的一個地域實體。同時，國家也是由具有某些公民、政治、與社會資格的市民所組成的集合體。因此，一個國家的地域基礎改變了，其市民身分的組成亦將隨之改變。試想一個國家若分裂為兩個政治實體，或兩個國家統一成一個政治實體，這兩個情況下的公民所享有的公民資格與權益，必定亦隨之改變。所以國家的地域基礎改變，隨之而來的變化將是公民身分與地位的變動。相對的，個人是無法、也不能夠改變他們的國籍或是民族識別。除非跨國移民，就算跨國移民，個人能改變的也只有國籍，而非民族識別。

二、認同政治與多元文化主義

　　種族、族群與文化的自覺是引爆差異政治 (politics of difference) 的導火線。這種差異政治主張宏揚族群文化的多樣性與異質性，拒絕接受一致與同質。差異政治又稱認同政治 (identity politics)，因其涉及個人或群體追求種族、民族、性別、文化的歸屬，以及建立在其上的認同，所採取的政治行動。不論是差異政治還是認同政治，舉凡諸如此類以被承認為主要訴求的各式各樣的承認政治 (politics of recognition)，強調的重點皆是經由差異、接受差異、甚至建立在差異之上的認同政治❻，主旨都是在開放異質性的公共空間 (heterogeneous public)，藉此取代傳統同質性的公共領域，以確保來自不同的地理區域、性別、族群或是職業所造成的個人差異❼。換句話

❻　Hall, S., 1991, "Old and New Identities, Old and New Ethnicities", in A. D. King (ed.), *Culture, Globalization and the World-System*, New York: State of University of New York.

說，承認政治必須經過並且轉化到差異政治，從承認彼此平等、互相尊重的情況，轉化為允許不同的族群團體拒絕被同化成普遍一致的集合體❽。總之，承認政治應包含「差異」之承認與保護，也就是說真正的平等對待就是要差別對待。

差異政治不同於過去的區別政治，是個新興的政治產品。有史以來，族群融合的政策主旨都在於消除差異，而非平等尊重。迄今族群政治有同化 (assimilation)、區別 (differentiation)、與多元文化主義 (multiculturalism) 三大模式。「同化模式」是透過少數族群對自我文化的主動放棄，而達到族群融合、消弭族群衝突的因素；或是要求少數族群全盤接受優勢族群的語言、文化、與社會制度，捨棄本身獨特的語言、文化與社會特徵。「同化」——正確的說應該是「被同化」——的責任在少數族群，而非在國家身上。所以國家並不需要做任何法律、教育、社會福利、或醫療體系的改革，來協助少數族群的同化過程。「區別模式」則是透過消除少數族群之間的接觸來避免衝突的發生。徹底排除少數族群的政治參與，在政策上設置實質的障礙限制少數族群成員加入主流社會。同樣的，國家也不具有照顧少數族群的責任。

「多元文化主義」的模式是以完全參與的方式來消除族群衝突，所以重點在於如何協助少數族群能夠在不需放棄本身獨特性、或被隔離孤立的前提下，併入社會成為主流的一部分。為了達到這項目標，國家必須主動採取行動，大幅修改既有的典章制度，平等對待來自不同文化與社會背景的族群。多元文化主義者認為，不觸碰現存的階層等級秩序，卻大言不慚地允許其他不同的族群、文化、聲音加入到主流中來，是非常虛偽的政治態度。多元文化主義建議一種更為平等的社會關係，主張一種深刻的變革，

❼　Young, I. M., 1990, *Justice and the Politics of Difference*, New Jersey: Princeton University Press.

❽　Gutmann, A. (ed.), 1994, *Multiculturalism: Examining the Politics of Recognition*, Princeton: Princeton University Press.

重新界定不同文化群體之間的權力關係。不是將少數族群附加到既有的主流族群之上的利益團體，而是共享歷史的平等參與者。多元文化主義模式是唯一承認少數族群合法地位、致力於滿足少數族群文化平等地位的政治主張。

三、多元文化主義的起源

殖民運動將歐洲中心主義，即西方社會特殊的文化模式與價值觀念予以普遍化，帶至亞、非、拉丁美洲，利用西方種族優越性把自身的文化轉化成規範制度，加在自身內部社會與殖民的外部社會的民眾身上，且不時掩蓋其種族中心主義的價值觀，透過國際組織使之成為一種跨國性的隱形規範。20 世紀中葉開始的反殖民主義運動，加上經濟全球化所帶動的人口跨國移動，直接從先進國家內部展開針對歐洲中心主義的批判運動。多元文化主義正是這段運動的成果，而後現代主義的論戰 (postmodern debate)對於多元文化主義政治主張形塑，則代表另一股力量的挹注。

興起於 1980 年代中期、影響頗為深遠的後現代主義 (postmodernism)針對建立在啟蒙時代的語言、邏輯推理、與思維模式上的現代主義 (modernism)，提出質疑、批判、甚至否定。現代主義強調理性選擇、客觀法則、通則化、標準化，與其相對的後現代主義堅持差異、多元、異質的普遍性與重要性遠高於同質性。在後現代主義的影響下，多元文化主義醞釀成為一種社會運動的方式❾，在反歐洲中心主義的行動中，鼓吹新的相對主義 (relativism)、肯定多元中心主義 (polycentrism)、為不同的信仰背書、承認多重的非本質性的自我認同。因此之故，尊重多元異質的後現代主義，致力於顛覆、解構西方現代主義的理性思維模式以及建立在此之上的以歐

❾　Vertovec, S., 1998, "Multi-multiculturalisms", in M. Martiniello (ed.), *Multicultural Policies and the State: A Comparison of Two European Societies*, Utrcht: European Research Centre on Migration and Ethnic Relations.

洲白人為中心的種族主義價值觀。與解構、顛覆西方白人中心思維模式同步並行的，正是多元文化主義理念的宣揚，強調各族群的文化不但有其存在價值，亦當賦予各族群發揚其文化特色的主權。

「多元文化主義」是指多民族社會的政府在處理民族之間文化多元性時，所秉持的態度價值觀，以及所採取的政策立場。這個政策立場，有其強制性，而其價值理念的核心，在於要求不同族群對彼此不同、相互差異的文化，皆以相互尊重寬容的態度，平等對待。就其實質內涵，所謂多元文化主義，基本上是與單元文化主義 (mono-culturalism) 相互對照，在當代文化政治的脈絡中，單元文化主義指陳的是以西方或歐洲白人文化為中心的價值觀念。據此，平等自由主義與多元文化主義對於平等的看法，存在一項看似微小、實則影響重大的差異——平等自由主義強調的是，以個人為基礎的「人」與「人」之間的平等；相對的，多元文化主義所倡導的，則是以族群為基點的「文化」與「文化」之間的平等問題，進而追求跨族群之間個人的平等對待。

以美國的經驗來說，多元文化主義所對抗的是片面的同化主義與強勢的熔爐理論 (melting pot)。所謂「同化」就是進入主流的熔爐、放棄「非美國」的價值，要求外來移入者主動放棄其所來自的文化標示與身分認同以及建立在此之上的個人主體性，全然接受塑造其為美國人的主流文化價值。那什麼是美國社會的主流文化價值呢？自然是在美國歷史上取得霸權地位的那個族群內部優勢性別與階級的文化價值，一言以蔽之，就是中產階級白人男性的價值觀。

為取得同化主義定義下的平等，「除舊」——革除原初社會的文化標記——是必要的手段，「灌新」——接納順服新社會的主流文化——是必要條件，遺憾的是，「無法漂白」——種族膚色是無法改變的烙印——卻是致命的障礙。正因如此，同化主義成了矇人自欺的童話，最高能達到的不過是形式平等，缺乏實踐實質平等的要件。同樣的，讓許多「小」的族群文化臣服於「大」的白人文化霸權，是屬於區別政策下，在歐洲中心主義框架之內，接納或容忍其他文化，也不是平等、無階層等級制度的多元文化主義。

四、多元文化主義的内涵

多元文化主義最大的特色，就是含括的範圍極廣，包括各種的宗教藝術、教育文化、社會政策、與政治立場等等層面的對話。誠如大衛‧高德伯 (David T. Goldberg) 所說，「多元文化的情況……無法提供一個歸納式的定義，只能當作一個現象來加以描述」。❿整體來說，多元文化主義是歐美先進移民國家,所發展出來融合其多元異質的移民族群的政治與文化政策。多元文化主義揭櫫的政策主張，強調所有移民族群都有展現、發展、與分享族群文化傳統的權利，共同參與國家的政治、經濟、以及文化生活的建構。為求此目標之實踐，主流社會必須尊重差異原則，給予少數族群擁有自由保有並且分享他們族群文化的權利。至於具體內容，因各國國情、歷史背景、政治結構的不同，而有不同的著力點。儘管如此，就其共同性而言，多元文化主義至少包括下列四大政策主張:

第一、文化是人之所以為人的根本。多元文化主義者認為，個人人格的發展與自我的形成深受其所生長之特定文化環境的影響與模塑。因此，就個人的角度而言，展現在個人人格層面的文化標誌，是個體生存之根本，與個體認同無法切割；從群體的角度來講，文化識別是族群在其社會適應過程中產生團結、形成認同的基礎，任何貶抑甚至試圖泯滅族群文化，皆為不當的思維與作法。

第二、不同移民族群的文化差異性，應予以尊重。多元文化主義的政治主張，強調相對於主流族群，少數民族與邊陲群體的文化有其獨立價值，基於族群之間的平等互助互惠，少數族群的民族與文化認同權，國家應該予以恢復與尊重。

第三、少數民族的文化平等權，應予以維護。多元文化主義反對民族

---

❿　Goldberg, D. T., 1994, *Multicultural Conditions in Multiculturalism: A Critical Reader*, London: Blackwell, p. 1.

歧視、主流文化同質化少數文化的文化霸權思想與文化帝國主義。多元文化主義支持文化相對論，認為族群文化沒有高低貴賤的分別，各種不同的文化代表不同的社會適應，以及因應社會適應而發展出來對好生活的不同理解與詮釋。所以，沒有哪一個文化是絕對完美高尚，凌駕於其他族群文化之上，自然也無權強行將自己的民族與文化認同加諸在其他族群之上。據此，以「同化」為核心的文化同質政策，乃偏狹的種族中心主義。

最後，揭示差異公民權，落實少數族群文化實踐權。多元文化主義者認為，就現階段的發展而言，即使立即承認少數族群的文化認同與主流文化地位相等、意義相同，但是歷史已經鑄成歧視的事實，必須根據差異原則採取有效措施改善少數族群在現實制度中的劣勢地位，使他們享有實質的權利與真正的自由。

五、加拿大的多元文化主義政策

加拿大是最早提倡多元文化主義的國家，只是加拿大政府對於施行多元文化主義政策，不像澳洲政府那般大肆宣揚，因此，一般提到多元文化主義時，澳洲經驗常比加拿大擁有更多的國內知名度。加拿大採行多元文化主義官方政策，可追溯至 1971 年總理皮埃爾・杜魯多 (Peirre Elliott Trudeau) 所建立的雙語架構的多元文化主義政策。更重要的是，多元文化主義不只是一時的政策，還被寫入加拿大的聯邦法律。這項政策的實行等於公開承認加拿大社會多元族群所帶來的多重性格，同時也傳達政府改變同化移民的決心，猶如宣示一般。不用說，提倡多元文化主義的目的是保護人權，確定加拿大人的身分認同，加強加拿大的團結與鼓勵文化的多樣性，鼓勵不同族群的移民自由平等地參與加拿大社會。❶

整體而言，加拿大實行多元文化主義政策大略可區隔出著重雙元文化

---

❶ Rand, D., 1993, *Canadian Politics: Critical Approaches*, Scarborough: Nelson Canada.

主義 (biculturalism)、平等多元文化主義 (equal multiculturalism)、與強化公民屬性 (civility) 三大不同的階段。加拿大的多元文化主義政策可以說是從英法雙元文化主義的歷史發展演變而來，因為最開始加拿大的人口幾乎全部都是由英裔與法裔兩個創始族群所組成，1963 年加拿大成立的皇家雙語與雙元文化委員會，正式承認法語為官方語言。雙語政策使魁北克省的法裔加拿大人在文化上取得了與英裔加拿大人同等的地位，因此也平息了他們的民族情緒。但是也引起了其他族群，特別是第二、第三代東歐移民族群的不滿，擔心會淪落為二等公民，發起抵制聯邦政府政策的行動。因此，為了平衡與中立過度重視雙元文化政策，糾正過去對英裔、法裔採取一種政策，對土著居民採取另一種政策，對其他族裔成員又實行第三種政策的偏差態度，1971 年 10 月 8 日自由黨政府總理杜魯多宣布採用一種以追求平等個人的馬賽克式的多元文化與雙官方語言政策，作為新的國家團結策略。多元文化主義意味著多種文化的平等共存，沒有一種文化比另一種文化更正式、更官方，沒有一種文化居於統治或主導地位的問題。不過，加拿大政府也強調推動兩種官方語言並不等於宣告兩種官方文化，期望公民至少掌握一種官方語言（英語或法語），學習官方語言是為了能夠更順利地參與國家經濟與政治生活，更自在地融入加拿大主流社會。

正式宣告多元文化主義政策之後，加拿大政府成立多元文化協商委員會，設置多元文化專員負責組織與協調多元文化事務。聯邦政府每年編列專款支持多元文化建設，包括各族群全國性的文化組織、多元文化協會、中心所舉辦的公共性活動、移民的語言教學、文學藝術創作、出版、與展演，以及所有與族群多樣性相關的全國性宣傳活動。重點擺在鼓勵不同族群展現不同的文化認同、改變獨尊主流的文化偏見、致力消除歧視，結果發現宣導尊重各族群文化差異的重要性，遠不如排除阻礙他們就業與社會參與的種族障礙，更具有實質意義。於是 1985 年制訂了《權利與自由憲章》(Charter of Rights and Freedoms)，1988 年又通過《保存暨促進加拿大多元文化法》(Act for the Preservation and Enhancement of Multiculturalism in Canada)，進一步將深化加拿大社會多元文化特質的國家決策提升到憲政層

級，期望經由保護與強化加拿大的多元文化主義，加速機構內化，以族群為基礎而非地理或功能，來整合加拿大人民，並提升各族群文化的尊重、進而降低歧視。

自從多元文化主義政策被提升到憲政層級之後，加拿大社會便進入公民多元文化主義時期，強調一種共享的公民身分概念，目標在打破多元文化主義所產生族群隔離現象 (ghettoization)，促進各族群的歸屬感與共享的國家認同感。政策目標含括國家對於社會正義、新興的加拿大認同、公民權利、國家團結、增進社會參與等目標的承諾。雖然透過不同階段的多元文化主義政策的提出與修正，加拿大政府努力將社會建構成由不同種族組成的馬賽克。但是不同族群的社會地位深受進入加拿大時的社會歷史背景、族群本身的人數多寡、掌有與控制社會資源的程度、種族膚色、自身文化素質、社會組織的能力、原始國籍的國際社會地位等因素的影響，而形成了有利或不利其族群發展的條件，以致於多元文化主義政策所期待的馬賽克，也成了直立的馬賽克，反倒強化加拿大社會的種族意識，刻畫出英裔、法裔與其他族群之間的等級關係。

六、澳洲的多元文化主義政策

澳洲多元文化主義政策始於 1973 年，由其移民部長亞伯特・格拉斯比 (Albert Jaime Grassby) 引進加拿大的多元文化主義政策後，正式揭開序幕。實際上，澳洲的移民與族群關係政策歷經數度重要的轉變，方才發展出今日的多元文化主義政策。最早的 1910 年到 1960 年的五十餘年的歲月裡，澳洲政府堅持白種人統治澳洲的原則，採行嚴格的白澳政策 (White Australian Policy)⓬，制定《聯邦移民限制法》，規定必須能夠聽說讀寫至少一種歐洲語言的申請者，方才具有移民澳洲資格的條件限制，不但鎖定歐洲白人為主要的移民群體，而且極力排斥非白人的其他族群移民。同時，

⓬ 也曾被諷刺性地戲稱為「壞澳政策」。

對於已進入澳洲的非白人移民，厲行同化政策，要求完全融入單一的白人文化與價值觀。

進入 1960 年代之後，澳洲政府開始意識到澳洲地緣位置的特殊性，進而檢討長期以來其以西方國家文化自居、看低亞洲國家的高姿態。為了避免深化其與亞洲國家之間的疏離關係，加深其孤立的地位，澳洲政府警覺經營與鄰近亞洲各國關係的重要性，於是政策方向出現明顯的轉變，開啟了日後鎖定亞洲政策的序幕。隨著澳洲政府逐步取消種族隔離政策，1966 年正式宣告結束白澳政策，雖然政策立場尚未躍進到鼓勵少數族群發揚其文化、展現多元文化的色彩，至少不再要求少數族群放棄自身文化。儘管這個時期的族群整合運動，主要是針對來自歐洲的移工，帶有反抗同化政策的色彩，以改善社會福利與教育制度為主要訴求的聲浪中，亦將澳洲社會的族群關係，推向族群模式 (ethnic group approach) 的歷史發展新階段。在族群模式之下，澳洲社會停留在一個數種族群的集合體，這些族群都被視為共享固定的、同質的、整合的文化，族群本身的異質性遭到忽視，族群之間權利與地位平等的問題亦遭忽略。

1973 年引進加拿大的多元文化主義政策之後，開始強調文化多元主義 (cultural pluralism)，並於 1979 年通過《澳洲多元文化事務機構法》(Australian Institute of Multicultural Affairs Act)，設立處理多元文化事務的機構，接納不同族群之間的文化差異，鼓勵各種不同族群發展其自身文化，以增進文化多樣性的瞭解、促進社會和諧與族群包容。除了立法之外，澳洲政府於 1978 年還設立了播放 40 多種語言的特殊廣播服務電臺 (SBS Radio)，首先在雪梨與墨爾本播放。兩年之後（1980 年），又設立世界上唯一的多種語言節目廣播服務電視臺 (SBS TV)，從六百多個國家和語區選出的用 60 多種不同語言廣播的電視節目，播放給澳洲全體民眾收看，並且利用這個電視臺提供不同族群移民的英語教學課程。特殊廣播服務電臺與電視臺成了澳洲政府貫徹實施多元文化主義政策的重要憑證。

經過 1970 年代至 1980 年代置入加拿大多元文化主義政策三大理念的實踐之後，多元文化主義政策在澳洲的發展，又邁入新的多元文化主義的

公民權模式 (citizenship model of multiculturalism) 的探索，進展為一套憲法權利相結合的制度，成為國家對人民關係中的一種承諾，標示出國家對人民的權利義務。基本上，澳洲的多元文化主義政策，揭示文化認同、公平正義、與經濟效率三大原則。主張在文化認同上，全體澳洲民眾皆有表達與分享各自獨立文化傳統的權利，這包括所屬族群的語言與宗教信仰。堅持公平正義，保障全體澳洲民眾都享有平等的機會與待遇，排除種族、民族、文化、宗教、語言、性別與出生地差異，所可能引起的障礙。講求經濟效率，必須有效保存、發展、並使用全體澳洲民眾的技術與才能，不得因其出身背景而給予差別待遇。

多元文化主義政策對於來自亞洲、或是世界其他地區的非白人移民族群，是一項利多的政策，但是卻嚴重衝撞了原先白人族群的優勢地位。1980年代起，澳洲社會陸續出現反對聲浪。❸「反亞洲化」就是其中之一，支持者擔心澳洲政府如果繼續從亞洲吸收移民，來自亞洲的移民會破壞澳洲的國家團結、毀滅澳洲的國家認同，使澳洲變成一個「亞洲化」的國家；也有反對者主張，即使澳洲仍然需要大量的移民，也不必然要授了其公民權，對於獲准入境的移民也應該嚴格要求其遵行澳洲的典章制度、文化規範。到了 1990 年代，寶琳‧韓森 (Pauline Hanson) 甚至建立一族黨 (One-nation Party) 推動限制亞洲移民與停止原住民優惠措施運動，提倡移民只能說英語、不可保有自身文化的主張。在這許多對多元文化政策的攻擊之下，原住民與移民的預算都遭到大幅刪減，為澳洲的多元文化主義的政策發展，埋下無可預期的變數。❹

---

❸ Bennett, D. (ed.), 1998, *Multicultural States-Rethinking Difference and Identity*, London: Routledge. Bett, K., 1999, *The Great Divide-Immigration Politics in Australia*, Sydney: Duffy & Snellgrove.

❹ Theophanous, A. C., 1995, *Understanding Multiculturalism and Australian Identity*, Victoria: Elikia Books. Stratton, J., 1998, *Race Daze-Australia in Identity Crisis*, Alken Press Pty. Ltd.

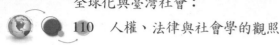

七、多元文化主義的政策弱點

　　從政治理念的實踐來說，多元文化主義政策在加拿大、澳洲、甚至美國這些多族群社會來說，具有緩和與糾正不同民族或種族地位不對等、利益衝突的狀況，從而保障少數族群文化認同權的功能。

　　根據威爾・金姆利嘉 (Will Kymlicka) 的說法，多元文化基本上與多元族群緊密相關，甚至可以說是多元民族所造成的結果。❶國家內部文化異質的原因，源自於社會多個族群的存在。多元族群的存在可能出於兩種情況，一次是早先隸屬於不同自治區的領土合併的結果，像是之前捷克與蘇聯的情形。另一種造成社會上出現多元族群的情況，是跨國移民的結果。不論是不同自治區之下、還是來自不同移居地的少數民族，不是希望在領土合併之後，就是希望移入新居地之後，自己族群的文化仍然能夠保存下來，不致被多數族群的文化所剷除或消滅。

　　據此，多元文化社會可以泛指任何一個由許多文化異質的族群所組成的社會，這些文化相異的族群受到一套共同制度規範的約制管理、和平共存，同時又保有原來的文化認同與族群標誌。延續這個看法，多元文化主義便是治理這些文化異質族群、統理族群差異的政策與策略。也就是說，在這一點上，多元文化主義成為一種政治理念的實踐。❶然而，由於文化這個概念的含混籠統、因指涉的內容不同、所涉及的政策實務也不相同，所以在實踐多元文化主義的政治理念時，不但在相關政策的建構上有欠缺完整性的問題，策略多樣化的現象也增加了多元文化主義政治理念的複雜性。畢竟視「文化」為「次文化」終究不同於視「文化」為「文明」。前者

❶　Kymlicka, W., 1995, *Multicultural Citizenship*, Oxford University Press, pp. 14–18.

❶　Hall, S., 2000, "Conclusion: The Multi-cultural Question", in B. Hesse (ed.), *Un/Settled Multiculturalisms*, London: Zed Books.

指的是一種小團體的定型化行為，諸如次文化團體習俗慣例，後者代表一種對人之所以為人、族群存在終極意義的價值觀。

誠如「大德不逾矩、小德出入可也」這句古話中的「大德」與「小德」皆為文化。問題是，族群必然多元、勢力必然差等的多元文化社會，在實踐多元文化主義所揭櫫的理念時，如何界定大德與小德的區別？哪個族群的文化是大德，哪個族群的文化是小德？用現代的話語來說，多民族國家的治理，應該如何區隔屬於「大德」的國家屬性與算是「小德」的民族屬性呢？論其位階順序，國家屬性高於民族屬性。國家屬性又是從何來呢？是融合各族群屬性與文化而合成一個新國族文化？還是獨尊某個族群的屬性與文化？若遇到所欲保留的族群屬性或認同衝撞到國家屬性時，該如何處置呢？

換句話說，多元文化主義並沒有清楚地認識到產生族群不平等的根源，在於既有的階層差等結構，因此也無法提出保持多元的根本途徑。多元文化主義者為了擺脫歐洲中心、白人優越的一元論，而強調多元並重，但是在論述不同族群經歷時，對於如何尋求不同族群的文化傳統與主流族群的文化傳統之間要統一、結合、還是並存的問題，多元文化主義則沒有提供有力的答案。

金姆利嘉曾經建議以多元文化公民權 (multicultural citizenship) 來彌補這些限制。多元文化公民權至少包含自治權 (self-government rights)、多元族群權 (poly-ethnic rights)、與代表權 (representation rights) 三項基本權利。「自治權」賦予少數民族自我治理的權利。「多元族群權」賦予特定族群或宗教團體，從事廣播、母語教育、或宣教等特定事業所需的財政與法律保障。因為在消費者主權至上、市場機制的運作之下，如果缺乏立法保障，這種權利不但難以實踐，反而易遭多數歧視而被壓制或邊緣化。「代表權」用以保障少數族群在國家中央機構具有一定席位，使其得以參與、爭取分配資源、以及優先議題的設定。

然而，公民權的概念，不論在理論上、還是在實務運作下，都是以促使不同種族、性別、階級、生活方式的人民，能夠凝聚成同一個政治社群

與國家。換句話說公民權利的賦予，預期形成一股統合的力量；時至今日，這項權利的賦予，肯定少數族群文化價值的重要性、尊重其文化權的正當性之爭，幾乎已達共識，無所爭議。主要負面聲浪來自於霸權失落的恐懼，擔心賦予少數族群承認其族群差異的公民權利，會招致社會團結與穩定的破壞。認為強調群體差異、賦予少數民族群體以特權的公民權利觀念，會促使差異群體更加強化其內在的特性，而忽視公民的公共精神，危及社會的團結。正因為公民權利意味著一種身分地位與認同形式，移民之後的新國家成員身分與多元文化的認同政治，直接向傳統公民權建立的民族國家基礎提出挑戰，所以當下多元文化主義的論戰是圍繞著少數民族群體的權利，是否會危及社會團結與穩定而展開。面對這項爭論，或許公民權政治在改善族群權利的同時，搭配族群義務的概念，是個有助於解開這個癥結的鎖鑰。先從強化公民權中對族群文化差異的重視著手，降低主流社會對於少數族群的敵意，給予文化多樣性公共地位與尊重，增加少數族群參與各層級公共決定的機會，然後在此前提下，再鼓勵少數族群接受在國家畛域下公民權的義務，當可收事半功倍之效。❶

---

❶　Parekh, B., 1991, "British Citizenship and Cultural Difference", in G. Andrews ed. *Citizenship*, London: Lawrence & Wishart, pp. 197–199.

關鍵概念解釋

雙元文化主義 (biculturalism)

指移民國家的人口組成是兩個主要族群所組成，因此政府訂定這兩個族群的母語皆為官方語言，使這兩大族群的文化在社會上享有同等重要的地位。

公民身分 (citizenship)

指民族國家的成員資格，成為社群正式成員地位的憑據，擁有與該社群其他成員一律平等的權利與義務。

憲法法庭 (constitutional court)

憲法法庭是尊崇憲政主義國家法律體系的頂點，執行憲法審查制度，打擊任何一項違憲的立法行動，同時監督行政權力的行使，使之合於規範，即依法行政。

憲政民主制度 (constitutional democracy)

國家權力的統治就是法律制度的統治，國家統治權力的基礎在於民主選舉制度，民主政治所建構的法律治理，即為法治，以憲法為這套民主政治機器的最高指導原則。

合法性危機 (crisis of legitimacy)

指政治系統的危機，統治者的行為無法獲得群眾的支持，從而逐漸喪失了民眾的信任與認同。

司法行動主義 (judicial activism)

指法院或其他司法行動者不自限於法律衝突的裁判，介入社會政策的制訂，藉此發揮更大的效能，影響更多的民眾及其利益。尤指法官做出不同於既有的判例與先例、或偏離立法原意的裁決，以保護或擴大個人權利的行為。

司法自我節制 (judicial self-restraint)

社會轉型過程中參與憲法法庭運作的司法行動者，面對轉型期間泛政治化的危機，避免捲入政治鬥爭，對於許多相關連的議題，採取與訟案無直接關連為由而拒絕裁定的態度與行為。

政治衝突的法律化 (legalization of political conflict)

指國家重建過程中，把政治衝突帶進法庭，透過憲法審查制度的建立，進行政治價值的鬥爭。在全球憲政主義過程中，出現權力轉移到憲法法庭的動態，賦予憲法法庭建立排他性解釋的至高權力，特別是整個國家體系政治運作的基本規則。

有限政府 (limited government)

以自然法、社會契約論為基礎，所發展出來的政府職權與能力的概念，政府的產生基於人民讓渡出來的有限權利，政府的行為就當有所限制。

多元文化公民權 (multicultural citizenship)

指多族群國家給予國內各移民族群，除了基本的公民權之外，尚以族群團體為對象，賦予其自治權、多元族群權、與代表權三項基本權利。自治權給予少數民族自我治理的權利；多元族群權賦予特定族群宗教團體，從事廣播、母語教育、或宣教等特定事業所需的財政與法律保障。代表權保障少數族群在國家中央機構具有一定席位，使其得以參與、爭取分配資源、以及優先議題的設定。

多元文化主義 (multiculturalism)

指由多族群所組成的移民國家，推動多種文化平等共存的政策，強調沒有一種文化比另一種文化更正式、更官方，沒有任何一個族群的文化居於統治或主導的地位。

差異政治 (politics of difference) ／認同政治 (identity politics)

主張宏揚族群文化的多樣性與異質性，拒絕接受一致與同質。差異政治又稱認同政治，指個人或群體追求種族、民族、性別、文化的歸屬，以及建立在其上的認同，所採取的政治行動。

承認政治 (politics of recognition)

強調經由差異、接受差異、甚至建立在差異之上的認同政治，藉此取代傳統同質性的公共領域，以確保來自不同的地理區域、性別、族群或是職業所造成的個人差異，不致影響其公民權利的享有與實踐。

第三卷
全球化與去邊界化

引 言

　　東南亞的勞工離鄉背井湧入臺灣勞力市場、臺灣的企業主、專業人士卻透過澳洲、紐西蘭、加拿大的商業移民方案進入他們的資本與勞力市場。為了尋求更好的生活品質、工作待遇、教育品質，這個世界有一億五千萬人口正進行著跨國流動，在他們的腳下國界與國界之間的圍牆，似乎不存在。這些空中飛人在新土地上落腳之後，背負著「搶奪了新居地人民工作機會、掏空移居國社會福利」的指責，引發許許多多尖銳、充滿爭議的問題。斷斷續續有不少研究為這群特殊社會力辯護，指出新居民不僅是豐富移入國社會文化的力量，他們所創造的工作機會不比取走的少，所消耗的社福資源也不比所負擔的稅額來得多。究竟是什麼力量促成國際遷移？這股跨國移民的趨勢，在臺灣是以什麼風貌展現？國家在跨國移民過程中扮演著什麼角色？在社會適應上，新住民又發展出什麼有效的策略呢？這些問題及其解答在世界各地烙下了全球化衝擊國家主權、解構族群認同的印記。

單元章節

關鍵概念

累積因果論、雙元勞力市場理論、飛地商圈、跨國移民女性化、非正式經濟活動、國際移民體系理論、制度理論、網絡理論、拉關係、招牌謀生行業、部分公民權、自願隔離、世界體系理論

議題七
全球化與跨國移民

一摘要一

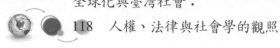
　　從 18 世紀重商主義發達以來，以經濟生產為主的勞動力遷移在國際間就開始盛行，從早期的華工移往東南亞或美洲等地、到近期引進外勞、外籍新娘的湧入臺灣社會，都是活生生的跨國人口遷徙的例子。國際移民是一個動態的過程，人們地理上地從一個國家、領土、區域或地方遷移到另一個區域，有助於兩個不同社會的人際網絡、生活形態的連結，透過移民者將原居地與移入國連結成一個新的社會領域。❶

　　當移民者開始動了移民的念頭，然後付諸行動到成功的移民，除了個人或家庭的因素外，尚包括移出地與移入地間主客觀因素的互動。依據遷移原因與遷移結果分類，可以歸納出原始遷移 (primitive migration)、被迫遷移 (impelled migration)、強制遷移 (forced migration)、自由遷移 (free migration)、以及大眾遷移 (mass migration) 等五種型態。❷原始遷移的主要動力來自於環境，出於對自然環境的不適應所產生的遷移方式。被迫遷移源自於國家政治或社會結構的因素，政權的交替、國破家亡時的逃難、以及早期的華工潮，都不是出自於移民者的自願行為，多少帶有被強制的意味。自由遷移是依照遷移者意願而發生的遷移行為，如 19 世紀歐洲人前往海外冒險。大眾遷移則是指自由遷移現象開始之後，開闢出一條遷徙的路徑，引起一窩蜂的仿效。

　　換句話說，影響移民進行遷移的原因，有社會環境、個人因素、經濟壓力、政治力量的影響。據此，移民的動機可區分出社會、政治、經濟、政策四個層面。社會層面的因素，主要以移出國與移入國生活品質的差距為移民考量的因素。經濟因素則是指移出國與移入國之間相對的薪資所得與就業機會的差距，移民是為獲得更好的生活及較高的薪資收入。遷移至美國的偷渡客主要是想得到比原居地高的工資、早期華工的遷移是為了獲

❶　Tastsoglou, E. & A. Dobrowolsky (eds.), 2006, *Women, Migration and Citizenship: Making Local, National, and Transnational Connections*, London: Ashgate Press.

❷　Peterson, W., 1958, "A General Typology of Migration", *American Sociological Review* 23 (3): 256–266.

得工作與薪資以維繫生活、近期的臺籍移民，攜帶資金移入先進的美國、加拿大、澳洲，為逃避不穩定的兩岸關係、尋求賺更多的金錢、享受更好的生活。此外，內戰、內亂、或國際衝突皆是引爆政治移民的情況，民主化程度越高，政治越是安定的國家，這類移民自然大幅降低；移民政策直接允許或限制人民的遷出及移入，移居國的移民規定則為選擇移民國的主要促因。

儘管影響移民決策的因素眾多，一般而言，國際遷移的決定仍舊經常被視為個人經過審慎周密思考的理性行為。解釋遷徙流動的相關理論中，以推拉理論最廣為人知、廣被引用。一般的說法是，在原居地的推力 (push force) 與移居地的拉力 (pull force) 兩股力量的交互作用之下，促使移民者做出離開原居地移入新居地的選擇。所謂推力包括不盡如人意的生活狀況、對原居地的政治、經濟狀況的不滿、亟思改善目前的生活環境；相對於原居地的推力，移居地的拉力，則包括選定之移居地提供較優質的社會環境、政治制度、經濟條件，以及開放的移民政策。以往造成人口遷移的因素，大部分來自於戰爭、社會動亂、或自然災害，進入 20 世紀中期以後，經濟因素所促發的跨國遷移，更具影響力。

以推拉理論為基礎，加入影響遷移選擇的中介因素，發展出建立在四大遷移因素上的遷移理論。❸其中，原住地因素指的是將遷徙決策者向外推出原居地的負面因素，如較低的生活水準、較差的治安、嚴重的社會問題、較少的就業機會、與較低的所得水準。相反的，較高的生活水準、較好的治安、較佳的社會福利制度、與較好的教育機會，則構成了移居地吸引遷徙決策者遷入的正面誘因。遷移的距離、完成遷徙所需的費用、語言的隔閡等構成了中介的障礙因素。最後，遷徙決策者的個人特性，諸如個性、學歷、性別、與人相處的情形，都是影響移民決定的因素。

大多數國家的移民政策較歡迎技術性的移民、具有資金的移民，以促進當地的經濟發展。相對的，移出國在青壯人才流失情形下，對就業市場

---

❸ Lee, E. S., 1966, "A Theory of Migration", *Demography* 3 (1): 47–57.

也會產生衝擊，可支配勞力的減少及科技人才外流，使國家受到損失。對移民輸出國而言，以年輕人為主的勞務的輸出，勢將影響移出國的人口與勞動力結構。如果移出人數不多，則負面影響尚可由社會自行吸納。相反的，如果是大量的年輕人口移往他國工作，將使人口結構老化，亦將出現產業所需勞動力的不足。另一方面，移民輸入國獲取移民勞動力以進行經濟的發展，而移民將在移入國所賺取的薪資寄回母國，提供母國外匯的來源。年輕的遷移者會增加移入國的出生率，人口壓力較大的國家可以藉由鼓勵移民來紓解人口壓力；若遷出的人正值工作的年齡，移入國會獲得勞動力增加經濟的生產，若移入國為高度經濟發展的國家，移入者為非技術性人員，則會使移入國的相對工資降低。根據過去中國大陸偷渡到美國的歷史紀錄來看，這些偷渡客多集中在美國各大城市的中國城，由於移入者人數眾多又缺乏一技之長，致使得中國城內的工資一降再降，導致失業率上升。

一、第一波跨國移民理論

　　歐美學界於 1990 年代以來發展出許多理論模型來解釋蓬勃發展的國際移民現象。❹每個理論模型各自嘗試使用不同的概念、參考架構、與假設，希望針對蓬勃發展的跨國移民現象，提出適切合理的解釋。❺第一波跨國移民的理論建構，著重於國際移民的本質與肇因的檢討。經濟學家則從新古典經濟學 (neo-classical economics) 與新移民經濟學 (new economics of migration) 的角度切入。社會學家基本上是從雙元勞力市場理論 (dual

❹　朱柔若, 2006,〈移民政策與定居經驗：臺籍移民在澳洲布里斯本的經驗探討〉,《新世紀移民的變遷》, 玄奘大學海外華人研究中心叢書第四種：333–366。

❺　Massey, D. S., 1990, "The Social and Economic Origins of Immigration", *Annals of the American Academy of Political and Social Science* 510: 60–72. Oishi, N., 2002, *Gender and Migration: An Integrative Approach*, Working Paper 49, San Diego: University of California.

labor market theory) 與世界體系理論 (world systems theory) 出發。

㈠新古典經濟學與新移民經濟學

　　第一波檢討國際移民的理論，主要是建立在古典經濟學的基礎上。古典經濟學者認為勞工的國際流動主要是國與國之間工資的差距所造成的，有助於國際勞動力再分配的推動。勞工根據遷移所需要的成本與可獲得的報酬間是否能達到其所預期的明顯差異，來決定是否進行遷移。若遷移的成本低，而移居地有較高的薪資報酬，在此誘因下便有可能做出遷移到工資較高的地區，賺取比原居住地更高報酬的理性選擇；反之，若遷移後所賺取的薪資無法支付移出的成本，則不會進行遷移。同樣的概念也可以應用在移民投資和自雇移民，若評估的風險小於本國，則貿易商和自雇移民會選擇遷出的方式進行對外投資，若遷出的風險高於本國則會選擇在國內設廠。所以這派學者主張，如果能夠消除工資差距的話，誘因不見了，勞動力的跨國移動也會隨之終止。也就是說，沒有了工資差距的存在，是不會有跨國勞工移動的現象，可能連城鄉之間的勞動力流動遷移也不會發生。從人力資本的角度來看勞動力的國際流動，主要是指高級技術人才的跨國遷徙，回應的是人力資本報酬率的差異，與無技術工人的遷徙模式可能正好相反。勞力市場的工資差距，是誘發勞動力國際流動的最基本機制，其他類型的市場對於勞動力的國際移動並沒有多大的影響力。政府可以透過管制或影響輸出國與引進國之間勞力市場供需狀態的方式控制遷移流量。

　　相對於古典經濟學從總體層面分析國際間勞力市場勞動報酬率的差距，新古典經濟學的模型是以個人選擇為重點的個體經濟學模型。理論上，這派學者假設一位潛在的移居者會選擇前往預期遷徙回報率最高的地方，因此得出數個稍微不同於早期總體經濟學的重要結論。國際移動根源於薪資與就業率的國際差異，而其結果決定了期望的薪資。人力資本的特質——特別是教育、工作經驗、訓練、與語言技能等——增加了個別遷徙者在目的國相對於輸出國可能獲得的報酬率或就業率，在其他條件保持不變的情況下，是有可能會增加國際流動的可能性。個人特質、社會條件、或是降

低遷徙成本的科技進步，都會增加遷徙的淨報酬，因此具有提高國際流動機率的效果。基於前兩項原因，同一個國家之內的個人對於遷徙會展現出截然不同的傾向。國與國之間的集體遷徙流動是個人成本收益精算下，個別流動的簡單總和。在國與國之間沒有薪資與就業率之差異的情況下，國際流動是不會發生的。否則，遷徙將一直繼續不會停止，直到預期薪資（薪資與就業率的結果）在國際間已經達到均等化的地步（流動成本淨值）。期望報酬差距的大小決定了國與國之間遷徙者國際流動的數量。遷徙的決策源自於勞力市場之間的失衡或者斷層：其他市場並不會對遷徙決策發揮直接的影響力。如果引進國的條件對於潛在移民具有心理上的吸引力，遷徙的成本可能會是個負值。在這個情形下，負面的薪資差距就有可能成為節制國與國之間遷徙的必要因素。政府基本上是藉由影響輸出國與引進國之間期望工資的差異來控制移民——例如，那些試圖降低就業可能性的政策或是提高目的地失業風險的政策，那些試圖透過社會福利津貼與退休金等長期發展方案來增加原居國收入的政策、或是那些以增加遷徙心理與物質成本的政策。

　　繼新古典經濟學理論之後出現的是新移民經濟學理論，這派理論的支持者對古典理論許多假定與結論提出挑戰。新移民經濟學理論提出的關鍵命題，主要是「遷徙決策不是出自於孤立的個人，而是由相關的個人所組成的較大單位」，特別是家庭或家戶中的成員，他們的集體行動不僅使期望的收入增至最高，還包括風險減至最低、並且緩和除了勞力市場之外其餘各類市場失靈一併對移民家庭所造成的限制。換句話說，家庭、家戶、或其他文化界定的生產與消費單位，而非自主的個人，才是分析遷徙研究的適當單位。同時，工資差距不是發生國際移民的必要條件，即使在沒有工資差異的情況之下，仍然有其他強大的誘因促使家戶透過跨國流動來分散風險。據此，新移民經濟學的理論模型產生的一組命題與假設相當不同於新古典理論，同時引導出非常獨特的一組政策處方。第一，國際移民與本地就業或本地生產不具互斥關係。不論是遷徙還是當地就業，對家戶來說，各有各的誘因，即使輸出國內部的經濟發展需求具有降低國際移民的壓力。

第二，在地經濟活動報酬的增加也有可能增加外移的吸引力，因為其所累積下來的經濟報酬可以作為克服投資移民活動資金不足的資源，亦可緩和遭遇風險的嚴重性。第三，當跨國工資差距消除之後，國際流動不必然會停止。換句話說，即使輸出國並不存在市場推出的壓力、或者輸入國市場供需機制並不完美、或是市場確實處於失衡狀態，遷徙的誘因可能繼續存在。對於在所得分配上不同位置的家戶或是對於那些位於不同收入分配的社區而言，同樣是收入增加的期望，對遷徙決定所產生的影響並不相同。第四，政府不僅可以透過影響勞力市場、資本市場、以及期貨市場的政策，還可以透過那些模塑保險市場的政策，來影響遷徙比率。在這些政策中，特別是失業保險與健康醫療保險，是影響國際流動的重大誘因。其次，塑造所得分配的政府政策與經濟變遷將會改變某些家戶相對剝奪的狀況，也會改變潛在移民家戶的遷徙動機。如果政府的政策改善了移民輸出地區的收入狀況，即使相對貧窮的家戶沒有享受到這項好處，還是可能會增加移入的人口數；相對的，如果相對富裕的家戶沒有享受到收入增加的好處，則可能會增加他們移出的數量。

(二)雙元勞力市場理論

　　雖然新古典經濟學理論以及新移民經濟學對於國際移民的起源與性質得出截然不同的結論，不過兩者都屬微觀層級的決策模型。與這兩個理性選擇模型相對應的是雙元勞力市場理論，其觀察焦點不在於個人所做的決策。相反的，這派學者主張國際移民的發生源自於現代工業社會內生的勞動力需求。雙元勞力市場理論雖然不見得內含與新古典經濟學相抵觸的概念，但是雙元勞力市場理論確實帶有相當不同於源自微觀決策模型的含意與推論。特別是雙元勞力市場理論主張國際勞動力流動大部分是出於以需求為基礎的招募行動，並且是由已開發國家的企業親自主持、或是透過代表他們的政府，所展開的計畫性行動。

　　由於對外籍勞工的需求是來自於經濟體系的結構需求，經由招募措施而非工資給付來表現的，所以國際工資差距既非促發勞工遷徙的必要條件，

也非充分條件。實際上，雇主有的是不調整既定工資，改招募外勞的誘因。移民接受國不會改變原本低的工資水準以回應外籍勞工供給的縮減；工資水準被社會與制度機制壓低，無法自由回應市場上供給與需要的變化。由於外籍勞工的供給增加，原本就低的工資水準可能會更加下跌，這是因為壓低工資水準的社會與制度性機制並不防止工資的下跌。政府不可能操弄政策造成工資或就業率的些微變動而影響國際移民；移民填補結構上內築於後工業經濟體系對勞動力的需求。

(三)世界體系理論

　　以伊曼紐‧華勒斯坦 (Immanuel Wallerstein) 的論述為基礎，許多世界體系理論家認為國際移民起源於自 16 世紀以來就不斷發展與擴張的世界市場本身的結構問題。就華勒斯坦這派的主要學者而言，邊陲非資本主義國家受到資本主義經濟關係的滲透，創造出一群流動性的人口，傾向往國外移民。世界體系理論主張國際移民發展乃是一個逐步擴張全球市場的政經結構所帶動的結果，其論點建立在六大假設之上。第一，國際移民是發展中國家形成資本主義市場之自然結果，全球經濟體系穿透邊陲地區是國際移民的催化劑。第二，勞動力的國際流動隨著商品與資本的國際流動而來，但是朝相反的方向移動。資本主義的投資在邊陲國家所帶動起的變遷，不僅創造出一群無根的、高流動性的人口，同時與核心國家發展出強大的物質與文化聯繫，誘使國際移民的出現。第三，國際移民特別可能出現在過去殖民強權與他們早期的殖民地之間。這是因為兩者間在文化、語言、行政組織、投資、交通與運輸上的聯繫早已建立，並且在殖民時期就已經發展出免於其他競爭的屏障，於是發展出特定的跨國市場與文化體系。第四，由於國際移民源自於市場經濟的全球化，政府是藉由管制企業外國投資活動以及控制資本與商品國際流動的方式來影響移民的比率。第五，資本主義國家政府不論是為了保護海外投資，還是為了支持同情全球市場擴張的外國政府，而發動的政治與軍事干預，一旦失敗，便產生了向某些特定核心國家移動的難民潮，構成了另一類型的國際移民。第六，國際移民

與各國之間工資比率與就業差距之間的關係微乎其微，相反的，是跟著市場創造的動力以及全球經濟的結構而發展的。

二、第二波跨國移民理論

繼第一波移民理論之後，學者的焦點再度從鉅觀回到微觀，集中探討移民數量增加、來源層面增廣變寬的移民深化問題。換句話說，移民可以因許多種理由開始——希望個人收入有所增加、企圖分散家戶收入的風險、滿足雇主對低工資勞工需求的招募方案、邊陲地區市場穿透替代了全球各地的農民、或是這些因素共同作用的結果。但是促使國際移動的條件可能不同於使這個過程跨越時空持續進行的因素。雖然工資差距、相對風險、招募措施、以及市場穿透，一直是促使人們遷徙的因素，但是在遷徙過程中出現的新狀況本身，會變成獨立的推動因素：移民網絡的廣布、支持跨國遷徙制度的發展、以及接受國工作變遷的社會意義。這些轉型過程的動力是促使更多的移動成為更可能的事，構成一個眾所熟知為累積因果的定律。

第二波理論建構的焦點擺在移民深化的問題。具有代表性的理論包括網絡理論 (network theory)、制度理論 (institutional theory)、累積因果論 (cumulative causation theory)、以及移民體系理論 (international migration systems theory)。

(一)網絡理論

移民網絡理論關切的是移民者所形成的網絡。所謂「移民網絡」是指一組人際連帶，經由親屬、朋友、以及同鄉的關係，將遷徙者、早期的移居者、以及原居地與移居地的未遷徙者連接起來。移民網絡增進國際流動的可能性，因為他們降低遷徙的成本與風險，增加遷徙期望的淨報酬率。網絡聯繫構成一種特殊形式的社會資本，遷徙者可從中吸取外國就業的管道。一旦移居者的數量達到某個關鍵門檻，網絡的擴張降低了移動的成本

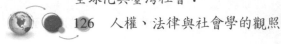
與風險，促使遷徙的機率增加，帶動額外的移動，進而擴大網絡等等。經過一段時間之後，遷徙行為擴散到輸出國其他更廣大的部門。

這個動態理論接受把國際移民看成某個個人或家戶決策過程的觀點，但是主張遷徙行動在某個時點上會出現系統性的變化，以致於改變未來遷徙的決策脈絡，大大地增進了後來決策者選擇遷徙的可能性。把遷徙概念化成為一個自給自足的擴散過程，會得出相當不同於典型移民研究所採用的均衡推論。國際移民一旦開始傾向於隨時間的演變而增長，直到網絡關連的分布在輸出國廣闊到所有想要遷徙的人都可以毫無困難地做到，便到了遷徙開始減緩的時刻。兩個國家之間遷徙流量的大小與工資差距或就業率並無緊密的關連，因為無論這些變項在促進或禁止遷徙上會產生什麼作用，都會慢慢地因隨時間增長而增加的遷徙者網絡所換來的流動成本與風險的縮減，而顯得掩蓋不彰。隨著網絡的形成與縝密，國際移民變得制度化，結果漸漸變得不受原來促成因素的影響，不論原始的因素是結構的還是個人的。隨著網絡的擴張以及遷徙成本與風險的縮減，就社會經濟條件來看，遷徙量變得較不具有選擇性，反而更能代表輸出社區或社會的全貌。一旦流動開始，可以預期政府很難控制移民的流量，因為網絡形成的過程大半不在政府的掌握之中，而且無論追求的是何種政策，都會發生。某些移民政策，像是那些意圖促進移民者與其在海外的家屬團圓的政策，通常會產生與控制移民量的政策相抵觸的效果，因為這些政策給予親屬網絡下的成員入境的特權，以致於增強了遷徙者的網絡。

㈡制度理論

國際移民一旦開始，便帶動民間機構或是自願組織的興起，以改善存在於為數眾多、想要進入資本富裕國家的民眾，與這些國家通常開放數量有限的移民簽證之間的失衡狀態。這項失衡以及核心國家建立起來把人們摒除門外的障礙，為想要推動國際移民流動，以便從中獲利的企業與機構，創造一個有利可圖的商機，產生了一個移民的黑市。這個過程構成了制度理論的觀察重點。隨著這個地下市場創造出誘發剝削與詐欺的狀況，在已

開發國家也出現了自願性的人道組織,追求改善合法與非法遷徙者的待遇。

營利組織與私人企業家提供許多服務給遷徙者,交換地下市場所設定的費用:暗地裡的邊界走私、地下運輸到內地的目的地、雇主與遷徙者簽訂勞動契約、偽造的文件與護照、事先安排遷徙者與目的國內合法居民或公民結婚、提供到了目的國後居住、信貸、以及其他的協助。人道團體則經由提供諮詢、社會服務、庇護所、以及關於如何獲取合法文件的法律服務。經過一段時間之後,遷徙者變得與這些個人、企業、與組織非常熟識,制度上也變得非常穩定,構成了遷徙者可以從中吸取接近外國勞力市場管道的另一種形式的社會資本。

認識到一個逐漸建立起來的制度、組織、與企業家致力於為遷徙者安排入境,無論是合法的還是非法的,再次產生了相當不同於那些源自於微觀層次的決策模型,這項觀察構成了制度理論的核心:當組織發展起來支持、維持、促進國際流動,遷徙者的國際流動變得愈來愈制度化,而且不受原來促使其發生之因素的影響。一旦出現遷徙潮,政府要想將之納入控制,便有困難,因為制度化的過程是難以管制的。就滿足移民入境的需求所創造的利潤而言,正式社會控制機制的運作只會創造國際流動的黑市而已,過分嚴格的移民政策則會遭遇人道團體的抵制。

(三)累積因果論

除了網絡的成長與移民支持機構的發展外,國際移民還會以其他的方式自我延續,使額外的流動隨時間的增加而增長,這個過程加納·麥道爾(Gunnar Myrdal)稱為累積因果律。因果是累積的,因為每一個遷徙行動改變了日後遷徙決定所參考的社會脈絡,而且通常是以一種使額外的流動成為更為可能的方式進行。到目前為止,社會科學家已經討論過以這種累積模式對遷徙產生潛在影響的六種社會經濟因素:所得分配、土地分配、農業組織、文化、人力資本分布、以及工作的社會意義。經由其他變數產生的回饋也是可能的,但是尚未出現系統化的研究。

以動態——即一個累積社會過程——的角度來審視國際流動,會得出

一組與網絡理論大抵相似的命題：國際移民為輸出國與引進國所帶來的社會、經濟、與文化變遷，給予尋求移動的民眾一項強而有力的內在動力，以抵抗來自政府的管制，這是因為累積因果律的回饋機制大多存在於非政府能力所及之處。在國內失業無工作可做的時期，政府發現很難節制勞動力的遷徙，也很難招募到當地勞工重回以前是由移民所做的工作。本地勞工已經出現了價值轉變，他們拒絕從事移民者的工作，致使這類工作必須留給甚或招募更多的移民來從事這項工作。一個工作被社會標籤化成移民者的工作是由於這個工作有高度的移民集中率，一旦移民進入某個工作的人數達到顯著水準，不論該工作的特性為何，將很難再招募到本地勞工進入該職業類屬。

㈣移民體系理論

世界體系理論、網絡理論、制度理論、以及累積因果論雖有不同的命題，但是都認為遷移潮在某個地點經過一段時間之後，會發展出一種穩定的結構，然後定型成為可以辨識的國際移民體系。這些體系的特徵是在某些國家之間出現相對密集的物資、資本、與人力的交換，其他國家之間則較少有這類交換關係的出現。一個國際移民體系至少包括一個核心的移民接受國，以及數個以其為核心、相互關連的移民輸出國。通常移民接受國可以是一個國家，也可能是一組國家；相對的，移民輸出國通常是由一個核心移民接受國為移民潮終點，以及一組移民輸出量非比尋常的國家所構成的。原則上，移民體系理論算不上是一個獨立的理論，比較像是彙整早先數個理論的通則，所以，國際移民體系理論大抵包括如下三個有趣的假設與命題。第一，移民體系內的國家不需要地理上的接近。這是因為移民潮反映的是移民接受國與輸出國之間政治與經濟的關係，而非地理的關係。地理上的接近的確有助於國際移民交換關係的形成，但並不是保證產生遷徙潮的先決條件。反之，根據市場供需的推拉效果與過去政經關係的歷史淵源，儘管距離遙遠也不會阻止遷徙潮的產生。其次，移民體系並非只限於單一核心體系，也有可能出現複核心體系。所謂「複核心體系」是指一

組分散的核心國家從一組重疊的輸出國中吸取移民。從個別國家觀之，一個國家可能同時分屬於一個以上的移民體系，不過具有多重身分的國家比較常出現於輸出國而非接受國。第三，移民體系屬於自然形成階段，尚未發展出強制性的模式。當政治與經濟狀況改變，體系因而演進，因此穩定性並不表示產生某個固定的結構。國家可能加入或退出某個體系以回應社會變遷、經濟波動、或是政治不穩定。

 # 三、跨國移民的女性化

　　勞動力的全球化帶動了全球性的勞動力分工，增加了女性跨國移民的能見度，也加速了跨國移民的女性化 (feminization of transnational migration)。❻根據統計，每年大約有 75,000 名女性勞動者從南亞與東南亞移到澳洲、美國、與西歐工作。亞洲的跨國移民人數比歐洲、北美、非洲、拉丁美洲、大洋洲等地區都高。在 1990 年代末期，每年約有超過一百萬亞洲女性，到亞洲內其他國家與中東地區的其他國家工作。剖析當今跨國移民的組成，女性移民者大約占百分之 46，美國、加拿大這兩個先進國家，女性移民的實際人數甚至超過男性。進入南歐的移民勞工，大多數是來自於菲律賓、東歐、與拉丁美洲的女性勞動者。進入亞洲臺灣、香港、新加坡、甚至馬來西亞等新興工業化國家的製造業、家務幫傭、醫療看護勞動市場的外籍勞工，也是來自鄰近國家的女性勞動者。越來越多的跨國移民顯示移民的女性化已經成為一股新興的不可忽視的國際趨勢。❼

　　歐美先進國家人口老化的結果，造成看護勞動力的不足，是促成女性

---

❻　Pettman, J., 1999, "Globalization and the Gendered Politics of Citizenship", in N. Yuval-Davis & P. Werbner (eds.), *Women, Citizenship and Difference*, London: Zed Books Ltd.

❼　Tastsoglou, E. & A. Dobrowolsky (eds.), 2006, *Women, Migration and Citizenship: Making Local, National, and Transnational Connections*, London: Ashgate Press.

家務工作者跨國流動的主因，尤其是在 1980 年代中期到 1990 年代末，女性跨越國境從事家事工作的人數明顯出現快速增加的趨勢。單就歐盟的經驗而言，1984 年來自非歐盟國家的女性勞動者，進入歐盟從事家務工作的人數比例，不過百分之 6，短短三年時間，到了 1987 年則暴增到百分之 52。美國與加拿大的情形也相當近似，人口老化逐年嚴重致使照顧者需求大幅增長，吸引來自世界各地的女性勞動者大量投入他們的勞力市場。

　　1970 年代以前的跨國移民研究，女性是不存在的、不被注意的。那個時期跨國移民研究的性別迷思，主要源自於主流理論強化男性優越地位的模型，女性主要的角色是無薪的照顧者，女性移民是男性移民決定的副產品。❽女性的移動被併入家族遷徙的一部分，當做家族移動的附件，是男性移民者的隨行者。1970 年代中期以後，在女性主義思潮的影響下，女性的跨國遷徙現象才獲得重視。被當成與男性行動者同等的主體，遷徙乃出於女性行動者個人自主意願的跨國流動，屬於獨立事件而非附屬事件。到了 1980 年代中期，女性移民人數快速增加，而且大多數女性移民最後都選擇在移居社會定居落腳。於是性別變數開始受到跨國移民研究的重視，並被視為影響移民決策與適應過程的重要因素，相關的研究大致可區分出五種向度——性別在移民工作上扮演的角色、性別與移民社交關係、性別與跨國主義、性別與政治參與、性別與跨國婚姻。❾

　　性別在移民不同的階段上，有著不同的影響力。以性別為基礎的移民分析模型，基本上針對移民的不同階段，會有不同的關照焦點。❿前移民階段的分析，著重性別因素如何影響、甚至形塑移民送出國男性與女性移民者對更好的生活、逃離貧窮、政治迫害、社會或家庭壓力等方面的不同

❽　Ackers, L., 1998, *Shifting Spaces: Women, Citizenship and Migration within the European Union*, Bristol: The Polity Press.

❾　徐崇榮、葉富強，2006，〈性別角色的跨國思維——以布理斯本的一點五代臺灣移民為例〉，《人口學刊》32: 43–81。

❿　Grieco, E. & M. Boyd, 1998, "Women and Migration: Incorporating Gender into International Migration Theory", *Working Paper Series* 98–139.

看法。移民行動階段的探究，則著重於移民送出國與接受國兩個社會之間對於性別角色、關係、與不平等的態度的差異，如何影響移民的選擇與接納。後移民階段的研究，探討移民接受社會對不同性別移民的差別待遇。男性與女性移民跨國遷徙之後，性別變數在其公民權的實踐上，扮演著極為重要的角色。移民之後的公民權取得過程，深受以性別為基礎的政治、經濟、社會、文化、以及心理因素的影響。❶❶

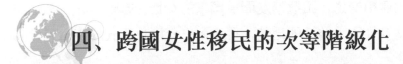

四、跨國女性移民的次等階級化

　　雖然有越來越多的移民女性，不依賴男性的配偶，獨立自主地以照顧工作者、專業技術者、性工作者與尋求庇護者的身分，展開跨越國界的移民旅程。這些跨越地方、國家、與邊界的移民女性，無疑是世界融合、全球分工的反映，但這些女性移民所享有的公民權與就業機會卻是相對緊縮的。❶❷

　　固然女性移民的經驗是異質、多樣、與多面的，移民經驗的性別差異，主要還是來自於女性在社會上的從屬地位，性別結構策動不同的男性與女性移民機制，進而模塑迥異的性別移民經驗。性別是社會關係與組織的一個重要元素，在移民過程中，性別、階級、種族，在全球經濟體系下再度碰撞較勁。經由移民這個不平等的權利關係，不同的種族與階級的女性再次互動，尋求新的平衡點，這個互動過程涉及移民者透過性別的機制，尋求文化與經濟資源的改善與重新分配。❶❸

❶❶　Tastsoglou, E. & A. Dobrowolsky (eds.), 2006, *Women, Migration and Citizenship: Making Local, National, and Transnational Connections*, London: Ashgate Press.

❶❷　Castles, S. & A. Davidson, 2000, *Citizenship and Migration: Globalization and the Politics of Belonging*, New York: Routledge.

❶❸　Bader, V., 1997, "Ethnicity and Class: A Proto-theoretical 'Mapping' Exercise", in W. W. Isajiw (ed.), *Multiculturalism in North America and Europe: Comparative*

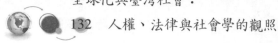
　　全球跨國移民的勞動者普遍感受到被剝奪的經驗，次級公民權 (second class citizenship)、部分公民權 (partial citizenship) 是常見到的對於移民者在移居地社會地位與身分處境的描述。特別是來自於低度發展的經濟落後國家的移民勞工，來到移入國之後，不但獲得的是暫時性的就業身分、劣質的公民權益保護，使其地位猶如「契約奴工」。先進的工業化國家、新興的工業化國家，對於女性勞動力的需求雖然極為迫切，但是產生了許多非正式、甚至非法的雇用管道，招攬低度開發國家的女性跨越國界去回應這類需求，使得這些女性陷入非法的地位，得不到充分而且正式的公民身分與權利保障。

　　相較於男性，女性在社會、文化、政治、與經濟關係中，原屬於較次等的地位。社會再生產勞動的全球化，使女性有機會將家務勞動商品化，跨國從事保母、看護、與家務幫傭的工作，更是成為全球照顧服務業的主要勞務提供者。當社會再生產勞動成為全球普遍的需求之後，女性移工期待全球勞力市場對其的高度需求，能成為改善其長久以來的劣勢地位的力量。豈料，全球與國家層次的性別勞動區隔，再次突顯女性的附屬與次級地位，女性移民持續提供無酬的家務服務、女性移工高度集中的女性職業、受雇於低工資的照顧看護工作，再生產勞務市場的薪資報酬與權力結構的建制，又一次再度複製女性不如男性的模式。❶❹以美國社會過去二十年間出現的不平等、貧窮、與社會排除現象來看，新移民，尤其是非法移民，所陷入的結構性差別待遇——低工資（女性移工不成比例地從事低工資的服務業、而且平均工資遠低於相等工作位置的男性移工，甚至還在不斷下降之中）——是所有社會不平等現象的根源。❶❺其次，女性移民亦常因語

　　Perspectives on Interethnic Relations and Social Incorporation, Toronto: Canadian Scholar's Press.

❶❹　Ackers, L., 1998, *Shifting Spaces: Women, Citizenship and Migration within the European Union*, Bristol: The Polity Press.

❶❺　Castel, R., 2000, "The Roads to Disaffiliation: Insecure Work and Vulnerable Relationships", *International Journal of Urban and Regional Research* 24 (3):

言、穿著、移民身分、種族、宗教與移入國的一般女性不同，而感受公民身分的落差。❻移民女性最常經驗到的，就是就業部門與工資福利的不平等，居住社區的排斥、與歧視的對待。不僅是跨國照顧服務部門具有專業技術的女性勞動者，其基本權益比男性更易受到侵害，就連國境之內跨縣市、跨州界遷徙的女性勞動者，都經驗到公民權的不完整性。❼

英國貧窮女性化的經驗更是彰顯移民女性的劣勢地位。視女性為照顧者角色的文化價值，使女性移民不僅遭受勞動的性別隔離，甚至社會排除。❽雖然移民女性與少數民族女性比白人女性，從事較多的有薪工作，但是普遍從事的是較低層次的服務性工作。前英國首相湯尼・布萊爾 (Tony Blair) 推動新勞動政策，雖然大力改善孩童的社會排除經驗，但是照顧範圍並未將所有族群與階級的孩童皆納入適用範圍，少數族群、移民者、難民、尋求庇護者這些邊陲團體，基本上是被排除在這項政策恩惠之外的，更別提少數族群女性與移民女性，他們仍持續被視為一種威脅社會穩定的因子。

519–535.

❻ Maher, K. H., 2004, "Globalized Social Reproduction: Immigrant Service Workers and the Citizenship Gap", in A. Brysk & G. Shafir (eds.), *People Out of Place*, Routledge.

❼ Yeates, N., 2004, "A Dialogue with Global Care Chain Analysis: Nurse Migration in the Irish Context", *Feminist Review* 77: 79–95.

❽ Tastsoglou, E. & A. Dobrowolsky (eds.), 2006, *Women, Migration and Citizenship: Making Local, National, and Transnational Connections*, London: Ashgate Press, pp. 1–35.

議題八
臺灣移民在加拿大與澳洲

—摘要—

飽受中共武力解放恐懼的臺灣，長期以來一直是個移民輸出國。在
1960 年代與 1970 年代大多數移往美國的臺籍移民是以留學生的名義赴美
追求更高學位的形式出現。由於當時的留學生大部分都滯美未歸，經過三
十年之後發展成為美國華裔人口中非常重要的一個群體。❶到了 1960 年代
中期，美國政府修改其移民政策，不再以依親為基礎，放寬移民條件開放
更多華籍移民進入美國本土。大約同一時期，加拿大政府也修改了他們的
移民政策，允許即使在加拿大沒有親人、只要個人條件符合資格的申請者，
皆可移民加拿大。到了 1970 年代，加拿大甚至採取更積極的行動吸引有技
術與資金的移民入籍加拿大。就臺灣移民來說，他們並未立即回應加拿大
政府的商業移民政策，一股腦地往加拿大移民，這股熱潮一直遲至 1980 年
代末期方才湧現。究其原因，相當複雜多面，不過無可爭議的事實是，直
到 1980 年代末，或更具體的說，直到 1987 年解除戒嚴之後，臺灣才展現
經濟富裕、政治自由化社會的形貌。❷

　　差不多同一時期，澳洲政府也放棄了白澳政策，與美加兩國相同的方
向移動，向亞洲與其他地區的新興工業國家招攬擁有特殊技能、或是投資
基金的人士前往移民。雖然澳洲大開商業企業移民之門的時期相對得早，
但是臺灣直到 1980 年代中期以後才有能力成為這類移民中的一個重要供
給國。究其原因，主要是臺灣差不多也是在那個時候才享有富裕的物質生
活，允許民眾移入英語系國家中較吸引人的位置。從 1980 年代中至 1990 年
代末的十年甚至二十年的時間，從臺灣到澳洲的跨國移民已經變成一個顯
著的現象。從 1982 年到 1990 年間，澳洲約有百分之 15 的商業移民來自臺
灣。❸至少移入布里斯本的臺灣移民所擁有的財富就某種程度來說，允許

❶　Wickberg, E., 1994, "The Chinese as Overseas Migrants", in J. M. Brown & R.
　　Foot (eds.), *Migration: The Asian Experience*, New York: St. Martin's Press, p. 17.

❷　Chu, J. J., 2000, "The New Working Class in Taiwan: Its Social Values, Political
　　Attitudes and Class Position", *Asian Profile* 28 (5): 371–384.

❸　Lee, S. R,, 1992, The Attitudes of Taiwanese Immigrants: in Brisbane Towards
　　Assimilation: An Internal Perspective, Griffith University: Unpublished Honours

他們與其他澳洲居民之間維持一種自願隔離 (voluntary segregation) 的狀態。大多數布里斯本的臺籍移民享有一項共同的獨特特色，那就是，他們屬於富裕的移民類屬，其所攜帶的財富足以確保他們在澳洲過著無憂無慮的經濟生活。

 # 一、加拿大與澳洲：臺灣移民的新家園

臺籍移民占加拿大整個華裔人口的百分之 10，主要定居於溫哥華市——英屬哥倫比亞州的首府。❹英屬哥倫比亞州自 1988 年以來，已經成為最受臺灣移民喜愛的一州。從 1989 年起臺灣成為向英屬哥倫比亞州輸出移民的五大國家之一❺。溫哥華華人社群中臺籍移民的比例自 1995 年以來已經從百分之 5 增加到百分之 15。相對地，多倫多華人社群中只有百分之 5 是臺籍移民。根據 1996 年的資料，溫哥華的臺籍移民人口占加拿大臺籍移民總數的百分之 70，臺籍移民占溫哥華移民總數的百分之 20（參閱表 8-1）。大多數近期移入溫哥華的臺籍移民定居在低路平原 (Lower Mainland)，將近有百分之 90 的臺籍移民指出他們心目中的定居地為溫哥華 (Vancouver)、列治文 (Richmond)、本拿比 (Burnaby)、與素里 (Surrey)。從 1992 年到 1999 年的八年間，每一年平均有 5,688 名臺籍移民在溫哥華定居，八年內臺籍移民總數達 45,508 人。

大溫哥華地區吸引臺籍移民的因素有下列四點。第一是地緣親近性 (geographical proximity)。溫哥華鄰近太平洋地區，每週有數班航線直接載送臺北與溫哥華的旅客。第二個因素則關係到社會網絡的運作。許多臺籍移民之所以被吸引到溫哥華，主要是因為他們的親戚與朋友早就在該地定

Thesis, p.52.

❹ 自從 1995 年以後，英屬哥倫比亞州的移民來自五個主要的亞洲國家——香港、臺灣、印度、菲律賓、及中國大陸。

❺ Angus Reid Group Inc., 1998, *Immigration to Canada: Aspects of Public Opinion*, Canada: Winnipeg.

表 8-1　加拿大三大都市臺灣、香港、與中國大陸移民的比例

年　分	1996	1997	1998	1999
蒙特婁	24,672	22,741	20,866	23,522
臺灣 占蒙特婁總數百分比 占臺灣總數百分比	616 (2.50%) (4.67%)	658 (2.59%) (4.93%)	704 (3.37%) (9.80%)	612 (2.60%) (11.20%)
香港 占蒙特婁總數百分比 占香港總數百分比	1,023 (4.15%) (3.14%)	1,381 (6.07%) (6.20%)	842 (4.04%) (10.19%)	312 (1.33%) (3.28%)
中國大陸 占蒙特婁總數百分比 占中國大陸總數百分比	954 (3.87%) (5.38%)	1,119 (4.92%) (6.04%)	1,301 (6.24%) (6.59%)	1,627 (6.27%) (5.59%)
多倫多	97,235	98,376	75,799	83,267
臺灣 占多倫多總數百分比 占臺灣總數百分比	2,497 (2.57%) (18.89%)	2,791 (2.84%) (20.95%)	1,285 (1.70%) (17.89%)	952 (1.14%) (17.43%)
香港 占多倫多總數百分比 占香港總數百分比	13,401 (13.78%) (44.72%)	10,037 (10.20%) (45.11%)	3,301 (4.35%) (40.82%)	1,617 (1.94%) (44.13%)
中國大陸 占多倫多總數百分比 占中國大陸總數百分比	7,928 (8.15%) (45.18%)	8,449 (8.59%) (45.62%)	8,699 (11.48%) (44.04%)	13,496 (16.21%) (46.39%)
溫哥華	46,057	41,263	29,616	27,785
臺灣 占溫哥華總數百分比 占臺灣總數百分比	9,238 (20.06%) (69.90%)	8,745 (21.19%) (65.65%)	4,594 (15.36%) (63.97%)	3,159 (11.37%) (57.85%)
香港 占溫哥華總數百分比 占香港總數百分比	12,269 (26.64%) (40.94%)	8,171 (19.80%) (36.72%)	2,727 (9.21%) (33.72%)	1,101 (3.96%) (30.05%)
中國大陸 占溫哥華總數百分比 占中國大陸總數百分比	4,028 (8.75%) (22.95%)	4,533 (10.99%) (24.48%)	5,317 (17.95%) (26.92%)	7,653 (27.54%) (26.30%)

資料來源：*Citizenship and Immigration Canada 1992–1999*, Ottawa: Minister of Supply and Services.

居。經過親友的介紹，溫哥華的親切感與吸引力加倍。第三，溫哥華素以眾多臺籍社群、中餐館、雜貨店、以及華語電臺的匯集地著稱，這種種的設備為初來乍到的臺籍移民提供了不少便利性與親切感。最後，大溫哥華

地區內發展蓬勃的華人商圈提供臺籍移民不少華語就業機會，使臺籍移民感覺移民後的社會適應應該不是件太困難的事。

追求較好的生活品質與較佳的子女教育機會是最常被臺籍移民提到的移民動機，特別是與國內相較之後，本國的生活品質與教育機會似乎顯得侷限、狹隘、並且每況愈下。不過不論是生活品質還是教育機會，都比不過政治動機來得有影響力。除了來自對岸的政治威脅之外，臺籍移民認為移民溫哥華會是一個可欲的選擇，主要是其鄰近美國的就業市場以及地理上離臺北不遠。相當數目的臺籍移民是以各式各樣的企業階級身分進入溫哥華，從大企業家與大盤商，到開個美髮店、家庭店鋪等小本生意的所在多有。除了大型華人企業可能是出於追求最大利潤的逐利動機，極少數臺籍移民可以稱得上是純粹出於經濟動機而移民的。❻

相類似的態度，也可在布里斯本的臺籍移民身上見到，1981 年澳洲政府正式推動商業移民措施。從 1982 年 7 月至 1990 年 6 月，總計有 3 萬 6 千 5 百多名移居者在這個方案下進入澳洲。其中臺灣移民佔了大約百分之 15 左右，總共帶進澳洲的金額，大約澳幣 68 萬至 80 萬上下。事實上，臺灣移民大概在 1986 年之後才開始出現大數量地以澳洲為目的地的移民潮，於此之前在澳洲總移民人口上臺灣移民的人數並不顯著。然而，到了 1991 年，臺籍移民的人數增加到 1 萬 3 千餘人，到了 1996 年這個數字更躍升到 1 萬 9 千餘人。❼而且臺灣移民主要是以商業移民者的身份進入澳洲。根據移民規章，每個主要的商業移民申請者必須至少匯入 50 萬澳幣的資金到澳洲。1980 年代末期這筆金額稍有變動，依據移民者年齡的不同而有 35 萬到 65 萬澳幣的差異。比較特殊的是，這段時期移入澳洲的臺灣移民攜入的財富允許他們在澳洲住進豪宅大院、過著無憂無慮的經濟生活，與其他澳

---

❻ 可參閱 Chu, J. J., 2000, "The Settlement Experiences of Taiwanese Immigrants in Brisbane", *Queensland Review* 7 (1): 37–52.

❼ Ip, D., M. Anstee & C. T. Wu, 1998, "Cosmopolitanizing Australian Suburbia: Asian Immigration in Sunnybank", Journal of Population Studies 19:53–79.

洲民眾的居住型態上形成一種鮮明的區隔布里斯本的新利班區 (Sunnybank) 就是最典型的例子。❽

　　在澳洲約近半數的華人移民主要集中於新南威爾斯州、維多利亞州及昆士蘭州等地。近年來，臺灣移民則多選擇昆士蘭州的布里斯本與新南威爾斯州的雪梨為定居地。❾根據人口統計數據，華人已成為澳洲第二大族裔社群，消費能力每年高達 46 億美元，對澳洲經濟有相當的幫助。1993 年至 1994 年，來自臺灣商業移民人數占申請至澳洲移民總數的百分之 12，創業成功率達百分之 76，平均資本額為 53.1 萬澳幣。目前，臺灣在雪梨已經成立「澳洲臺灣商會」、「昆士蘭臺商投資貿易協進會」、「墨爾本澳臺工商協進會」、與「西澳臺灣商會 (The Taiwanese Chamber of Commerce of Western Australia)」。此外，還有「北澳帝汶華人聯誼會 (N. T. Timor. Chinese Association)」等僑團，共同促進僑商彼此間之聯繫與溝通。在僑民教育方面，臺灣移民在澳洲當地籌設有「雪梨華僑文教服務中心 (Sydney Chinese Culture & Education Center)」、「墨爾本華僑文教服務中心 (Chinese Community Cultural Center)」等中文學校，並由僑務委員會協助給予學校部分經費補助，並提供教材圖書充實教學設備，以維繫臺僑學校的永續發展。

二、臺灣、香港、與中國大陸移民加拿大之模式比較

　　加拿大政府彙編的移民統計，提供了一把揭露來自香港、臺灣、以及中國大陸這三大華語族群，分布在加拿大社會的整體移民模式的鎖鑰。就加拿大在 1997 年以前從三個華語社會所吸納的總移民人數而言，香港一直

---

❽　Ip, D., M. Anstee & C. T. Wu, 1998, "Cosmopolitanizing Australian Suburbia: Asian Immigration in Sunnybank", Journal of Population Studies 19:53–79.

❾　如欲瞭解布里斯本以外臺籍移民在澳洲的狀況，可參閱姜蘭紅、徐榮崇，2003，《澳洲臺灣僑民現況之研究》。

居於這三者之冠，緊接著是中國大陸，臺灣位居第三（參閱表 8–2）。自 1998 年起中國大陸取代香港，成為加拿大華籍移民的主要來源國，1999 年香港移民的人數再度滑落，使臺灣成為加拿大華籍移民的第二個主要供應國。從表 8–1、表 8–2、與表 8–3 的資料可以看出，香港赴加拿大的移民人口一直呈現穩定的減縮，相對地，來自中國大陸的移民則呈平穩上升的狀況。就 1988 年至 1999 年的十二年間，中國大陸的移民從 1988 年百分之 10 的低點，增長到 1999 年百分之 76 的高點。相較之下，臺籍移民從 1988 年的百分之 8 增加到 1995 年百分之 15，然後爬上 1997 年百分之 25 的高峰，然後滑落至 1999 年的百分之 14。

表 8–2　加拿大來自臺灣、香港、中國大陸移民：1996–1999

年　分	1996	1997	1998	1999
總計	226,050	216,014	174,159	189,816
華人小計 占總數之百分比	60,732 (26.87%)	54,090 (25.04%)	35,031 (20.11%)	38,220 (20.14%)
臺灣 占總數百分比 占華人總數百分比	13,216 (5.85%) (21.76%)	13,320 (6.17%) (24.63%)	7,181 (4.64%) (20.50%)	5,461 (2.88%) (14.29%)
香港 占總數百分比 占華人總數百分比	29,967 (13.26%) (49.34%)	22,250 (10.30%) (41.14%)	8,086 (4.64%) (23.08%)	3,664 (1.93%) (9.59%)
中國大陸 占總數百分比 占華人總數百分比	17,549 (7.5%) (28.90%)	18,520 (8.75%) (34.24%)	19,754 (11.35%) (56.39%)	29,095 (15.33%) (76.13%)

資料來源：*Citizenship and Immigration Canada 1996–1999*, Ottawa: Minister of Supply and Services, Canada.

雖然三大華人社會的移民人數總脫離不了盛衰消長的一般模式，不過他們分布在個別移民類屬上的實際數字與百分比，向來都呈現相當大的波動❿。從 1988 年到 1999 年間，總計有 310,158 名香港移民核准進入加拿

---

❿　一般說來，移入加拿大的移民通常屬於下列九類中的一種：依親移民、難民、指定類屬、協助親屬（1993 年時取消）、企業家、自雇者、投資者、獨立移民、

大，這意味著十二年來，加拿大平均每一年吸收 25,846 名香港移民。1997
年以前大量資金與人員自香港移入加拿大是相當可以理解的現象，可以輕
易以 1997 香港回歸中國大陸所帶來之恐懼與疑慮，加以解釋。過去十年來，
九七危機是促使港民移居加拿大的主要推動力。這波移民潮於 1994 年達到
高峰，移民人數計有 44,169 人，然後開始衰退，不過其移民人數仍維持領
先中國大陸與臺灣，高居第一的地位直到 1997 年為止。1997 危機一過，
香港移民縮減是可預期的，但是縮減的幅度相當驚人，從 1997 年的 22,250
人，1998 年劇減為 8,086，到 1999 年更減少至 3,664 人。

　　關於香港移民在眾移民類別上的分布，在 1980 年代末期與 1990 年代
初期來到加拿大的香港移民主要是以獨立移民的身分入境的。1990 年前每
年至少有百分之 49 的香港移民是以其他移民類屬的身分進入加拿大的，
1988 年的比例就有百分之 68 那麼高。同時，不到百分之 25 的香港移民以
商業移民的身分進入加拿大，不到百分之 20 是以依親的名義。1990 年以
後，整個情勢改觀，在經濟蕭條的那幾年裡，亦即 1991 至 1993 年裡，來
自香港的商業移民增加至百分之 38，遠超過以獨立移民身分進入加拿大的
人數。1996 年單年，增立了技術勞工這個類別，有百分之 54 的香港移民
是以這個身分進入加拿大，商業移民則不到百分之 27。然而，在 1996 年
至 1999 年的四年間，以技術勞工的身分進入加拿大的香港移民緩緩地從百
分之 54 減至百分之 40，不過商業移民的人數則呈成長的趨勢❶。以 1988
年到 1999 年這段十二年的期間來看，商業移民總共占了香港移民總數的三
分之一。就華人這個大團體而言，以 1988 年至 1995 年間商業移民的總數
為基點，雖然香港移民占商業移民類別中的最大多數，大約有百分之 70，
不過香港移民以企業家的身分進入的遠多於以投資者身分進入者。這個比
較很明顯地對照彰顯出臺籍移民與香港移民之間的差異，臺籍移民中投資

退休移民（1991 年後取消）。

❶　從 1996 年的百分之 27 增長到 1998 年的百分之 33，然後於 1999 年跌落到百
　　分之 30。

者的身分遠超過企業家的移民身分。這一點也進一步顯示臺灣移民與香港移民在階級背景與屬性上的差異。

分別檢視 1988 年與 1999 年間臺灣與香港商業移民的趨勢，可以發現有許多不同的差異。最明顯的區別在於香港移民人數是臺灣移民人數的三倍半，而且香港商業移民的人數是臺灣商業移民人數的兩倍（參考表 8–3）。換句話說，與香港移民相比，臺灣移民在加拿大是相當小的一個群體，1995 年以前每年不到一萬人，1996 年增加到 13,216 人，到 1997 年也不過是 13,320 人，1998 年以後又減少到不及一萬人。臺灣人移民加拿大的現象可以看做是 1997 香港回歸中國之下的一個附帶效應，也可以歸因自 1980 年後期以來兩岸緊張關係的日益高築。❷

來自臺灣的移民自 1980 年代末期後一直呈現平穩增加的趨勢，於 1997 年達到高峰。從百分比的資料來看，1988 年臺灣移民僅占華人人口的百分之 8，到了 1997 年增加到百分之 25，1999 年則又縮減到百分之 14。若就實際的數字來看，1988 年移民加拿大的臺灣移民只有 2,831 人，到了 1997 年增加到 13,320 人。就 1988 年到 1999 年臺灣移民的身分類型觀察之，除了少數例外之外，臺灣移民極少是以難民以及指定類別的移民身分進入加拿大。商業移民是臺灣移民中數量最多的一個團體，大約有 46,246 人，接近臺籍移民總數的百分之 54。1999 年臺籍商業移民的實際人數首次超過了香港的商業移民人數，成為加拿大商業移民的主要來源國。

到了 1993 年，前兩大亞洲移民來源國為香港占百分之 42，臺灣約占百分之 21。香港連續九年拿下加拿大第一移民來源國的地位，而臺灣緊隨在後，也連續拿下了五年第二位來源國的地位。這兩個國家為加拿大提供了近三分之二的資本家移民人口。1993 年來自香港與臺灣的華裔資本家占所有商業移民的百分之 63。更確切地說，其中有百分之 84 是投資移民，百分之 56 是企業家移民，這兩大類屬構成了商業移民的主體。

---

❷　Chu, J. J., 2000, "The New Working Class in Taiwan: Its Social Values, Political Attitudes and Class Position", *Asian Profile* 28 (5): 371–384.

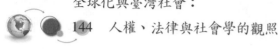

表 8-3　臺灣、香港、與中國大陸的商業與技術移民比重

年份	1996	1997	1998	1999
商業移民	22,459	19,927	13,776	13,010
臺灣 占總數商業移民百分比 占臺灣總數百分比	4,449 (19.81%) (33.66%)	3,706 (18.60%) (27.82%)	2,338 (16.97%) (32.56%)	2,090 (16.06%) (38.27%)
香港 占總商業移民百分比 占香港總數百分比	8,179 (36.42) (27.29%)	6,350 (31.87%) (28.54%)	2,689 (19.52%) (33.26%)	1,102 (8.74%) (30.08%)
中國大陸 占總數商業移民百分比 占中國大陸總數百分比	685 (3.05%) (3.90%)	930 (4.67%) (5.02%)	1,319 (9.59%) (6.68%)	1,517 (11.66%) (5.21%)
技術移民	97,821	105,538	81,191	92,394
臺灣 占總技術移民百分比 占臺灣總數百分比	8,009 (8.19%) (60.60%)	8,936 (8.47%) (67.09%)	4,390 (5.4%) (61.13%)	2,914 (3.15%) (53.36%)
香港 占總技術移民百分比 占香港總數百分比	16,312 (16.68%) (54.43%)	11,833 (11.21%) (53.18%)	3,543 (4.37%) (43.82%)	1,469 (1.59%) (40.09%)
中國大陸 占總技術移民百分比 占中國大陸總數百分比	9,518 (9.73%) (54.24%)	10,939 (10.33%) (59.07%)	11,939 (14.70%) (60.44%)	21,246 (23.00%) (73.02%)

資料來源：Citizenship and Immigration Canada 1996–1999, Ottawa:Minister of Supply and Services, Canada.

　　隨著臺灣人移民加拿大人數的增加，以商業移民身分移居加拿大的臺灣移民人數也跟著成長。更進一步分析臺灣移民進入加拿大的商業移民類別，則顯示在 1990 年以前有超過百分之 40 的臺灣移民是以企業家的身分移居加拿大。然而，1990 年以後，以 1993 年來說，有 7,224 名臺籍商業移民移居加拿大，其中四分之三為投資移民。相較之下，中國大陸的移民很少是以商業移民的身分移居加拿大。

　　其次，關於最喜愛移居的加拿大城市，這三個華人社會的移民之間，則存有明顯的差異。來自中國大陸與香港移民皆以多倫多為他們的最愛、第一優先的選擇。相對的，臺灣移民最偏愛溫哥華。表 8-1 的數字對於這

項差別偏好有明顯的顯示。不過，這三大華人移民團體皆一致地以落在加拿大三大州的首府為最偏好的移居地：英屬哥倫比亞州的溫哥華、安大略州的多倫多、以及魁北克州的蒙特婁⓭。這個趨勢正好印證了到加拿大來的資本主義移民大半是個都市現象，對蒙特婁、多倫多、溫哥華這些城市產生巨幅的影響。⓮

　　從比較對照香港、臺灣、中國大陸移民加拿大的人口分布，可以從一個更為廣大的華人移民潮脈絡下，彰顯臺籍移民的特性。大多數臺籍移民是以商業移民的身分來到加拿大。尤其是在 1991 年與 1995 年移居加拿大的臺灣移民，更有超過一半是以投資移民的身分入境的。在這一時期內，以自雇者、企業家、以及投資者身分移居加拿大的臺籍移民，占加拿大臺籍移民總數的百分之 70。就這個情形而論，探索這個富裕移民團體的定居經驗，進而瞭解他們如何動員不同的資源來掌握新的生活機會，進行他們的社會調適，將是一件極具學術挑戰性的工作。

三、加拿大臺灣移民的謀生之道

　　誠如經濟學家所正確指出的，移民必然動員所有可取得的族群、經濟、以及私人的網絡等資產，來開發新土地上擺在他們眼前的機會結構。⓯「族群資源」包括特屬於他們所來自之族群的專門知識、價值、傳統、社會組織、以該族群文字出版的報紙、以及接觸該族群消費者的管道。「經濟與階級資源」則包括有教育、資金、財產、以及專門的知識。「私人網絡資源」

⓭　Wong, L. L., 1995, "Chinese Capitalist Migration to Canada: A Sociological Interpretation", *Asian and Pacific Migration Journal* 4 (4): 465–492.

⓮　誠如沙斯基亞‧薩森所指出的，諸如蒙特婁、多倫多、與溫哥華這類都市逐步發展成全球經濟體系的金融中心並受到跨國企業的控制，主要是由於這些都市扮演著貿易與生產國際化接環的功能。

⓯　Wong, B. P., 1998, *Ethnicity and Entrepreneurship: The New Chinese Immigrants in the San Francisco Bay Area*, Boston: Allyn & Bacon.

則是第三種資源，由親戚關係以及個人的人脈網絡所構成。從社會學的觀點來看，網絡是連結出生地與移居地之間人脈的社會關係，包括了親戚、朋友、或是同鄉會等等的聯繫。網絡通常會影響到移民目的地的選擇以及移民流向的屬性。

通常私人網絡資源提供給移民者三大類型的資訊。首先，親戚、朋友、或是熟人常是經濟協助以及住屋與購物資訊的提供者。這些資源協助準備定居的移民者可以很快就進入狀況。其次，社會網絡提供移民者立即的、最新的就業情報。這有可能是指一份工作早在移民者抵達之前就已經安排好了，也有可能在他們入境不久後的幾天內就可敲定的工作。第三，社會網絡同時也提供處理移居國的人際關係、如何和移居國的機構打交道等等的資訊。整體來說，移民仰賴網絡所獲取的資訊類型端視他們自己所擁有的資源、教育、與技能，以及他們所擁有的特殊技能在移居國可移轉的程度。

再者，拉關係 (networking) 可以協助臺籍移民找到適當工作之程度也取決於個別移民者接觸之次經濟體系 (sub-economy) 的特性。以族群網絡為基礎的經濟脈絡有兩種類型。❶❻招牌謀生行業是指少數幾種職業或生意，多為某些特定移民團體所從事。對受過高等教育的移民來說，依賴招牌謀生行業意味著無法在移居地白領與專業職業中找到工作，亦即移居地就業機會的封閉。對於技術移民與半技術移民來說，依賴招牌謀生行業反倒意味著高度利用他們的教育資源。至於半技術與無技術移民，招牌謀生行業則提供他們習得技術的機會以及日後所需的生意情報與資金援助。

飛地商圈 (enclave) 或次經濟體系則出現在相對範圍較大的族群社區，在此活動範圍內，移民可以依賴網絡獲得全方位的資源：住屋情報、工作

---

❻　Portes, A. & L. Jensen, 1989, "The Enclave and the Entrants: Patterns of Ethnic Enterprise in Miami Before and After Mariel", *American Sociological Review* 54: 929–949. Bailey, T. & R. Waldinger, 1991, "Primary, Secondary, and Enclave Labor Markets: A Training System Approach", *American Sociological Review* 56: 432–445.

機會、技能學習、以及生意機會。相對來說，飛地商圈在範圍上比招牌謀生行業大，在經濟的複雜度上也來得高。其次，飛地商圈不像招牌謀生行業，支持得起以滿足帶有文化色彩的商品與服務需求的小生意，像是帶有族群風味的食物、房地產、以及旅行社等商業活動。參考伊凡・萊特 (Ivan Light)❼的定義，飛地商圈是由集中於某個特定地理區域移民團體，他們組織起各種不同的企業來服務族群本身的市場甚至更廣泛的一般民眾。基本的特質為顯著比例的移民勞動力受雇於由其他移民者所擁有的企業。因此，族群屬性就此成為飛地商圈內極有力量的一項工具性資源。❽

　　1980 年代末期加拿大的臺籍移民來自不同的社會經濟背景、擁有不同的社會經濟資源。然而與來自香港以及中國大陸的移民相較，1980 年代末移居加拿大的臺籍移民主要屬於兩種商業移民的類別：企業移民與投資移民。自 1990 年後，移居加拿大的臺籍移民有更多以投資移民的身分而非企業移民的身分進入加拿大境內。同樣的趨勢在溫哥華華人社區中的臺籍移民獲得證實。雖然臺籍移民屬少數群體，不過在階級類屬上，他們構成一個極其獨特的團體。雖然臺籍移民是當地華人社區中最新最晚才建立起來的一組成員，但是與華人社區的其他成員相比，他們相對來說都比較富裕、受過較高的教育、在年紀上也比較年輕。

　　關於臺籍移民在溫哥華的定居經驗，大多數都能利用所有的族群關係與個人資源，做出最成功的經濟調適，採取各種不同的作法來雕塑他們在溫哥華的新生活，避免成為環境的犧牲者。這項主動積極的特質使他們看起來稱得上適應環境的能手。然而，1980 年代後期的臺籍移民並非個個都是成功的案例，能在溫哥華的新天地下大展鴻圖。有些臺籍移民雖費盡心力卻差點血本無歸，還有根本無法找到工作做。臺籍的專業人士也不覺得

❼　Light, I., 1972, *Ethnic Enterprise in America*, Berkeley & Los Angeles: University of California Press.

❽　Stolarik, M. M. (ed.), 1985, *Making it in America*, ed., Lewisburg, PA: Bucknell University. Waldinger, R., R. Ward & H. Aldrich, 1985, "Ethnic Business and Occupational Mobility in Advanced Societies", *Sociology* 19: 586–597.

在加拿大企業找份工作做是件易事。由於英語不夠流暢，使他們大感綁手綁腳，無法施展身手。經過數度努力，有不少臺籍移民完全放棄希望，不再嘗試，就靠他們的儲蓄過日子，並把希望寄託在他們的子女身上，期望由兒女們來實踐他們的加拿大夢。當然，總是有些意志堅決的移民不肯放棄，進入溫哥華的華人商圈中去找尋機會，希望能為他們自己及其他的移民開創些就業機會。他們鎖定華人消費者為對象，動員他們所擁有的資源建立起他們的生意。

同樣的社會經濟動機、同樣的拉關係的能力並不一定帶來相同的定居經驗。就溫哥華的臺籍移民而言，沒有單一的移民整合模式可循。每個個案的模式都取決於當地的機會以及個別臺籍移民所擁有的資源與技能。即便如此，臺籍移民最常採取的經濟調適的作法有三：參與地下生產活動或是提供非無證照的服務、從事華文職業、以及做起家庭式的小生意。

(一)在非正式經濟體系內尋找機會

非正式的經濟活動在以某些族群移民為主的鄰里社區發展得不錯，但是最暢旺的則是在發展良好的族群飛地商圈 (ethnic enclave)。[19]非正式經濟涵蓋範圍甚廣，可以包括地下血汗工廠的服飾生產、經營沒有執照的美髮院、街頭攤販、視聽與室內裝修、甚至無照駕駛計程車。所謂的「非正式經濟活動」，照沙斯基亞・薩森 (Saskia Sassen) 的定義[20]，指的是不受法律規範的賺取收入的經濟活動。在正常情況下所有的經濟活動是受法律規範的，因此，非正式經濟活動特別是指那些逃脫法律規範的賺錢行為。不過，非正式經濟活動不同於犯罪活動，而是未受到管制的生產與銷售合法

---

[19] 移民社會學業已指出移民與非正式的經濟活動之間存在有密不可分的關連，參閱 Portes, A., 1995, "Chinese Capitalist Migration to Canada: A Sociological Interpretation", *Asian and Pacific Migration Journal* 4 (4): 465–492.

[20] Portes, A. & S. Sassen, 1987, "Making it Underground: Comparative Materials on the Informal Sector in Western Market Economies", *American Journal of Sociology* 93: 30–61.

商品與勞務的活動。

　　從 1980 年代起，溫哥華以及鄰近的列治文市特別吸引數量眾多的華人來此開店設鋪。同時，在溫哥華、列治文、本拿比、與素里這一區的華裔人口已達到一個規模，足以產生一個移民族群商圈。因此，對那些擁有特殊技能但是無法說流暢英語的臺籍移民，這構成了一個相當熟悉的自家環境，他們可以正式地甚或私底下使用他們的技能謀生。再者，在列治文市中心有接近百分之 70 的商業活動為亞洲人所擁有，還有數間購物中心特別是以華人為主要的消費群。同時，列治文與溫哥華地區華籍移民與商業活動的快速成長，也使得像是「小亞洲」、「列治文的香港區」、「亞洲投資湧入列治文」、以及「移民為列治文加上東方風味」等標題頻頻出現於溫哥華的報章雜誌上。❷❶

　　根據田野訪談❷❷，在溫哥華與列治文有數位臺籍移民承認他們剛移居加拿大時是做些非正式的生意，經營逐漸上軌道後，才慢慢地走向正式登記、取得合法營業執照。他們中有些人在移居溫哥華之前，曾經做過水電工或木工之類的工作。當問及他們為什麼不一開始就正式取得執照，合法經營呢？其中一位從事無照修理水管的臺籍移民給的答案，其實提供不少線索顯示非正式經濟活動存在的理由。他說「如果我可以拿到執照，開個小店、大大方方地做個小生意，我也不想偷偷地做。我甚至可以賺更多的錢。可是我的英語很差，對當地的法律也不瞭解，所以其實我也沒有多少選擇。我知道我是在偷偷地做，所以我索價不多，甚至週末我也做。剛開

❷❶　Li, P. S., 1993, *Chinese Immigrants and Ethnic Enterprise Transplanted Cultural Thesis and Blocked Mobility*, Toronto: Robert F. Harney Professorship & Program in Ethnic Immigration and Pluralism Studies. Wong, L. L., 1995, "Chinese Capitalist Migration to Canada: A Sociological Interpretation", *Asian and Pacific Migration Journal* 4 (4): 465–492.

❷❷　Chu, J. J., 2002, "Networking, Informal Economic Activities, and Ethnic Occupations: Economic Adapation of Taiwanese Immigrants in Vancouver", *American Journal of Chinese Studies* 9: 101–126.

始時，客戶都是自己人，臺灣來的、或大陸來的，沒有加拿大人。有一次我的加拿大鄰居的馬桶壞了，蠻急迫的、又找不到人來修，我就自願幫她修。她覺得我做得不錯，錢收的又不多，後來當她或她的朋友有東西要修理時，她就會想到我，找我來做。不過，目前我還沒有計畫正式開張，我還不確定搞不搞得過那些複雜的程序與嚴格的規定。」

　　除了語言障礙之外，逃漏稅可能是另一個寧願從事非正式經濟活動的原因。其實，新移民帶來的新型態生意經也可能為在地非正式的商業活動注入新的挑戰。❷即使這並不常發生，因為涉及非正式經濟活動的技術並非人人都有，或是很容易就可學會的。更重要的是，由於沒有法律架構以規範非正式的經濟活動，也許會令人擔心非正式的交易關係有可能涉及到欺騙與作假，像是販售有瑕疵的商品、或是提供讓消費者不滿意的服務。不過，通常這不常發生，因為移民間的非正式經濟活動自有其族群網絡內部的規範加以約束。因此，特別是在華人商業圈內，臺灣移民所從事的各種不同類型的非正式商業活動，都運作得不錯，即使承受著有被加拿大政府抓到的風險，生意還算興隆。由於加拿大的公民資格是臺籍移民珍視的、努力賺得的新身分，在華人商業圈內經營成功的非正式生意，在賺到相當數目的資金、擁有一定的客源之後，多半會尋求合法化。

㈡在華文職業中找尋契機

　　政策制訂者想要見到的與社會勞力市場上實際需要的之間的懸殊差異，醞釀出一股誤導民眾的常識看法，認為受過高等教育的移民比較容易在加拿大社會找到工作。❷然而，實際的情況並非如此。根據田野訪談，受過高等教育的專業人士，來到加拿大或為他們自己尋找更好的專業發展

❷　Portes, A., M. Castells, & L. A. Benton (eds.), 1989, *The Informal Economy: Studies in Advanced and Less Developed Countries*, Baltimore: The Johns Hopkins University Press.

❷　Veugelers, J. W. P., 1999, "State-Society Relations in the Making of Canadian Immigration Policy during the Mulroney Era", *CRSA/RCSA* 37 (1): 95–110.

機會、或為他們的子女尋求更好的教育機會，談起他們的移民定居經驗都有不如當初想像的美好瑰麗的感慨。不少取得美國博士學位的臺籍移民發現在他們剛來到加拿大時根本找不到工作。他們的經驗似乎肯定近年來的研究發現，受過較好教育的專業移民比起技術能力較低的移民，通常比較無法有效地運用他們的專業知識與技能。當然臺籍移民能夠運用他們專業能力的程度，隨著他們工作環境中需要用到加拿大文化知識的程度而有不同。擁有高級技術、人際關係相對孤立又無熟人引薦的臺籍移民，面對的處境可能相當不利。在當地有認識的人、社會關係不錯的臺籍移民的經驗，就好很多。但是，一般來說，他們可能都無法發揮所長、擅用他們的技能，常常他們從事的工作都與原先的專長無甚關連。

如果有機會，臺籍專業移民比較偏好在加拿大白人事業中找到工作。然而，由於他們的英語不夠流利、對加拿大社會的運作模式不夠熟悉，許多移民前是電影明星、文化工作者、媒體從業人員、甚或詩人的專業人士，都有過這種經驗，不僅不得不動用他們的私人資源，像是教育背景、特殊的才能、以及社會網絡，甚至還動用了他們的族群資源以尋覓一份華人工作，像是在華語學校教中文、或是在華人文化產業，像是華人報紙、華人電視臺、或廣播公司找工作。

一般說來，這些從事的職業高度依賴華人消費者的臺籍移民，皆竭盡所能地，投入相當多的時間與精力，開發各種可以利用的族群資源，包括參與宗教的或是語言的、甚至華人商業網絡，透過這些關係在華文事業中覓得一份工作；受到加拿大多元文化政策的庇蔭，還有些臺籍移民開始從事中醫、或教授中國武術的工作。臺籍移民常用來開發族群資源的作法是加入宗教社團、或是當地的華語社團，包括從事慈善活動、或是加入義工的行列。

㈢依賴家庭勞動力與舊關係建立家庭式生意

就在華人職業中找尋機會而言，傳統的餐館或許對香港移民來說是個比較可行的嘗試，但並不是臺籍移民的專業所在。不過，溫哥華餐館業的

市場也已趨飽和，剩下給臺籍移民發揮的機會實在不多。除了一些光鮮的例子之外，相當數量的臺籍移民靠著向他們在臺的親戚周轉資金，利用家庭勞動力，延長加班、更彈性運用他們的工作時間，方能在溫哥華賺口飯吃。相對於傳統的華人生意諸如飯館、雜貨店、洗衣店，有些臺籍移民開起旅行社、書店、或是經營起進出口的生意。

　　溫哥華臺籍移民做起生意來或多或少得仰賴家庭網絡的運作。以商業移民身分進入溫哥華的臺籍移民，經營家庭式小生意是頗為普遍的現象。有些以企業移民身分入境的臺籍移民坦白表示，身為局外人對從事某些特殊的經濟企業像是進出口貿易或是旅行社來說，確實有些優勢。家庭成員中實際參與家庭生意的人數，因生意的性質而有不同。最常見的是，主要的移民者和他的太太，以及他們就學的子女都會一起加入經營家庭生意的行列。即使那些一開始是以企業身分進入加拿大的臺籍移民，原則上法令規定他所從事的商業活動必須提供、或是創造一個或數個工作機會給當地的加拿大人，可是到最後都成為雇用自家人手的自營業者，一個加拿大人都沒雇用。

　　這項發展最常見於臺籍移民所經營的進出口生意。不過，這個現象本身可能並不必然意味著是出於臺籍移民精打細算以規避法律的規定。這項發展更可能是靠舊關係所建立起來的生意，無法避免的結果。同樣根據田野訪談資料，由於臺籍移民受制於英語不夠靈光，大部分仰賴他們的舊關係來建立甚至經營一門生意。大有可能的是臺籍移民必須要與遠在臺灣或是亞太地區的公司聯絡契約與協談交易。這個情況使他們加拿大當地的雇員可能經常必須要在半夜裡上班，因為臺灣與溫哥華兩地的時差，至少有 12 個小時以上。誠如一位田野報導人所說，有限的資金加上必須嚴格遵守對正常工時之外勞動必須給予超額工資的法律規定，迫使臺籍移民想法子避免雇用當地的加拿大人，轉而雇用自己的家人，一方面可以享受彈性、自主、甚至對勞動過程擁有更大的控制權等多項好處。㉕

　　㉕　Wong, L. L., 1995, "Chinese Capitalist Migration to Canada: A Sociological

# 四、澳洲臺灣移民的社會適應

㈠布里斯本臺籍移民的階級地位與社會流動

　　布里斯本是位居於澳洲東北部，昆士蘭省的首要都市，移居在此的臺籍移民大多來自臺灣南部，尤以高雄地區為主。據移入澳洲的臺灣移民本身的說法，布里斯本的電話區域碼為 07，與高雄一致；雪梨的電話區域碼是 02，與臺北一致，移入澳洲之後，甚至連電話號碼都可以不必改變，相當方便。遂有「雪梨是臺北人的首選移居地，布里斯本則是高雄人的首選」一說流傳。

　　從 1999 年受訪的布里斯本臺灣移民中❷⑥，根據自我主觀評量，認為在臺社經地位與生活水準屬上層階層者有百分之 4.9，中上階層者占有百分之 43.2，中等階層者有百分之 50.7。移居布里斯本之後，論及在布里斯本的社經地位，自認為屬上層階層者有百分之 3.7，中上階層百分之 30.6，中等階層占百分之 60.8。相對的，2003 年受訪的布里斯本臺灣移民中❷⑦，在臺灣的社經地位與生活水準以居中上階層者為最多有百分之 47.9、其次是居中層階級者有百分之 47.5、處於上層階級的佔百分之 4。移居澳洲之後，在布里斯本的社經地位與生活水準方面，就其個人評估，以居中層階級者為最多有百分之 55.3，其次是居中上階級者有百分之 40.1、自認為處於上層階級的佔百分之 2.6。固然兩次調查所接觸的對象可能有所不同，誤差自不在話下。但是，對照 1999 年與 2003 年前後兩次的調查結果發現，從垂直流動的角度來看，臺灣移民移入澳洲之後，社會階層有明顯往下移動的

Interpretation", *Asian and Pacific Migration Journal* 4 (4): 465–492.

❷⑥　關於 1999 年的資料，取自於朱柔若，《建構高雄市與布里斯本城市外交新模式之研究——以高雄市布里斯本移民為探索焦點》的研究報告。

❷⑦　關於 2003 年的資料，取自於朱柔若，《資本與勞力的跨國流動——布里斯本之臺籍僑民研究》的工作報告。

趨勢。2003 年臺灣移民社會階層的流動雖與 1999 年的臺灣移民大同小異，都是往下移動的趨勢，但 2003 年社會階層流動幅度的變化顯然要比 1999 年緩和很多。經過四年的時間，臺灣移民在澳洲布里斯本的社經地位與生活水準，也有自 1999 年後逐漸往上移動的趨勢，即由中層階層逐漸往中上階層移動。其次，移民至澳洲的臺灣移民，在移民前後工作身分上的轉換方面，傾向於由移民前在臺的有酬或多酬的工作者身分，轉為移民後在澳洲的無酬或退休的工作身分。另外，1999 年的調查也發現，臺灣移民多數有傾向於往雇用一至九人的服務業發展的趨勢。同時，移民後處於失業或待業中者以及家庭主婦（無酬家屬工作者）的人數和比率都有顯著的增加，顯示移民到澳洲之後，就業情況並不如預期順利。2003 年臺灣移民工作身分的職業流動雖與 1999 年的臺灣移民差不多，都是往報酬較少或無報酬的工作身分移動，但自 1999 年至 2003 年經過四年的期間，失業或待業者的人數有顯著減少，但仍居各工作身分變動之冠；在有酬的工作方面，雇主或自營作業者與受私人僱用者的人數有小幅增加，受政府僱用者則呈減少的趨勢；另外在無酬工作身分方面，無酬家屬工作者以及退休人員都有增加，退休人數增加，變化尤其顯著；至於在學學生方面，變化不大。

㈡布里斯本臺籍移民的臺灣認同

「你是誰？哪裡人？從哪裡而來？」是一句極為平常的初識語，也是人與人溝通認識的開始。就澳洲的臺灣移民而言，當外國友人問起「你是哪裡（哪國）人」時，原居地為高雄籍者，有百分之 36.8 的人會說自己是「臺灣人」，而表示自己是「中國人」者有百分之 0.9，表示自己是「澳洲人」者也有百分之 0.9，還有百分之 1.7 的高雄人會說自己是「高雄人」。原居地為非高雄籍者，有百分之 56.8 的人會清楚地表示自己是「臺灣人」，而表示自己是「中國人」者有百分之 1.2，表示自己是「澳洲人」者同樣有百分之 0.9，還有百分之 0.9 的人則會依其在臺灣的原居地說出他是「臺北人」、「臺南人」等。

不過，如果問的人是臺灣的友人時，原居地為高雄者有百分之 9.7 的

人會說自己是「高雄人」，並有百分之 2.3 的人會更精準地說出自己是「高雄市某某區的人」；而稱自己是「臺灣人」的比例則下降為 9.7%。同樣的，稱自己是「中國人」的人也有百分之 0.3，至於稱自己是「澳洲人」者，則仍依舊維持原來的百分之 0.9。原居地為非高雄者，則仍有百分之 37.5 的人說自己是「臺灣人」，依其在臺灣的原居地說出他是「臺北人」、「臺南人」的人也提高至百分之 20.7，說自己是「中國人」的，則降為百分之 0.6，而稱自己是「澳洲人」者，則仍依舊維持原來的百分之 0.9，這應與其較長期居留於澳洲或是已取得澳洲公民權有關。由此可見，臺灣移民對於母國「臺灣人」的認同感頗高。雖然澳洲人對臺灣與中國大陸的關係與情況並不一定瞭解，或明白其間的差異，但臺灣移民在表示自己的身分時，也多會明確地以「臺灣人」的名稱，以期與中國大陸的「中國人」有所區隔。

　　針對這個移民回流 (Return Migration) 的問題，臺灣移民當被詢問到在取得澳洲公民權之後，是否會考慮再回到臺灣定居時，有百分之 29.4 的回答會考慮再回臺灣定居，百分之 53.3 的人則不考慮會再回臺灣定居，有百分之 17.3 的人則回答不一定。對於這個問題的回應，一般而言，移民時間不長者、或是在澳洲生活適應比較差或不如意的人，會比較傾向於可能再回臺灣；至於已移民甚久的人，則因為離開臺灣很久，其原有的社會關係皆已疏遠或是中斷，如果再回臺灣，則自己勢必又將猶如一個從澳洲移民至臺灣的新鮮人，必須重新去調整與適應，所以，倒不如還是繼續留在他目前所熟悉習慣的澳洲環境。當然，臺灣是臺籍移民生長的地方，移民時的年齡因素對以臺灣為「根」的感覺，所造成的影響自不相同。所以，會考慮再回到臺灣定居的臺籍移民，多半是移出時年歲已長，還懷抱著對「根」的認同與傳統「不忘本」的思想。至於，不會考慮再回臺灣定居者，則是考慮其已將生活的重心全部移到澳洲，也習慣於澳洲的生活，或者對臺灣的信心不足，所以並無再回臺灣的打算。不過，臺灣民眾對於移出者也存有一種奇特的酸葡萄情結，即可以移民到國外者，是他有錢有辦法，值得讓人羨慕；但是，如果他是去了又回來，那肯定是他沒辦法、混不下去，那就是件很丟人的事。因此，有些人即礙於這種情結，所以，縱使其有想

回臺灣的念頭，也不敢貿然折回，只能硬著頭皮當過河的卒子，一去難再回頭。

五、臺籍移民面臨的潛在問題

受限於語言，臺灣移民多屬經濟型移民，並以商業資金及技術移民居多，2000 年前後臺灣更成為澳洲商業技術移民的第二大來源國，也是申請相關投資移民計畫種類中，人數最多的國家。同樣的，臺灣也是加拿大商業移民的第二大輸出國。

然而，臺灣移民者表示生活最感到困難的地方，首推語言隔閡，其次為謀生不易、以及當地投資環境差。因為語言隔閡，大多數臺灣移民者無法與當地的政府與民眾有良好的溝通與互動；同樣，因為語言不通，所以在找工作與謀生方面也遇到挫折。再加上當地的經濟條件與投資環境與臺灣大異其趣，再加上身分取得的問題，如尚未取得公民身分，或未獲得核發的工作證等等，以致一時無法工作。在這種情況下，即使移居國家對於語言的要求不高，學習當地的語言仍是一項非常重要而刻不容緩的重要課題。如果語言的問題能夠獲得解決，那麼許多的困擾及問題都將會比較容易獲得進一步的改善。否則因為語言上的誤解，及文化認知上的差異，而造成與種族歧視互為聯想，也不無可能。語言隔閡、謀生不易、與投資環境差這三大困境應該不只是臺籍商業與技術移民所單獨面對的問題，相對應於亞洲移民應該是有其普遍的可適用性，所以除了引進移民的誘因政策之外，尚須要有使移民能夠落地生根的定居政策作為配套，方能使被吸引前來的外籍人士，有「既來之，則安之」的滿足感與歸屬感。

六、臺式新殖民主義之起？

相對於對傳統華人移民的刻板印象，臺籍移民相對上顯得富裕許多，然而華人商業區的存在可以說是促使臺籍移民能夠順利適應溫哥華新環境

的避風港。臺籍移民中高比例的自僱型就業模式，是溫哥華就業機會結構影響下的結果，反映出華人移民人口眾多所帶出來的商圈。溫哥華存在大規模不是以做大生意為主的華人，移民社會為臺籍移民創造出許多可以開發的、以華人為主要客源的商機。雖然整體來說，臺籍移民謀職、做生意的門道，端視溫哥華當地的機會結構，而臺籍移民企業家的衝勁也可能受到個人所擁有的階級資源與族群人脈的限制。然而，缺乏流利的英語能力以及其他的勞力市場的不利條件，使臺籍移民是否能夠在加拿大的公私部門找到一份有吸引力的工作做，確實有不少需要克服的困難，也使得他們不是大力開發自行開店做老闆的可能性、就是努力在華文事業中找份可以靠母語發揮所長的工作。因此，臺籍移民中高比例的自僱就業與母語就業，也可以說是反映臺籍專業移民無法在專業就業市場尋求自我實現、學以致用的非預期結果。

　　臺籍移民構成 1980 年代中期以來的新移民團體中的一環，溫哥華也已經收納了比加拿大任何一個城市都多的臺籍移民。臺籍移民不僅僅受到溫哥華社會經濟力的形塑，也是模塑環境變遷的一股動力。由於臺籍移民的積極主動，已經大量開發出許多自僱的與華文就業的機會。使得依賴華人消費者的程度似可作為測量族群飛地商圈供養族群職業的有力指標。當下就溫哥華與布里斯本臺籍移民的個案來看，多元文化主義政策加上興旺的華人商圈，是否已經開闢了一條加速移民適應的捷徑，還是開啟了一條通往新殖民主義模式的大道，是值得更進一步檢討的議題。

議題九
臺灣的大陸與東南亞新住民

─摘要─

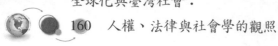

　　移民經常被認為是男性主導的遷徙運動，女性不是被忽略、就是被視為伴隨著男性移動的依賴者。然而，全球化的趨勢下，特別是跨國遷徙，女性移民的動力實不可小覷，接近半數比率的國際移民來自於女性人口。以 2000 年為例，國際間女性移民的人數幾乎與男性相同，約 8 千 5 百萬，與男性的 9 千萬幾乎不相上下❶。在美國、加拿大這些先進國家，女性移民人數實際上高過於男性，於是在 20 世紀後半期，國際上出現「移民女性化」的趨勢。這些女性移民大多數來自於開發中國家，受到移入國就業市場與婚姻市場的吸引而移動，進入移入國之後，卻經常得面對排除與邊緣化的劣勢經驗。❷

　　經濟成長與跨國人口遷移有某種程度的關連，經濟改變是人口再分配的決定因素，人口再分配的結果也會反過頭來衝擊到經濟成長的能量。以臺灣的經驗來說，自 1980 年代末期起，臺灣經濟的相對優勢，對鄰近的東南亞與中國形成強大的吸引力。在就業市場方面，為了配合經濟發展，許多重大建設開始引進外籍勞工、產業結構的改變提高了婦女就業，也開放外籍女性移工到臺灣從事家庭幫傭的機會。在現行法令規定之下，外籍勞工的居留權，以其受雇工作的期間為主，被核准的工作期間到期，就必須出境離開。

　　在婚姻市場方面，由於經濟的發達與教育水準的提高，臺灣的婚姻市場出現不利於下層階級男性的結構劣勢，導致「外籍新娘」日益盛行的狀況。臺灣男子娶東南亞女子為妻的現象，亦即臺灣東南亞新娘的原國籍變化，基本上是隨著東南亞國家經濟的繁榮而展現不同的風貌。1985 年前後泰國經濟尚未發展前，因是佛教國家，泰國新娘是最早被引進臺灣的東南亞新娘，1990 年代初期泰國成為亞洲新小龍之後，印尼新娘接替泰國成為

❶ Zlotnik, H., 2003, *The Global Dimensions of Female Migration*, Migration Information Source.

❷ Tastsoglou, E. & A. Dobrowolsky (eds.), 2006, *Women, Migration and Citizenship: Making Local, National, and Transnational Connections*, London: Ashgate Press.

臺灣男子最愛的東南亞新娘，尤其是出生在華裔家庭的印尼女子。印尼新娘遠渡重洋來臺灣除了因為臺灣經濟發達，希望在臺灣有更好的生活外，印尼允許一夫多妻的文化，也是促使她們願意遠嫁來臺的重要外推因素。1990 年代末期以後，越南走向開放經濟，吸引臺商湧向越南投資，信仰佛教的越南新娘又接替印尼華裔新娘，成為新一波嫁入臺灣的東南亞新娘。

　　除了東南亞的新娘之外，自 1987 年以來，兩岸交流日漸頻繁，隨著法規的鬆綁，前往中國經商、探親、觀光旅遊的人數與年俱增，同時，嫁入臺灣的大陸新娘大約 12 萬多人。大陸配偶人數近三年更是增長飛快，總人數已比東南亞配偶多出近一倍，一共 15 萬 4 千多人，大陸新娘占 14 萬 8 千人。這類型的婚姻移民蘊含著多種形式的交換關係，來自東南亞與中國大陸的女性，為臺灣家庭生育子女，提供無酬家務勞動與廉價勞動力。

一、來自東南亞的外籍勞工

　　1980 年代後期的臺灣社會，與經濟快速成長一併發生的是就業結構的轉型。1987 年至 1989 年的三年間，工業與服務業的就業人口個別增加了 5 萬 8 千與 33 萬 7 千人。特別是 1988 那年，服務業總就業人口首度超過工業部門。在這三年間，總計有 23 萬 6 千人進入勞力市場，若將此數字做進一步的分解，可發現有 16 萬 1 千人離開農業部門，僅有 6 萬人進入工業部門、卻有 33 萬 7 千人進入服務業的工作。這個時期工業部門平均就業的年成長率只有百分之 0.6。再者，自 1990 年至 1996 年，總共有 78 萬 5 千人進入勞力市場。若將這十一年的時間中增加的勞動人口做一解析，則可發現農業人口的數量減縮了 14 萬 6 千人，工業部門只增加了 1 萬 7 千人，加入服務業的人口最多，計有 91 萬 4 千人。這個時期工業部門的平均年就業成長率大約是百分之 −1.14，製造業不僅沒有招募到新的勞動力，反而流失了 9 萬 7 千名勞動人口。整體而言，工業部門所增加的勞動力，主要是來自於營造業，其中又有極高的比例是由來自海外的外籍勞動力，特別是來自東南亞的外籍勞工。

若干徵狀或許可以視為肯定這個時期臺灣面臨勞力短缺的間接證據。據報載，從 1986 年以來，來自東南亞的低技術勞工湧入臺灣營造業與製造業的部門一直維持上升的趨勢。製造業與營造業勞力不足的現象被視為造成高昂勞動成本的主因，造成臺灣維繫勞力密集出口導向經濟發展最難克服的障礙。缺乏可信的統計數字，據以評估 1980 年代以來勞力短缺的嚴重性，不過行政院主計處 1989 年所提供的若干數字，指出工業部門有 26 萬 5 千個工作出缺待補，服務業則有 5 萬 6 千個徵人空缺。據說，中小企業所面臨的實際狀況比這些數字所顯示的更加嚴重。從 1986 年起，來自東南亞非法的低技術勞工進入臺灣的營造業與製造業的人數，據官方統計大約有 1 萬至 3 萬人左右，但是根據媒體的推估，則高達 10 萬至 30 萬人，比官方數字多出十倍有餘。❸ 為了矯治大量外籍勞工非法就業的狀況，勞委會終於在 1989 年給予外勞合法進入臺灣勞力市場工作的許可。

　　外籍勞工的引進緩和了國內市場勞動力嚴重短缺的問題。大部分的外籍勞工從臺北到高雄分布在臺灣西部沿海地區。他們的工資是本地勞工的三分之二，工作時數卻相對比本土勞工來得長。開放引進外勞之後，1993 年八大主要工業缺工數減至 12 萬 9 千 8 百餘人，約百分之 46。工業部門中受到勞力短缺問題最嚴重的營造業與製造業，其缺工數分別從 1989 年的 16 萬 4 千 2 百餘人與 3 萬 1 千餘人減少至 1993 年 8 萬 6 千 7 百餘人與 6 千 1 百餘人。

　　根據 2007 年勞委會的統計資料，2006 年底在臺灣總共有 33 萬 8 千 7 百餘名外籍勞工。大多數的外籍勞工非常平均地來自泰國、菲律賓、印尼、與越南，大約都在 7 至 9 萬之間，確實人數分別是 92,894、90,054、85,223、70,536 人，以比例來說，泰勞占百分之 27.4、菲勞為百分之 26.6、印勞占百分之 25.2、越勞約占百分之 20.8。越南籍外籍勞工的引進較晚，是自 1999 年方才開始的現象，當初引進人數在 130 餘人左右，而且人數有逐年增加的趨勢，在 2003 年至 2005 年間連續三年引進越勞的人數甚至超過印尼的

---

❸ 中國時報 1988 年 11 月 16 日第二版相關新聞。

表 10-1　來自東南亞的外籍勞工人數：1994-2006

年分	總數	泰國		菲律賓		印尼		馬來西亞		越南	
		人數	%	人數	%	人數	%	人數	%	人數	%
1994	151,989	105,152	69.2	38,473	25.3	6,020	4.0	2,344	1.5	–	–
1995	189,051	126,903	67.1	54,647	28.9	5,430	2.9	2,071	1.1	–	–
1996	236,555	141,230	59.7	83,630	35.4	10,206	4.3	1,489	0.6	–	–
1997	248,396	132,717	53.4	100,295	40.4	14,648	5.9	736	0.3	–	–
1998	263,747	133,367	50.1	114,255	42.2	22,058	7.4	940	0.3	–	–
1999	294,697	139,526	47.3	113,928	38.7	41,224	14.0	158	0	131	0
2000	326,515	142,665	43.7	98,161	30.1	77,830	23.8	113	0	7,746	2.4
2001	304,607	127,732	41.9	72,779	23.9	91,132	29.9	46	0	12,916	4.2
2002	303,684	111,538	36.7	69,426	22.9	93,212	30.7	35	0	29,473	9.7
2003	300,150	104,728	34.9	81,355	27.1	56,437	18.8	27	0	57,603	19.2
2004	314,034	105,281	33.5	91,150	29.0	27,281	8.7	22	0	90,241	28.7
2005	327,396	98,322	30.0	95,703	29.2	49,094	15.0	13	0	84,185	25.7
2006	338,755	92,894	27.4	90,054	26.6	85,223	25.2	12	0	70,536	20.8

註：1994 年前並未有確實的外勞統計數字。
資料來源：《勞工統計年報》，1994 年、2007 年。

外勞人數，使越南成為第三大東南亞外籍勞工的來源國，2006 年出現新的變數以致引進的人數再度落於印尼外勞人數，退居第四。

　　外勞引進合法化之後，的確大量減低非法入境的外勞人數，但並未根絕，法令上的缺失以及執行面的不當，仍有非法居留的外勞滯留國內，或是因為工作核准到期卻未出境、或是在受雇期間不在原雇主處工作而到處非法打工。引進外勞的負面後果也漸漸在社會上擴散發酵，特別是就業市場、工資推擠效應。引進外勞直接衝擊到的工作族群為原住民勞工，這兩股勞動力之間有某種程度的替代性。由於外勞來臺目的主要為賺錢、再加上親人朋友皆不在身邊，比起國內勞工更願意加班與輪班，靈活調度的彈性與集中管理的便利使雇主捨棄本國勞工而偏好雇用外勞。以致於外勞引進影響原住民就業權益的不滿與日俱增，以原住民為主體促請政府限制外勞引進反失業遊行成了刻畫 1990 年代政策失衡的重要標記。❹

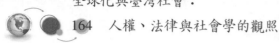

　　我國引進外勞政策的背後並不帶有開放永久居留權給外勞的打算，儘管如此，由於引進人數實在眾多，外勞集中的地區或工廠，都漸漸形成特有商圈或次文化，標示著外籍勞工的國籍與文化。臺北市中山北路三段、北平西路、桃園縣工業區、臺中公園都是著名的外勞喘息的聚落。

　　臺北市的菲律賓外勞與外傭大多星期天都會到中山北路的聖多福天主教教堂做禮拜，那是他們雇主所熟悉的「中山拜拜」。菲律賓的外勞外傭們的假日生活圈就是以聖多福教堂為中心向外延伸，一路延展到晴光市場、往西延伸至農安街、德惠街、雙城街一帶。不過，也就是這一小段宛如大臺北城內菲律賓殖民地，過了美術館、基隆河後，又回到平常熟悉的臺北街景。每逢週日中山北路三段就成了菲律賓外勞外傭聊天聚會的地方，路旁的商店掛滿英文的招牌，騎樓下、人行道上擠滿了大量的攤販，販賣著來自他們家鄉的各式商品。

　　另外，臺北火車站東口對面的北平西路，也就是天成飯店後面，短短二、三十公尺的狹窄巷弄，是近年來形成的印尼街，巷弄內飄散著印尼的流行音樂，交雜著印尼語的對話，整條街不過只有三家自助餐、二家貨運公司兼雜貨店、以及一家美容院，雜貨飲食店內都有卡拉 OK 設備供人自由歡唱、跳舞，常都擠滿了來此放鬆會友的印勞與印傭。

　　有高達 7 萬多名外勞的桃園縣，猶如小東南亞，不但泰國、菲律賓、與印尼餐廳如雨後春筍般的開張，外勞雜貨店也櫛比鱗次。由於縣內的外勞以泰勞居多，市中心更有專供泰勞娛樂的舞廳，舞廳不收入場費，入場消費的泰勞多以啤酒、或泰國蘭姆酒搭配蘇打水與可樂為主要飲料。再者，屬於臺灣八景之一、臺中市地標的臺中公園，也漸漸演變成外勞公園，還有臺中最繁華的商圈第一廣場，然後延伸到臺中車站。泰勞、印勞、越勞各自形成自己的聚落，喝著啤酒聊天。廣場樓上儼然是個小泰國城，泰國小館裡的泰勞吃著家鄉菜、聊著家鄉話、高唱泰國卡拉 OK。南投南岡工業區旁夜市內的泰國小吃店，也成了在地的小泰國區，店內賣著泰國料理，

❹　《自由時報》，1999 年 5 月 1 日第 3 版相關新聞與報導。

順便販售進口的泰國飲料、食品，甚至洗衣粉。其中特別引人注意的現象是，這些商店的老闆娘大多是嫁到臺灣的泰國新娘。

 二、來自東南亞的外籍新娘

雖然說外籍配偶在臺灣的歷史脈絡下，可追溯到 1960 與 1970 年代，跨國婚姻仲介業者將臺灣女子介紹給歐美與日本社會的男子，1980 年代初將泰國、印尼新娘帶進臺灣的農漁村。但是，外籍新娘高能見度地出現在臺灣社會卻是在 1990 年代。配合 1994 年政府推動南向政策的臺商，在東南亞投資的副產品，就是經營婚姻仲介公司向臺灣的婚姻市場積極傾銷東南亞新娘。自 1989 年起工會與企業針對外籍勞工引進數量幾多爭執，政府對外籍勞工配額設下一定的額度，外籍新娘這個根本未曾浮上政策與民意論壇的新住民，而且根本無法可限的族群，在短短的十年之間，竟然以等同於外籍勞工人數的驚人成長力，帶著他們的學齡兒童在臺灣各個縣市現身。

根據內政部截至 2007 年 8 月底的統計資料，臺灣外籍配偶人數約達 39 萬 5 千 7 百餘人，遠較原住民人數還多，大約占臺灣總人口 2 千 2 百 92 萬餘人的百分之 1.7。其中外籍配偶（含已歸化取得國籍者）有 13 萬 6 千 5 百餘人，占百分之 34.5；其餘皆為大陸配偶。在外籍配偶中，以東南亞新娘人數為最多，而東南亞新娘中又以越南新娘為眾家之冠，有 7 萬 7 千 5 百餘人（占百分之 61.3），印尼新娘居次，約 2 萬 5 千 8 百餘人（占百分之 20.4），第三高是泰國新娘，大約 6 千 2 百餘人（占百分之 5）。外籍新娘人數破萬的兩縣市是臺北縣（大約 2 萬餘人）與桃園縣（1 萬 3 千 4 百餘人）。各縣市中，越南新娘比例最高的五縣市為臺南市（約百分之 74.6）、臺南縣（百分之 74.5）、高雄縣（百分之 71.2）、基隆市（百分之 70.7）、與宜蘭縣（百分之 70.2）。以實際人數論，則越南新娘最多的五縣市為臺北縣（1 萬 2 千 8 百餘人）、桃園縣（6 千 5 百餘人）、臺中縣（5 千 5 百餘人）、彰化縣（5 千 5 百餘人）、與高雄縣（5 千餘人）。其次，印尼新娘人數最多

的三大縣市是桃園縣（3千7百餘人）、臺北縣（2千9百餘人）、與新竹縣（2千1百餘人）。

表 10-2　來自東南亞外籍新娘人數：2007 年 8 月

縣市	外來配偶	外籍新娘		越南		印尼		泰國		菲律賓	
		人數	%	人數	%	人數	%	人數	%	人數	%
總計	395,701	126,513	34.5	77,574	61.3	25,862	20.4	6,286	5.0	5,766	4.6
臺北縣	75,306	20,513	27.2	12,820	62.5	2,969	14.5	1,542	7.5	975	4.8
宜蘭縣	6,225	2,592	41.6	1,822	70.2	385	14.9	100	3.9	65	2.5
桃園縣	40,854	13,481	33.0	6,570	48.7	3,781	28.0	1,283	9.5	895	6.6
新竹縣	9,338	4,479	48.0	1,547	34.5	2,188	48.9	252	5.6	276	6.2
苗栗縣	10,551	4,457	42.2	2,203	49.4	1,731	38.8	236	5.3	115	2.6
臺中縣	23,129	8,299	35.9	5,531	66.6	1475	17.8	246	3.0	295	3.6
彰化縣	16,926	8,242	48.7	5,521	67.0	1,572	19.1	280	3.4	289	3.5
南投縣	8,632	4,281	49.6	2,872	67.1	890	20.8	144	3.4	81	1.9
雲林縣	12,285	5,906	48.1	3,622	61.3	1,671	28.3	133	2.3	104	1.7
嘉義縣	10,692	4,918	46.0	3,332	67.8	1,150	23.4	110	2.2	97	2.0
臺南縣	15,834	6,187	39.0	4,620	74.5	682	11.0	264	4.3	187	3.0
高雄縣	22,426	7,066	31.5	5,028	71.2	1,042	14.7	274	3.9	285	4.0
屏東縣	16,288	7,045	43.3	4,188	59.4	1,565	22.2	159	2.3	769	10.9
臺東縣	3,462	1,285	37.1	864	67.2	231	18.0	26	2.0	81	6.3
花蓮縣	7,240	1,620	22.4	915	56.5	492	30.4	58	3.6	36	2.2
澎湖縣	1,494	839	56.2	479	57.1	302	36	3	0.4	4	0.5
基隆市	8,062	1,965	24.4	1,390	70.7	241	12.3	89	7.5	70	3.6
新竹市	6,086	1,964	32.3	958	48.8	586	29.9	139	7.1	133	6.8
臺中市	17,380	3,637	20.9	2,239	61.6	574	15.8	161	4.4	135	3.7
嘉義市	3,605	1,105	30.7	746	67.5	190	17.2	32	2.9	37	3.3
臺南市	9,766	2,530	25.9	1,888	74.6	280	11.1	100	4.0	86	3.4
臺北市	41,935	7,822	18.7	4,181	53.5	910	11.6	399	5.1	439	5.6
高雄市	25,921	5,983	23.1	4,083	68.2	841	14.1	253	4.2	308	5.1
金門縣	1,545	272	17.6	140	51.5	113	41.5	1	0.4	4	1.5
連江縣	449	25	5.6	15	60.0	1	4.0	2	8.0	0	0

資料來源：內政部統計資料。

　　外籍新娘的高能見度意味著家庭結構的改變與新家庭型態的出現，隨之而來的問題即是外籍新娘的家庭生活適應與兒童教養問題。建構在功利基礎上的婚姻，使外籍新娘最常遇到語言方面的問題。娶外籍新娘的臺灣男子如果本身外語能力不佳，經常發生溝通不順或曲解，不容易建立良好的夫妻關係。溝通不只是語言問題，還包括了文化差異的瞭解。這類例子不少，據說有位十大傑出青年娶了一位柬埔寨新娘，特地煮麻油雞給這位剛生完產的柬埔寨太太坐月子，結果還被這位只想吃冰塊的柬埔寨太太埋怨小氣。其次，與臺灣夫家人的關係，也會因外籍新娘語言溝通不良，而與夫家關係緊張化，尤其婆媳之間的關係不良，更為婚姻關係添上一層障礙。再加上，外籍新娘獨自嫁到臺灣，大部分舉目無親，人際關係薄弱甚至完全缺乏親友的支持系統，發生婚姻暴力問題時常求助無門。最後是外籍新娘子女教養方面的問題。由於文化上的差異，對教養子女之觀念有所不同，尤其是外籍新娘嫁過來臺灣後的三年內尚未取得身分證時，無法外出工作，僅能在家操持家務、生養小孩。如此長時間的母子相處，如果外籍新娘本身語言學習不理想，會連帶影響到孩子語言能力的發展。

三、來自中國的大陸新娘

　　1985 年政府以「行政命令」方式，允許特定身分的大陸地區人民來臺定居，1987 年政府開放民眾赴大陸地區探親；1989 年行政院陸委會首度正式開放「滯留大陸前國軍、配偶及其未成年子女來臺定居」；1990 年相繼開放「滯留大陸受俘國軍、配偶及其未成年子女」與「滯留大陸臺籍人士、配偶及其未成年子女」返臺定居。1992 年公布《兩岸關係條例》，是為兩岸人民居留的重要法律依據。1993 年發布《大陸地區人民進入臺灣地區許可辦法》及《大陸地區人民在臺灣地區定居或居留許可辦法》，正式將來臺的大陸人士區分為四大類，並詳列其身分條件，為目前處理兩岸通婚的主要法規。

　　雖然大陸配偶來臺者依性別來分，有兩種型態。一為男性大陸配偶與

女性臺籍妻子的組合；另一為女性大陸配偶與男性臺籍丈夫的組合。不過，普遍存在的是女性大陸配偶與男性臺籍丈夫的組合。兩岸婚配多為臺灣男性與大陸女性的婚配，而且是以臺灣居民主動前往探親擇偶為主要模式，加上大陸居民來臺探親者諸多限制，所以長途遷徙以男性為首，突顯了兩岸婚姻男性支配的特性；其次兩岸婚姻的年齡差異明顯大於臺灣本地的婚配狀態；大陸妻子的教育程度也略高於本地婚配中的妻子。❺根據內政部的統計，截至 2007 年 8 月底，臺灣的大陸配偶約有 25 萬 9 千 1 百餘人，占總外來配偶人數的百分之 65.5，大陸新娘人數約達 24 萬 3 千餘人，占大陸配偶總數的百分之 93.8，占外籍配偶總人數的百分之 61.4。各縣市中，大陸配偶人數普遍多過東南亞外籍配偶，只有澎湖縣、彰化縣、與南投縣例外。這三個縣市外籍配偶的人數與比例超過大陸配偶，分別是百分之 56.9（850 人）、百分之 50.9（8,523 人）、與百分之 50.4（4,392 人）。外來配偶中，不論是外籍還是大陸配偶，皆是新娘人數遠遠多於新郎，比例大多在百分之 90 以上。低於百分之 85 的只有臺中市（百分之 83.8）與臺北市（百分之 79.1）。

內政部自 2003 年 12 月起，全面以面談方式審理大陸民眾申請進入臺灣地區團聚、居留、與定居的案件；外交部駐外代表處則是從 2005 年起，取消早先的集體面談制度，改採個別面談的方式，審核外籍配偶的入境申請程序，同時嚴格管控每日的審查數量。2006 年 12 月以後，外籍配偶申請外僑居留證、或初次申請外僑居留證延期時，夫妻雙方均需再接受面談等措施。影響所及，2004 年結婚登記之大陸配偶人數驟減約 2 萬 4 千餘人，2005、2006 年有回升至 1 萬 4 千餘人；外籍配偶則自 2005 年起減少約 6 千5 百人，2006 年再續減 4 千人。

根據一項調查顯示，大陸配偶具有若干基本特性。大陸籍女性配偶占百分之 95.5，大陸女性嫁給臺灣男性的比例遠高於臺灣女性與大陸男性的

❺　陳寬政、李美玲，1992，〈臺灣海峽兩岸婚配的特性〉，《兩岸社會交流問題研討會論文集》，頁 273–292。

表 10-3 大陸新娘人數：2007 年 8 月

縣市	外來配偶	外籍配偶		外籍新娘		大陸配偶		大陸新娘	
		人數	%[1]	人數	%[2]	人數	%[3]	人數	%[4]
總計	395,701	136,513	34.5	126,513	93.7	259,188	65.5	243,061	93.8
臺北縣	75,306	23,042	30.6	20,513	89.0	52,264	69.4	47,474	90.8
宜蘭縣	6,225	2,680	43.1	2,592	96.7	3,545	56.9	3,447	97.2
桃園縣	40,854	14,876	36.4	13,481	90.6	25,978	63.6	24,275	93.4
新竹縣	9,338	4,641	49.7	4,479	96.5	4,697	50.3	4,526	96.4
苗栗縣	10,551	4,617	43.8	4,457	96.5	5,934	56.2	5,785	97.5
臺中縣	23,129	8,717	37.7	8,299	95.2	14,412	62.3	13,884	96.3
彰化縣	16,926	8,523	50.4	8,242	96.7	8,403	49.6	8,224	97.8
南投縣	8,632	4,392	50.9	4,281	97.5	4,240	49.1	4,102	96.7
雲林縣	12,285	5,990	48.8	5,906	98.6	6,295	51.2	6,156	97.8
嘉義縣	10,692	4,989	46.7	4,918	98.6	5,703	53.3	5,536	97.1
臺南縣	15,834	6,399	40.4	6,187	96.7	9,435	59.6	9,053	96.0
高雄縣	22,426	7,306	32.6	7,066	96.7	15,120	67.4	14,502	95.9
屏東縣	16,288	7,199	44.2	7,045	97.9	9,089	55.8	8,596	94.6
臺東縣	3,462	1,325	38.3	1,285	97.0	2,137	61.7	2,018	94.4
花蓮縣	7,240	1,757	24.3	1,620	92.2	5,483	75.7	4,786	87.3
澎湖縣	1,494	850	56.9	839	98.7	644	43.1	633	98.3
基隆市	8,062	2,059	25.5	1,965	95.4	6,003	74.5	5,654	94.2
新竹市	6,086	2,162	35.5	1,964	90.8	3,924	64.5	3,759	95.8
臺中市	17,380	4,342	25.0	3,637	83.8	13,038	75.0	12,420	95.3
嘉義市	3,605	1,174	32.6	1,105	94.1	2,431	67.4	2,293	94.3
臺南市	9,766	2,790	28.6	2,530	90.7	6,976	71.4	6,567	94.1
臺北市	41,935	9,893	23.6	7,822	79.1	32,042	76.4	29,148	91.0
高雄市	25,921	6,492	25.1	5,983	92.2	19,429	75.0	18,422	94.8
金門縣	1,545	272	17.6	272	100	1,273	82.4	1,229	96.5
連江縣	449	26	5.8	25	96.2	423	94.2	342	80.9

1.占總外來配偶的百分比； 2.占總外籍配偶的百分比；
3.占總外來配偶的百分比； 4.占總大陸配偶的百分比。

資料來源：內政部統計資料。

聯姻人數；兩岸婚姻中，大陸籍妻子較臺籍丈夫平均年輕 11.04 歲，而大

陸籍丈夫較臺籍妻子平均年輕 1.1 歲；兩岸通婚者，教育程度普遍以國、高中學歷為多，大陸配偶平均教育程度高於在臺配偶；大陸配偶以無業或從事其他業者居多，臺籍配偶以商、工業與無業居多，而且泰半屬於低階層的工作者；女性大陸配偶多半來自大陸沿海省份，且多為省縣都市化程度較低的區域。除了工作關係與長輩介紹之外，透過婚姻仲介的媒合而娶得大陸新娘的臺灣男性，亦有數項特質，不是在臺已經喪偶或離婚而有再婚打算者，就是在臺灣婚姻結構下屬於弱勢者，如經濟條件差、年紀較大或身體殘障者，以及個性保守，自認在臺灣不易覓得婚配對象者。❻

　　行政院在 1998 年曾對 350 位已在臺定居或居留的大陸配偶作過調查，發現有將近兩成的受訪者表示「很後悔」到臺灣，主因是婚姻不遂、舉目無親、有嚴重的失落感，或先生、小孩仍在大陸等。而這些大陸新娘有近六成表示並不鼓勵兩岸通婚，因兩岸通婚團聚的等待期太長，而且雙方思想有差距，臺灣男人太大男人主義，甚至臺灣的前途未卜也是令她們擔心的主因。再者，在訪視大陸配偶在臺生活狀況時，也發現大陸配偶多數認為自己的社交圈太小，有苦無處訴，且臺語不通，常被以「大陸妹」的稱號貶抑，沒有工作使她們自覺是次等公民，然與東南亞新娘四年即可拿到身分證相比，又覺得自己是三等公民。❼

　　嫁到臺灣的大陸新娘，認為臺灣民眾對她們的看法，大略可分成兩種❽。一種是把她們看做「外地人」，充滿著疏離感。另一種則視她們為「低劣的他人」，充滿著敵意。大陸新娘表示，與臺灣民眾互動時，當對方察覺到自己是大陸新娘的身分後，往往對方語氣會轉變，讓她們感覺到被鄙視。如果是在工作場合，更會遭到低薪的不平等待遇。另一方面，媒體的論述框架對民眾實有深遠的影響。在媒體的報導下，大陸新娘的形象常遭到受

❻　陳小紅，2000，〈婚配移民：臺灣海峽兩岸聯姻之研究〉，《亞洲研究》第 34 期：35–68。

❼　同註❻。

❽　朱柔若、劉千嘉，2005，〈大陸新娘在臺灣的認同問題探討〉，《社區發展季刊》第 112 期：179–196。

害者、加害人、與淘金女等三種類型的扭曲與污名化。除了飽受夫家欺負、家庭暴力、精神遭受莫大折磨，突顯大陸新娘在臺灣家庭的弱勢角色與地位的「受害者」角色之外，密謀臺灣夫家財產、宛如騙財騙色的金光黨，這類處心積慮的「加害者」以及「假結婚、真賣淫」、以結婚名義來臺賺錢打工的「淘金女」角色，都嚴重傷害大陸新娘在臺灣社會的形象。

　　大環境中來自陌生人的不友善也就罷了，對大陸新娘來說，最痛心的是不堪丈夫家暴凌虐、到庇護所求助，還遭受到理應協助受害者的輔導員對她們無理嫌惡、甚至落井下石的嘴臉。被排除在社會主流之外已經令她們深感疏離，面對臺灣社會有意無意的區隔界線，更因臺灣民眾不知不覺中所流露出的優越感，更加深她們被視為低劣的外邦人的感受。大陸新娘長期處於一個不友善的環境，得到他人的回應與評價多半是偏頗與負面的。面對這種處境，大陸新娘會採取「同化」、「正面貢獻」、與「歸咎他人」三種不同的策略來進行自我形象的經營與塑造，以尋求適應與融入臺灣社會的生活。由於外界普遍對大陸新娘存有偏見與歧視，在無力扭轉普遍存在的偏見時，傾向以區隔策略來敘述個人的婚姻經驗，表明自己與所謂的「大陸新娘」並非同類，既然已經嫁給臺灣人，就是臺灣媳婦。不論人是在臺灣或是在大陸時，都以為自己是臺灣人，而非以大陸人自稱，讓人無法辨識出她原本是位大陸新娘。有些大陸新娘在刻意經營之後，不僅不會讓人將其與大陸新娘聯想在一塊，甚至還以為她是歸國華僑。採取對臺灣有積極「正面貢獻」策略的大陸新娘，則表示相較於臺灣本地婦女的不想生育，或只生一胎的傾向，大陸新娘願意多胎生育的貢獻，有助於避免臺灣少子化趨勢的快速惡化，應該受到臺灣民眾的感謝，而非輕視大陸新娘。採取「歸咎他人」策略的大陸新娘認為，有些臺灣民眾是有理也說不清、也說不聽，面對這些歧視的眼光與誤解的觀念，只能置之不理，認為是臺灣民眾的無知與偏見，與己無關。

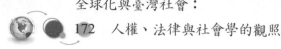

四、不要叫我外籍新娘？

在許多人刻板印象中，「外籍新娘」的成因是單向的：臺灣生活環境好，大陸、東南亞窮，所以她們一心想要來臺灣過好生活。在這樣的簡單論述下，允許她們加入臺灣社會算是施捨恩惠。隨著臺灣經濟走下坡，外籍新娘的下一代紛紛到了入學年齡，發現她們語言與適應能力都有問題，需要額外的資源挹注輔導改善，於是「外籍新娘」又被定位為外來入侵的「資源掠奪者」。

慣稱的「大陸新娘」、「大陸妹」這個名詞，的確令不少大陸新娘頗為不滿。似乎暗示著每一位嫁到臺灣來的大陸新娘都一樣，不須名字的辨識，共享一個籠統的代號。不論是媒體報導還是一般社交場合，「大陸新娘」常與不友善、負面的標籤相連。不可否認的，在某些情況下「大陸新娘」或「大陸妹」是帶有貶損的稱謂，將所有的大陸新娘塞進一個同質的團體，讓置身其中的「大陸新娘」覺得這個稱謂傳遞一種鄙視、貶抑、低等、甚至物化的訊息，使其本身的主體性蕩然無存，立即為負面標籤與刻板印象所取代。

為了糾正這些不必要的歧視，出現了「不要叫我外籍新娘」這個運動，要求用外籍配偶取代外籍新娘！這項運動背後的社會思維其實值得進一步的推敲。明媒正娶的「新娘」稱謂不好，有歧視的味道，而中性的「配偶」就能避開歧視與睥睨？不要忘了「二奶」絕對是配偶，但絕不會被稱為新娘，不是嗎？「嘉義媳婦」、「臺北女婿」、「臺南新娘」有貶抑的味道嗎？沒有吧？與「大陸新娘」、「外籍新娘」這兩類稱謂有何不同？為何前一類的稱謂，大家欣然接受，不以為忤，而對後一類的稱謂，則傾全力大加撻伐呢？同樣的，在臺灣社會，另一個更具有歧視意味的時代名詞是「外省婆」（外省新娘），那是所謂更早期的大陸新娘的代名詞，外省婆是嫁入臺灣家庭的外省女子。時至今日，有哪些人還敢質疑這些外省婆不是臺灣人？今日這些外省婆有誰需要為這個原鄉出生背景感到自卑、甚至需要隱藏或是

否定這個原鄉出生背景？所以這兩者之間的最大差距，在於行動者的自我接納，在於以「外省新娘」、「外省婆」、「嘉義媳婦」、「澎湖新娘」、「臺南新娘」自稱的行動者，對於其原生地的肯定，欣然以地緣背景建構的新認同身分，作為其社會接觸的識別，勇於面對因此而引發的相關社會對話。

五、東南亞新娘與大陸新娘的權益落差

　　雖然同是外來配偶，政府對於大陸配偶與外籍配偶在居留期限、歸化國籍時間、以及工作權益的規範上，有相當大的差異與歧視。整體而言，有關居留權、永久居留權、與工作權的規定上，外籍配偶所受到的待遇是比大陸配偶來得寬鬆，現行規定對大陸民眾入境居留、定居的申請，仍採取嚴格配額管制。

　　關於居留期限，目前外籍配偶依《入出國及移民法》持結婚證明等相關文件，向駐外單位以依親為名申請核發居留簽證，經主管機關查驗後，即可取得居留權。入境之後，自入境翌日起十五日內，向居留地警察局外事服務中心申請外僑居留證，居留證有效期間為一年，第二年起可申請延長，具三年效期。反之，大陸配偶得依《臺灣地區與大陸地區人民關係條例》的規定，初次只得申請進入臺灣地區停留團聚，每次停留期限不得超過六個月。可申請延期，每次延期不得超過六個月，每次來臺總停留期限不得超過二年。只有結婚滿二年、或已生產子女者，方可申請依親居留。

　　其次，關於歸化國籍的期限，外籍配偶在臺居留滿三年、每年居住滿一百八十三天以上者可申請國籍歸化，領取外國人居留證明書；第四年起可向居住區戶政事務所提出申請核發臺灣地區居留證，持臺灣地區居留證住滿一年，方可登記戶籍及申領身分證。相對的，大陸配偶則必須在取得依親居留後滿四年，且每年在臺灣地區合法居留期間超過一百八十三日者，才得申請長期居留，且長期居留滿二年方得申請長期居留證在臺定居。

　　最後，關於工作權的問題，依照《就業服務法》規定，外籍配偶取得外僑居留證時，即可以從事一般性勞務工作。但大陸配偶僅得依《大陸地

區配偶在臺灣地區停留期間工作許可及管理辦法》第四條規定有條件性受理工作申請；取得長期居留證時，才可從事開放性工作。

表 10-4　外籍與大陸配偶移民規定之比較

對象 項目	外籍配偶	大陸配偶
適用法令	入出國及移民法、國籍法	臺灣地區與大陸地區人民關係條例
居留權	婚後合法連續在臺居住滿三年，且每年需超過一百八十三日，可辦理歸化我國國籍。	1.結婚滿二年或已生產子女者得申請依親居留排配（等待核配四年）。 2.依親居留排配超過四年得直接核配。
定居權	歸化後，再居留一年（且不能出國），得登記戶籍及申領身分證；或居留二年（每年可出國三個月）、五年（每年可出國一百八十二日）	長期居留滿二年得申請長期居留證在臺定居
工作權	經獲核准居留者，即可工作。	1.來臺團聚期間：不可申請工作許可證。 2.依親居留：需申請工作許可證始得工作。 3.長期居留、定居：可工作，不需工作許可證。

關鍵概念解釋

累積因果論 (cumulative causation theory)

　　指國際遷徙不但促進移民社會網絡的成長與移民支持機構的發展，還會透過其他的方式延續，隨時間的增加額外的流動也會隨之增長，這個現象也被稱為跨國移民的累積因果定律。

雙元勞力市場理論 (dual labor market theory)

　　國際移民的發生源自於現代工業社會內生的勞動力需求，由已開發國家的企業親自主持或是透過代表他們的政府所展開的計畫性招募行動，絕非單純因為先進國家高工資的誘因，便能造成的。

飛地商圈 (enclave)

　　出現在相對範圍較大的族群社區，在此活動範圍內，移民可以依賴其人際關係網絡獲得全方位的資源：住屋情報、工作機會、技能學習、以及生意機會。這個集中於某個特定地理區域移民團體，組織各種不同的企業，不僅為族群本身這個市場服務，甚至更廣及於一般民眾。

跨國移民女性化 (feminization of transnational migration)

　　勞動力的全球化帶動了全球性的勞動力分工，加速了跨國移民的女性化。當今跨國移民的組成，女性移民者大約占百分之 46，先進國家人口老化的結果，促成女性跨越國境從事家事工作的人數明顯快速增加，是女性家務工作者跨國流動的主因。

非正式經濟活動 (informal economy)

　　專門指那些逃脫法律規範的賺錢行為，不同於犯罪活動，主要是指不受管制的生產與銷售合法商品與勞務的營利活動。

制度理論 (institutional theory)

　　指國際移民帶動民間機構或是自願組織的興起，以滿足為數眾多、想要進入富裕國家民眾的需求，而這些機構隨著國際移民的增長，會變得愈來愈制度化。政府若想要節制甚至控制移民潮，會因直接衝撞到這些機構的利益而受到

阻礙。

國際移民體系理論 (international migration systems theory)

指遷移潮經過一段時間之後，某些國家之間會出現相對密集的物資、資本、與人力的交換，這類交換關係逐漸發展成一種穩定的結構模式，然後定型成為可以辨識的國際移民體系。一個國際遷徙體系至少包括一個核心的移民接受國，以及數個以其為核心、相互關連的移民輸出國。

網絡理論 (network theory)

移民網絡是指一組人際連帶，經由親屬、朋友、以及同鄉的關係，將遷徙者、早期的移居者、以及原居地與移居地的未遷徙者連接起來的人際關係網。移民網絡理論指出移民網絡的存在降低遷徙的成本與風險，增加遷徙期望的淨報酬率，具有提高國際移民的可能性。

拉關係 (networking)

指透過私人網絡的資源，亦即由親戚關係以及個人的人脈網絡，網絡資源常影響到移民目的地的選擇以及移民流向的屬性。網絡是連結出生地與移居地之間人脈的社會關係，包括了親戚、朋友、或是同鄉會等等的聯繫。網絡通常會影響到移民目的地的選擇以及移民流向的屬性。

招牌謀生行業 (niche)

指為某些特定移民團體所從事的少數幾種職業或生意，使該族群的個別移民能夠靠該行業或技能，獲得就業機會與經濟報酬，順利在移居國定居。

部分公民權 (partial citizenship)

來自於低度發展的經濟落後國家的婚姻移民，進入移居國之後，工作權可能受到限制，得不到充分而且正式的公民身分與權利保障。

自願隔離 (voluntary segregation)

某些移民族群享有過人的財富，使他們能夠選擇與該族群的其他移民集居於移居國的某些城市中某個特定地區，而非散居式地嵌入該城市的各個地區，並在此特定區域內建立起獨特的商圈展現其共同的文化特性，形成一個特殊的、自願的、與隔離於移居國居民的聚落。

世界體系理論 (world systems theory)

國際移民源於自 16 世紀以來就不斷發展與擴張的世界資本主義市場經濟體系。邊陲非資本主義國家受到資本主義經濟關係的滲透，創造出一群流動性的人口，朝向先進的資本主義國家移民。

第四卷
全球化與性別平權

引　言

　　不論西方或中國電影裡頭，常見到的英雄救美的畫面，大抵都是男子從大火中、洪水中、或崩塌的房子中，排開萬難地將一名弱女子救出危境。試想這個劇情或畫面逆轉過來——你看到的是一名女子排開萬難，將一名害怕得瑟縮成一團、拉著她裙子下襬不放的弱男子從危難中救出——你會有何感想？英雄人物的角色似乎都由男性出任！女英雄似乎就缺少了那麼一點光環。就連當紅的金庸小說《神鵰俠侶》，都要求小楊過經過十六年的歷練變成穩重的神鵰大俠，再配上容貌不但沒改變反而更加年輕的小龍女，才能使好不容易被社會接受的師徒戀，令人覺得不遺憾。倘若小龍女容顏已老、楊過武功雖有長進，但仍不及於小龍女，就如名揚國際的女院士，嫁給身邊對她照顧得無微不至的男助理，不知會獲得社會的掌聲與鼓勵，還是會留下一世英名毀於一旦的感嘆？這些問題或許不該有標準答案，不過卻是性別平權議題的重心。

關鍵概念

性別主流化、水平性別職業隔離、敵意環境性騷擾、主流化女性、主流化性別、生產性勞務、交換式性騷擾、再生產性勞務、垂直性別職業隔離

議題十
全球化與性別主流化

―摘要―

　　社會上對性別差異的看法，普遍受歷史淵源與文化傳統的深遠影響。長久以來，這些想法代代相傳，很少受到批判。但是自從英國工業革命之後，隨著愈來愈多的女性被吸入勞力市場而出現了新的變化，而這些變化又隨著女權運動的興起與全球化的腳步，挑戰世界上大多數國家傳統以來的性別角色規範。新的經濟、社會、與政治情勢迫使世人重新思考傳統父權中心的性別價值與規範。在勞動領域方面，女性已然步出家庭朝向那塊屬於男人領地的疆域移入，與之競爭互較長短；而男性也被迫開始探索家庭與子女這個屬於女人的世界。事實上，重新界定作為一個女人或作為一個男人的社會角色以及如何達到性別權利平等的目標，可能是在全球化的影響下，現代社會所面對的最重大課題之一。

　一、　從性別分工到性別平權

　　肯定性別平權這項普世化的價值選擇，基本上是建立在性別角色分工已經喪失存在價值的觀察之上。主要的論點建立在科技發展已經瓦解了傳統性別分工的必要性——男女有別的刻板印象是過去的遺跡、是屬於體力蠻力乃唯一的精力來源、是母乳乃嬰兒唯一安全食糧的那個時代的價值觀與分工模式。當知識經濟取代勞力經濟、牛奶成為母乳的替代性糧食，那麼傳統的性別分工，就失去了存在價值。問題是，科技進步、生活形態改變之後，舊有的性別角色分工價值觀並未隨之淘汰，反而如金箍咒般，挾持著這兩個性別。社會的新成員——孩童們——仍然被訓練去符合傳統的「女內男外、男尊女卑、女柔男剛」性別刻板印象的角色期望，不論他們在心理上是不是能夠滿足這些刻板印象的要求。這使得許多樂意在家裡帶小孩的男性被推入男人的世界裡去追求成就與競爭，而許多更適合出任企業主管或科學家角色的主婦，則被繁瑣的家事困在家內。至於那些對傳統角色適應良好的男男女女，可能也付出了高昂的心理代價。女性必須壓抑她們人格之中長於指揮的陽剛層面，而男性常常也不敢表現出順服或溫柔的女性特質。這個結果經常是單面人 (one-dimensional man)，無法觸及他們

底層的真正需要與欲望。

　　因此，出現了消除性別刻板印象、推動性別平權的倡議。值得注意的是，支持兩性平權的主張並不像一般批判人士所指控的，迫使女人外出工作，或是迫使男人在家帶孩子。相反的，性別角色刻板印象的消除主要的目的，是促使兩性接受人格中多個面向的事實，選擇一個適合的生活型態，而非迎合社會刻板印象缺乏彈性的蠻橫規定。同樣的，由於性別角色刻板印象的結果，女性獲得較低的工資、較少的政治力量、較高的家務分配、較多的母職責任，以致於在社會上占據一個次於男性的地位。兩性之間若能達到真正的平等，雙重標準與刻板印象必須消除。唯有如此，男人與女人才能在相互瞭解與相互尊重的氣氛中以誠信相待，追求自我的實現。

　　這項倡議雖立意良善，但也引發了反對廢除傳統性別角色差別的聲浪。捍衛者主張傳統性別角色分工是社會存續的根本，已然提供一套相當理性與有效率的分工方式，培養男人發展出從事生產性 (productive) 工作的專門能力，而督促女人專注於再生產 (reproductive) 事務能力的養成。這套架構使父母能夠給予男孩與女孩不同的訓練，使他們長大之後也能夠繼續維持這套社會與心理分工制度。女人被鼓勵發展支持性的、撫育子女的特質，使她們能夠做個好太太、好母親。同樣的，男人被訓練成肯定他們人格中具有攻擊性的一面，需要在經濟世界中追求成功。性別的分工減少了競爭，使男人與女人可以從事不同卻為互補的工作。傳統性別分工模式若被顛覆，和諧的婚姻關係將被瓦解，丈夫與太太將會相互競爭看誰賺取最多的薪資，而子女大半將被送進住宿學校或日間托兒所，無人願意分擔養兒育女的責任。

　　據此，即使消除性別角色是相當可欲的，也不可能做到。畢竟，傳統性別角色反映兩性間生理上的差距，已經有數千年的根基。性別角色的差異以及據此而來的性別分工也成了社會的根本，應該受到維繫。來自現代科技對傳統性別角色分工的挑戰，除了給予女性突破其性別分工的角色之外，並不能否定傳統的性別角色分工對兩性的公平性，因其將工作場域的優勢給予男人的同時，將家庭中的優勢給予了女人，這包括了生活費、子女監護權、贍養費、以及在需要體力或機械修理等工作上，先生有義務提

供協助的特權。儘管這場來自兩個極端論調的對話尚未落幕，目前全球局勢的確是朝向性別平等的方向移動，性別主流化 (gender mainstreaming) 成了政策目標。

⊕　女性主義起源與派別簡介

　　女性主義源起於 19 世紀法國的婦女運動，因爭取與男性共享公民權而展開，可視之為終止女性在社會生活中附屬地位的種種努力。不過，當時女性主體權力的解放訴求，並未為世人普遍理解與接受。直至 20 世紀兩次世界大戰結束之後，各家論述才蓬勃發展，並在學術群體中耀眼奪目。

　　1960 年代前社會學的兩性角色定位，功能理論強調分工與各自的角色功能，社會賦予男性積極勞動的工具性角色，賦予女性感情性的角色。強調性別權力差距源自於生理差異的權力衝突理論，則主張男性乃是權力的擁有者與宰制者，女性是被剝削與受宰制者。這兩大理論，都是片面以生物差異與傳統性別刻板印象的意識形態，作為建構整體論述的核心，相關的學術論述，可說是一種男性中心主義的性別角色分析。

　　女性主義強調以女性觀點解釋男女之間的問題，探討如何根除宰制與附庸的權力關係，進而尋求改善之道、建立平等共存的新文化、新社會。西方的女性主義最早的兩大思潮源自「自由主義」與「社會主義」，前者爭取女性平權，後者側重婦女解放。迄今，總共有五大派別。

1. 馬克思主義的女性主義：

　　以批判資本主義中階級衝突與宰制關係為基礎，分析歷史過程中扭曲變形的家庭角色與錯誤意識，強調階級意識的自覺與行動。

2. 自由主義的女性主義：

　　又稱個人主義女性主義，是所有女性主義流派的起點。其重點在於針對法律上、形式上的不平等，提出批判。18 世紀歐洲自由主義女性主義將

自由主義的理念推展到女性的經驗與遭遇，主張女人的本性和男人並無不同，兼具人性與理性，而非只具有生殖性。強調人性無分性別，理性思辨能力非男人專利，女人也有，男女不平等是習俗與兩性差別教育造成的。要消弭人為的不平等，應給予女性同品質的教育。

3. **社會主義的女性主義：**

　　19世紀的工業革命與法國大革命促成了追求平等、互愛、共享的社會主義思想。主張人類社會是一個有機體，互相依存，應以合作的集體主義取代自私的個人主義。婦女應從個別的家庭中解放出來，直接參與社會生產工作，成為社會一分子，不再依賴個別男人；婚姻應以個人情慾為基礎，而不再是經濟的、社會的、消費的單位；以集體化生活取代私人家庭與家務。透過二元論述，說明資本主義與父權思想的謀合與衝突。批判資本主義性別勞力市場的二元性、力求破除薪資結構建立在父權思想下女性勞動缺乏價值、男性勞動則需負擔養家活口的謬誤觀念，進而追求平等的對待關係。

4. **存在主義女性主義：**

　　以西蒙・波娃的《第二性》為代表，提出「沒有女人是天生的，都是長成」主張，認為沒有永恆固定的女性氣質或女人的宿命。儘管女性與全體人類一樣自由而獨立的存在，卻發現自己被男性逼迫，不得不採取他者的身分建構其存在價值。因此，建議女人仍然可以重新定義自己的存在，藉由存在主義所強調的誠實面對自我的虛境，勇敢抉擇，努力改變處境，進而全面參與塑造過去一直由男人所塑造的世界。

5. **激進的女性主義：**

　　出現於1960年代末、1970年代初，主要的發源地是紐約與波士頓，不滿在民權運動中得到次等待遇，於是脫離男性新左派的陣營尋求獨立發展。主張女人所受的壓迫來自於父權至上的制度，是最古老、最原始、最深刻的剝削與宰制形式，是一切壓迫的根源。試圖找出婦女擺脫壓迫的途徑，其所發展的對話議題多與女人有切身的關係，包括性別角色、愛情、婚姻、家庭、生育、母親角色、色情、強暴，乃至於女人的身體、心理等，

直接探觸女人的身心。性別角色是中心議題，認為婦女受壓迫的根源是性別制度，主張強化女性對身體自主性的認識與掌握，進而重建女性特質，並提出兩種策略以求突破傳統生物與社會的性別框架。這兩套影響深遠的策略，其一是排除性別區別，朝陰陽同體文化努力；其二，是不與男性發生關係，拒絕或改變異性戀制度，採取性別分離主義，而女同性戀主義乃是最徹底的方式。

二、性別主流化的理念與目標

現代社會中有很多領域，諸如政治參與、教育政策、法律制度、社會福利、科技醫療、乃至於經濟發展，大多依據男性的經驗與觀點所制定或發展而成的。這些依男性經驗所設計的主流制度，通常忽略女性的經驗、矮化女性意見、甚至排除女性的參與，因此政策不論在制訂之時還是執行之際，常聽不到女性真實的聲音，更遑論將女性的需求，納入考慮。因此，就某種程度來說，「性別主流化」就是把婦女作為社會參與的實體，把性別觀點納入決策的主流，以達兩性平等的目標。

根據聯合國的定義，「性別主流化」是一種重組、增進、發展、評估政策的過程，使性別平等的觀念得以整合於所有政策當中❶。無論是中央或地方層次的政策決定過程，都需要檢視是否有男女兩性共同參與決策，並檢討過去兩性平等政策是否缺乏全面性，或只偏重於某幾個特定的政策層面。因此，在「性別主流化」的主導下，相關政策的分析方法必須具有四項特色：第一、從性別觀點的切入，給予男女兩性共同參與發展的機會；第二、採行性別分析模式：探討男女兩性在權力關係與資源分配中的相對位置與處境、相關責任與角色，以及決策參與的過程；第三、覺察性別影響的政策決定過程，投入改善規劃：徹底檢討各種政策的研究、規劃、與

---

❶　相關資料請參閱聯合國婦女地位委員會提供的相關文件。

評估，是否包含男女共同參與，是否以提升與促進兩性平等為目標；最後，也就是第四，投入組織發展：建立促進男女領導能力、競爭力與支持系統的機制。落實「性別主流化」的工具，在於男女分開的各種統計或相關資料的提出，加強性別敏感度、兩性平等訓練與知識體系的建構。

整體而言，性別主流化的理念與目標，是根據兩個基本的軸線而發展出來的「納女性於主流」（mainstreaming women，亦可直譯為主流化女性）以及「納性別於主流」（mainstreaming gender，或直譯為主流化性別）。「納女性於主流」就是把婦女納入主流的制度，使兩性在各個範疇的參與得以平等，促使婦女所關心的議題、需要、意見在主流制度中得到關注。基本上，把婦女納入主流的策略有四：在政治方面，特別是領導、管理、治理方面等非傳統範疇，提供婦女的培訓；提升婦女的自信心，協助婦女發掘自己、發展潛能；改變男性對兩性與性別角色的態度；建立平等參與的措施，開放婦女參與制度制訂，尤其是政治方面的決策權。例如，規定政府各部門的女性決策者與執行者需達到某固定比例之人數；設立工作場所內的托兒所；建立男性陪產假制度，讓父親和母親一樣在嬰兒出生後享有合法的有薪假期，以分擔照顧初生嬰兒的責任。

「納性別於主流」則是評估所有政策及發展項目對兩性不同的影響，以瞭解男女在決策及社會資源運用方面的差別。把性別觀點納入制定政策的過程，內容包括了設計、發展、推行、監察與評估。具體可行的策略也有四項：為決策者與執行者提供性別意識醒覺的訓練，加強他們對性別議題的敏感度與認識；訓練決策者及執行者使用性別分析工具，如按性別整理的數據、性別審核、及性別影響的評估；制定工作守則、指導各部門設立性別平等權益促進委員會，確保性別主流化在日常工作中落實；向政府提倡性別主流化的觀點，促使政府在有關民生及國策的決策中都能考慮到兩性平權的問題。

三、生活中的性別主流化議題

　　在日常生活中，缺乏性別敏感度的設計，最明顯的就屬男女公共廁所的數量。根據正式的測量，男女生通常使用廁所需要的時間大約是 1：3 的比例，但是在一般學校或者公共場所的公共廁所，往往採取男、女廁所間數為 1：1 的比例所興建的。男、女性如廁所需時間不同，在廁所間數相同的設計之下，常見的情形，往往是男生廁所已經沒有人使用時，女生還在廁所前大排長龍，等候使用廁所。相信這個問題在小學裡兩堂課之間短短十分鐘的休息時間，可能更顯嚴重。

　　此外，最深刻的應該來自每個人成長過程中的性別經驗。就個人來說，回想當初高二分班時，特別喜歡化學，那時候很欽佩居禮夫人，想將來考自然組，父親那邊的親戚都反對，認為女生考什麼自然組，不像女生，就放棄了，不知不覺中成了性別刻板印象的受害者。

圖 11-1　這是少見男女公廁分配，位在臺北市。注意！是按照「女三男一」的比例哦！

　　其次，不少有關男性訪談的資料❷，也反映出「像男人、不像男人」的經驗感受，不少來自家人、親戚、老闆、甚至同儕的壓力，諸如「升高一時，我決定念社會組，我老爸就跟我翻臉翻了一個月」、「我想要的只是讓我自己擁有很多的技能，並不想趕快加薪，趕快升職，我只想做我有興趣的事情。但是老闆會一直不停的誘惑你，告訴你要怎樣定位你自己，父母親也壓迫我一定要結婚啊」、「他們互相借煙，互相幫對方點煙，互相饋贈，接受……談哥兒們間的話題。……如果我什麼都不做，就會在男生的團體裡面有生

---

❷　本段落中有關男性經驗的引文，請參閱畢恆達，〈當男人遇見女性主義：男性性別意識形成歷程之研究〉。

存的困難。……你要去應酬，社會應對，你不參與，你就是異類」。在敬酒或灌酒時所出現的對話，常是非常性別取向的，甚至是非常偏男性的，不會喝酒對男性來說，成了不像男人的表徵——「連這一點點也要計較，算什麼貨色?」「我本來還想把女兒介紹給你，現在我看不必了」。其實，在臺灣這個社會，不會喝酒應酬早就成了女性不適合出任主管的理由，但是卻是酒家女的必要技能——「也不會敬酒、別人敬酒你也不喝，真不合群，像你這個樣子怎麼打開人際關係，為公司爭取到案子呢」。但當上主管的女性，有多少又會再度陷入為了打開人脈關係，帶著別的公司的男性主管上酒店、叫小姐陪酒，做女人輕賤女人的事呢? 若果不然，女性就得要會喝酒、能喝酒，或者說，具有喝勝男性同僚或主管的酒力與豪氣，似乎成了工作場所內暗嵌的升遷條件!?

　　林林總總的這些例子，所在多是，也就是性別主流化所批判的對象。在生活中落實性別主流化的目標，其實很簡單，也很直接，就是給予不同性別取向者擁有更多選擇的自由; 不同性別取向者，不論是男性、女性、雙性、同性都應該享有平等的追求自我認定的性別的權利; 不同性別取向者都有對強加的性別取向說「不」的權利，並且獲得尊重; 不同性別取向者都有權成為改變的行動者與受益者。

四、性別主流化的國際動態

　　追溯性別主流化的歷史發展軌跡，有下列三個重要的時間點。1975 年聯合國在墨西哥市舉行的第二屆世界婦女會議中，宣布未來的十年為「婦女十年」(Decade for Women)，責成各國全力推動婦女權益。1985 年起則以消除「性別盲」為主線，自 1995 年起，則以落實「性別平等行動策略」為主軸。

　　先進國家成立促進性別平等的專責機構，以北歐三國最早，大約在1975 年左右。芬蘭設有「兩性平等調查工作室」以及「社會事務與健康部」; 挪威的相對機關是「兒童與家庭事務部」以及「健康與社會事務部」; 瑞典

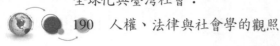
的婦女事務則是散布在「社會安全處」、「社會服務處」、「健康照顧處」、以及「公共衛生處」等不同的部門。英國則在首相辦公室下設有一個「婦女工作小組」，義大利成立由總統召集的全國性別平等委員會，主要功能在提供政府和民間之間的溝通與對話機制。紐西蘭則在 1986 年成立婦女事務部，負責政策建議的提供與婦女政策的擬定。

　　1995 年在北京舉行的第四屆世界婦女會議中，也通過《北京宣言行動綱領》，正式以「性別主流化」作為行動策略，要求各國將性別平等作為政策的主流。據此，東亞鄰邦日本在 2000 年根據《性別平等社會基本法》，制定「基本藍圖」，並於內閣設立「性別平等議會」，由十二位內閣閣員及十二位學者共同組成，由首相擔任主席。整個內閣各部會首長則共同組成「性別平等促進總部」。南韓亦於 2001 年成立性別平等部，直屬於總統，並且有專屬的年度預算與承辦人員，負責性別研究、法案推動、性別意識推廣與法案執行評估等工作。

　　聯合國 1995 年通過的《北京宣言行動綱領》明列十二項攸關婦女權益與發展的重要議題，其中尤以「婦女與經濟」的領域，最具改善婦女地位的關鍵影響力。由於全球化時代下婦女經濟安全與貧窮化的問題日益嚴重，尤以開發中國家及經濟轉型國家中的婦女最為明顯，如何協助婦女參與經濟遂具有重要的時代意義。具體的行動策略目標有六項，分別是：⑴提升婦女經濟權與獨立性，包括取得工作之機會、適宜的工作環境、以及對經濟資源之控制權等；⑵促進婦女對於資源、就業、市場、貿易之平等接觸機會；⑶提供婦女商業服務、訓練、及接觸市場、資訊與科技的機會，尤其是低收入婦女；⑷強化婦女之經濟能力與商業聯繫網絡；⑸消弭婦女之職業區隔及所有形式之就業歧視；⑹促進男女兩性在工作及家庭責任間之調和。

　　自此之後，國際組織與各國政府主要的工作，便集中在國家總體經濟政策的檢討與結構分析、性別主流化、以及就業政策與商業習慣等的檢視上。

五、性別主流化與《性別工作平等法》

臺灣在性別主流化上的推動，依序自 1997 年起行政院成立「婦女權益促進委員會」與教育部成立「兩性平等教育委員會」、1998 年內政部成立「性侵害犯罪防治委員會」與「家庭暴力防治委員會」、2004 年 6 月「性別平等教育法」通過，「兩性平等教育委員會」更名為「性別平等教育委員會」，至 2005 年 7 月總統府成立「性別主流化諮詢顧問小組」。

幾乎同一期間，立法院通過的與性別相關的立法自 1996 年起的民法親屬篇的修正、1997 年的《性侵害犯罪防治法》、1998 年的《家庭暴力防治法》、1999 年的刑法妨害性自主章的增訂以及妨害風化章與妨害婚姻與家庭章的修改、2002 年的《兩性工作平等法》、2004 年的《性別平等教育法》、與 2005 年《性騷擾防治法》。

其中促進兩性工作平等相關法令，分別見於憲法、《勞動基準法》、《就業服務法》、與《兩性工作平等法》，尤以《兩性工作平等法》最為突出。《兩性工作平等法》內分七章共計四十個條文，除了第三章關於防治性騷擾的兩個條文，將於下節中討論之外，其餘《兩性工作平等法》的相關規範內容包括：第一章總則共有六個條文，明定對公務、教育及軍職人員的適用，責成各級機關設置「兩性工作平等委員會」，以審議、諮詢及促進兩性工作平等法之相關事項。第二章為性別歧視之禁止，共有五個條文，明定雇主在就業之任何階段不得因性別而對求職者或受雇者有差別待遇，確認同工同酬與同值同酬的原則，一併納入禁止單身與禁孕條款。第四章為促進工作平等措施的規定，共有十二個條文，規範內容有生理假、產假（流產假）、陪產假、育嬰假、哺乳時間、育嬰調整工時、家庭照顧假及托兒等。第五章為救濟及申訴程序的規定，共有十二個條文，規定雇主損害賠償責任、舉證責任轉換及建立申訴制度，並對受雇者就有相關事項提出申訴或訴訟時，給予保障及協助。第六章為罰則，僅有一個條文。第七章為附則，除有關施行細則制定之規定外，並明定該法自民國 91 年 3 月 8 日施行，後

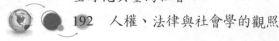

於 97 年 1 月 16 日增列對不同性傾向的保護，更名為《性別工作平等法》。更名之後的整個法規條文並無多大變動，主要是男性陪產假由二日增加為三日（第十五條）、取消原本育嬰留職停薪假、家庭照顧假等權益獨厚受雇於三十人以上企業之女性的缺點（第十六與二十條）、並且排除雇主以正當理由拒絕女性受雇者行使這些權利的但書（第二十一條）。

　　簡單用圖形表來展現《性別工作平等法》的主要內容，彰顯《性別工作平等法》主要是落實強調性別平等、肯定性別差異、家庭與職場並重、性騷擾之防治、以及救濟與申訴等五大概念，參閱圖 11–2。

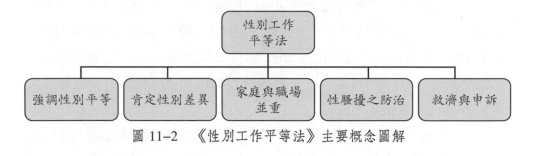

圖 11–2　《性別工作平等法》主要概念圖解

(一)強調性別平等、禁止性別歧視

　　強調性別平等的具體落實作法有三：禁止性別歧視、實踐同工同酬、以及給予男性勞動者行使陪產假的權利。

1.禁止性別歧視

　　在禁止性別歧視方面，是透過第七條、第八條、第九條、第十條、第十一條加以實踐，嚴格禁止雇主在第一、招募、甄試、進用、分發、配置、考績、升遷（第七條）；第二、舉辦或提供教育、訓練其他類似活動（第八條）；第三、舉辦或提供各項福利措施（第九條）；第四、薪資之給付（第十條第一項）；以及第五、退休、資源、離職及解雇（第十一條第一項）等五大方面因求職者或受雇者的性別而給予差別待遇。

圖 11-3　落實性別平等的具體內容

　　不過，上述規定屬原則性的揭示，在招募、甄試、進用、分發、配置、考績、或升遷考核時，雇主如能證明某些工作的性質僅適合特定性別者從事；或在薪資給付上，基於年資、獎懲、績效或其他非性別因素之正當理由而給予不同性別求職者或受雇者不同待遇，便不受上述原則的限制（第七條但書與第十一條第一項但書）。

2.實踐同工同酬與同值同酬

　　同工同酬的規定在世界各國皆是非常普遍的，我國《勞動基準法》及《工廠法》對此均有明文規定。然而，由於我國兩性職業區隔的現象十分嚴重❸，女性受雇者大多從事較無前景或社會地位較低的職業，受雇擔任管理階層工作的女性人數又相對屬於少數。因此，單有同工同酬的規定並無法解決我國男女受雇者工作報酬的差別待遇問題。《性別工作平等法》第十條第一項除了規定同工同酬外，另外加上同值同酬的規定（雇主對受雇者薪資之給付……其工作或價值相同者，應給付同等薪資），其目的即在於真正地消弭兩性工作報酬不平等的現象。

3.給予配偶陪產假

　　《性別工作平等法》除了給予女性受雇者產假與流產假外，也給予男性受雇者有給陪產假。該法第十五條第三項規定受雇者於其配偶分娩時，雇主應給予陪產假三日。陪產假期間工資照給。

㈡肯定性別差異

　　肯定性別差異的目的，著重在生物性別對女性勞動者在勞動過程中所

---

❸　在下一個議題（議題十一）中會對這個現象有較詳盡的說明。

可能產生的不利與不便，所提供協助與權利保障。

圖 11-4　肯定性別差異的具體內容

1.生理假

為照顧女性受雇者的特別需要，《性別工作平等法》第十四條第一項規定女性受雇者因生理日而導致工作有困難者，每月得請生理假一日，其請假日數併入病假計算。這項看似照顧女性的福利，並無實惠，生理假併入病假反而有剝奪女性勞動者病假的使用。

2.產假與流產假

雖然《性別工作平等法》在產假與流產假上的規定，比《勞動基準法》的規定，對女性受雇者的保障更加周全，但仍未符合《國際勞工組織公約》十二週產假的相關規定。

表 11-1　《性別工作平等法》與《勞動基準法》在產假與流產假上的規定比較

法　律	條　文	內　容
性別工作平等法	第十五條第一項	女性受雇者分娩前後，應使其停止工作，給予產假八星期；妊娠三個月以上流產者，應使其停止工作，給予產假四星期；妊娠二個月以上未滿三個月流產者，應使其停止工作，給予產假一星期；妊娠未滿二個月流產者，應使其停止工作，給予產假五日。
勞動基準法	第五十條第一項	女性受雇者分娩前後，應使其停止工作，給予產假八星期；妊娠三個月以上流產者，應使其停止工作，給予產假四星期。

(三)家庭與職場並重

家庭與職場並重方面，提供有留職停薪、復職、特別育嬰假、家庭照顧假、以及托兒措施等規定，不過，對於分擔甚或改善家庭責任對兩性在

職場上的影響，並無多大助益。有些規定甚至是換湯不換藥的空洞好處，只具畫餅充飢的功能。

1. 留職停薪的規定

　　為使有年幼子女的受雇者得兼顧家庭與工作，《性別工作平等法》第十六條規定「任職滿一年後，於每一子女滿三歲前，得申請育嬰留職停薪，期間至該子女滿三歲止，但不逾兩年。同時撫育子女二人以上者，其育嬰留職停薪期間應合併計算，最長以最幼子女受撫育二年為限。」受雇者依上述規定請育嬰假時，仍得繼續參加原有的社會保險，原由雇主負擔之保險費，免予繳納；原由受雇者負擔之保險費，得遞延三年繳納（第十五條第二項）。此外，尚有育嬰留職停薪津貼的發放（第十五條第三項）。

圖 11–5　家庭與職場並重的具體內容

2. 復職的規定

　　為落實前述育嬰假的立法目的，《性別工作平等法》第十七條規定，申請留職停薪的受雇者於育嬰留職停薪期滿後，要求復職時，雇主不得拒絕。只有在下列四種情況下，雇主取得主管機關的同意，而不在此限：

　　⑴歇業、虧損或業務緊縮者。

　　⑵雇主依法變更組織、解散或轉讓者。

　　⑶不可抗力暫停工作在一個月以上者。

　　⑷業務性質變更，有減少受雇者之必要，又無適當工作可供安置者。

　　不過，雇主如因這些因素而未能使受雇者復職時，應於事故發生之三十日前通知受雇者，並依法定標準發給資遣費或退休金。

3. 特別育嬰措施

　　特別育嬰措施包括兩種規定。一是關於給予哺乳時間的方便。不過，

《性別工作平等法》第十八條在哺乳時間的規定與《勞動基準法》的規定相同，皆是「子女未滿一歲須受雇者親自哺乳者，除規定之休息時間外，雇主應每日另給哺乳時間二次，每次以三十分鐘為度」。這項措施的意義在於哺乳時間視為工作時間的照顧。

第二項照顧措施是工作時間的調整。這項規定是針對家中有年幼子女、卻不使用育嬰假的受雇者，為了協助這類受雇者能夠更有彈性來處理家務與照顧子女的問題，而給予調整工作時間的方便。《性別工作平等法》第十九條規定受雇於雇用三十人以上雇主之受雇者，為撫育未滿三歲子女，可以向雇主提出調配工作時間的請求，或是每天減少工作時間一小時的要求，不過，減少之工作時間，不得請求報酬。

4.家庭照顧假

《性別工作平等法》除了照顧家中有年幼子女之勞動者的需要外，對於需要親自照顧家中成員的勞動者，亦提供有家庭照顧假的規定。該法第二十條規定受雇於雇用五人以上雇主之受雇者，於其家庭成員預防接種、發生嚴重之疾病或其他重大事故須親自照顧時，得請家庭照顧假，其請假日數併入事假計算，全年以七日為限。問題是，既然併入事假計算，這類假的提供並不具有任何創新的意義，對勞動者亦無實質的助益。

5.托兒措施

為使有年幼子女的勞動者能無後顧之憂地從事工作，《性別工作平等法》第二十三條規定雇用受雇者二百五十人以上之雇主，應設置托兒設施或提供適當之托兒措施。

(四)救濟與申訴

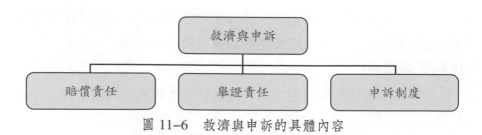

圖 11-6　救濟與申訴的具體內容

《性別工作平等法》的主要特色在於罰則的建立，並將無違法情事，亦即無差別待遇的舉證責任，加諸在雇主的肩頭，這兩點是值得肯定的。畢竟，缺了罰則的法律規範，連道德規勸的功能都發揮不了。要求雇主盡舉證責任，免除勞動者資訊與地位弱勢的不利處境。

1. 賠償責任

《性別工作平等法》在第二十六條至第二十九條規定了雇主在該法規定下的各種損害賠償責任。

2. 舉證責任

《性別工作平等法》第三十一條規定受僱者或求職者於釋明差別待遇之事實後，雇主應就差別待遇之非性別因素，或該受僱者或求職者所從事工作之特定性別因素，負舉證責任。

3. 申訴制度

《性別工作平等法》規定下的申訴制度有企業內與企業外的申訴制度兩種。該法第三十二條規定雇主為處理受僱者之申訴，得建立企業內的申訴制度協調處理。該法第三十三條第一項與第二項規範企業外申訴制度的運作時機，規定受僱者發現雇主違反第十四條至第二十條之規定時，可以向地方主管機關申訴。並規定接到勞動者申訴的中央主管機關，應於收受申訴案件，或發現有上述違法狀況之日起的七日內，直接移送地方主管機關處理。

六、性別主流化與性騷擾之防治

工作場所性騷擾在過去向來不是個被重視的問題。原因很多，有認為是辦公室戀情發展不順利的過渡期徵候，更多的可能是暴露迷思、美貌迷思等帶有性別歧視與偏見的錯誤觀念作祟，以致產生「責備受害人、開脫加害人」的效果。「暴露迷思」責備被騷擾者的行為舉止與穿著打扮，認為是被騷擾者平日穿著開放大膽，深具挑逗性，以致招來他人的騷擾，這種看法不但剝奪受騷擾者的身體自主性，反而合理化騷擾者的冒犯行為。「美

貌迷思」以受害人容貌，質疑其被騷擾的可能性，充滿著容貌歧視的偏見。先入為主地認為受騷擾者必須有一定的美貌姿色。當相貌平凡的女性提出騷擾之申訴時，騷擾者卻以「憑她的長相，我怎麼可能會去騷擾她?」回應，引起受理者出現「有可能嗎」的質疑。國外多數研究已經證實性騷擾的受害人在容貌、體型、衣著、年齡、行為都不相同，而且性騷擾者也不會因受害人穿著保守或舉止保守，而打消念頭。所以，認為性騷擾是受害人自找的，其實是對受害人嚴重的二度傷害。

女性受雇者在工作場所受到性騷擾時，往往受限於社會價值觀的偏差與救濟管道的不友善，而選擇沉默受辱。近年來由於社會價值觀的轉變、女性意識的抬頭及教育水準的提高，在工作場所受到性騷擾的女性受雇者不再沉默，愈來愈多受害人勇於站出來爭取自己的尊嚴與權益。然而，過去我國有關工作場所性騷擾的相關規範相當不足，雖有《民法》、《刑法》、《社會秩序維護法》、《就業服務法》等相關條文可資運用，但實際效果並不理想，《兩性工作平等法》是我國第一個針對工作場所性騷擾有明確規範的法律，其主要規範內容為性騷擾的定義與雇主責任的確定。性騷擾所以成為公權力干預的事項，主要是為了保障個人就業與就學機會之平等，因而特別禁止組織或機構內部因權力濫用，而破壞工作倫理之維繫與工作關係之和諧。

㈠性騷擾的定義

《性別工作平等法》第十二條仿照美國的相關規定，將工作場所性騷擾的態度分為兩種。第一種是屬於「敵意環境性騷擾」(hostile environment harassment)。這類性騷擾是發生在受雇者執行職務之工作環境或同事之間，任何人以性要求、具有性意味或性別歧視之言詞或行為，對其造成敵意性、脅迫性或冒犯性之工作環境，以致危及其權益者，皆屬之。

第二種性騷擾發生在雇傭之間，稱為「交換式性騷擾」(quid pro quo harassment)，雇主對於受雇者或求職者以明示或暗示之性要求、具有性意味或性別歧視之言詞或行為，作為勞務契約成立、存續、變更或分發、配

置、報酬、考績、升遷、降調、獎懲等之交換條件。

　　就第一類型的性騷擾而言，很明顯地呈現性騷擾不一定是具有「性意味」或「性意圖」的言行舉止。只要該行為舉止帶有「性別歧視」的含意，也屬於「性騷擾」的範圍。事實上，就性騷擾的本質而言，原本就是一種性別歧視的行為。

透視 ⊕ 性騷擾的五大等級

1. **性別騷擾**：強化「女性是次等性別」這個印象的所有言語與行為，言行舉止之間充滿冒犯、貶抑、與侮辱。
2. **色誘騷擾**：一切不受歡迎、不合宜、帶有攻擊性的口頭或肢體上的吃豆腐行為。
3. **性賄賂**：一切以性服務、或性行為作為利益交換（如雇用、升遷、加分、及格）條件的要求，通常發生於下屬對上司的行為，行為的主導者是下屬。
4. **性強迫**：以威脅、強迫的方式，獲取的性服務或性行為，通常出現在上司對下屬的關係中，行為的主導者是上司。
5. **性侵害**：包括強暴以及任何具有傷害性、或虐待性的性暴力及性行為。

（注意，性別歧視本身就足以構成性騷擾，但是國內的焦點，仍將性騷擾的防治集中在與性行為有關的言詞與行動暴力，及其鑄成的傷害。）

(二)工作場所性騷擾之防治

　　防治工作場所性騷擾的法源依據，是根據《性別工作平等法》第十三條第三項的規定。主要規範的對象是雇用受雇者三十人以上的雇主，該法要求其訂定性騷擾防治措施、申訴、及懲戒辦法，並公開揭示於工作場所

之中。

㈢雇主責任

　　一般人遭遇到性騷擾時，通常的處理方式脫離不開下列四種。一是忽視所發生的性騷擾事件，不做任何處理；其次是告訴其他認識的人，尋求協助；三是當面制止加害者的性騷擾行為；最後是避免與性騷擾加害者的再次接觸。不過，大部分的人主要是採取「避開」的反應，其次才是「反擊」或「尋求他人協助」。值得注意的是，「忽略」或者「以當作沒發生、沒看到的方式處理」對打消性騷擾的行為是無效的。性騷擾者通常是不會自行停止的，忽略他們的冒犯有可能甚至會被視為鼓勵他們再犯。立即適切的表態，是有效阻止性騷擾的方式，所以主動明確地說「不」，是極重要的回應。

　　性騷擾受害人所以會保持沉默，不循體制內管道申訴或報案採取法律行動，究其原因，不外下列五種——缺乏申訴管道、對受理申訴單位的不信任、息事寧人、不願遭受責難、害怕遭到騷擾者的報復，使自己的損失更多。為確實防治工作場所性騷擾，《性別工作平等法》第十三條明確規定雇主在這類事件中的法律責任。雇主在知悉在其職場內存在「敵意環境」或「交換式」性騷擾的情形時，應立即採取有效的糾正及補救措施。雇用受雇者三十人以上的雇主，如未訂定性騷擾防治措施、申訴及懲戒辦法，並在工作場所公開揭示；或是雇主知悉前述兩種性騷擾之情形而未採取立即有效之糾正及補救措施時，將會被處以新臺幣一萬元以上十萬元以下罰鍰。

　　雇主對於不同意性騷擾之事實，應負擔舉證責任的這項規定，究其原因，主要是顧慮到當事人雙方先天上的強弱勢地位差距，以防受雇者礙於舉證困難，而姑息了性騷擾的言語或行為。再者，這項規定也強化雇主防治性騷擾的責任。雇主基於工作關係而握有監督管理權，所以對於性騷擾行為或言語，雇主有義務勸阻或為採取其他適當之處置措施，以免受雇者蒙受損害。如果未予勸阻或採取其他適當之處理，等於雇主刻意縱容，實

不可取，理當受罰。

(四)雇主應採之防治措施

　　為防範並有效處理工作場所之性騷擾，雇主應設置處理性騷擾申訴之管道，包括專線電話、傳真、專用信箱或電子信箱，並將相關資訊於工作場所顯著之處公開揭示。若工作場所有工會，亦當會同工會代表或受雇者代表，訂定性騷擾防治措施與懲戒辦法。至於性騷擾防治措施，至少應該包括下列五大項目。第一、實施防治性騷擾之教育訓練；第二、頒布禁止工作場所性騷擾的書面聲明；第三、制訂處理性騷擾事件的申訴程序，並指定承辦人員或單位負責處理；第四、以保密方式處理申訴，並保護申訴人免於遭受任何報復或其他不利之待遇；第五、訂定對調查屬實行為人之懲戒處理方式。

(五)申訴辦法

　　性騷擾申訴的提出方式有口頭（言詞）或文字（書面）兩種。以言詞為申訴者，受理人員或單位應將口頭申訴內容作成記錄，經向申訴人朗讀或使閱讀，確認其內容無誤後，由其簽名或蓋章。若以文字提出申訴，申訴書應由申訴人簽名或蓋章，並載明申訴人的姓名、服務單位及職稱、住居所、聯絡電話、申訴日期、與申訴之事實與內容。若有代理人，亦需檢附委任書，並載明其姓名、住居所、聯絡電話。

(六)申訴處理

　　申訴過程的處理，主要依循六大原則。第一、過程不公開：雇主處理性騷擾之申訴，應以不公開方式為之。雇主為處理性騷擾之申訴案件，得由雇主與受雇者代表共同組成申訴處理委員會，並應注意委員性別之相當比例。第二、保護申訴人隱私：雇主接獲申訴後，得進行調查，調查過程應保護當事人之隱私權及其他人格法益。第三、邀請相關學識經驗者協助：申訴處理委員會召開時，得通知當事人及關係人到場說明，並得邀請具相

關學術經驗者協助。同時，委員會為調查、審議性騷擾申訴，得要求雇主提供相關資料。對於這項要求，雇主則不得規避、妨礙或拒絕。第四、雇主負舉證責任：受雇者或求職者在說明受性騷擾之事實後，雇主或工作上有管理監督權者否認該事實者，應就該事實不存在，負舉證責任。第五、提供附理由之決議：申訴處理委員會應為附理由之決議，並得做成懲戒或其他處理之建議。並以書面通知申訴人，申訴之相對人及雇主。第六、應於三月內結案。申訴應自申訴提出起三個月內結案。申訴人及申訴之相對人對申訴案之決議有異議者，得於十日內申覆。經結案後，不得就同一事由，再提出申訴。

(七)懲戒措施

性騷擾行為經調查屬實，雇主應視情節輕重，對申訴之相對人為適當之懲戒處理。如果經過證實之後，發現是誣告事件，也會對申訴人做出適當的懲戒或處理。重點是，現行法令要求雇主採取追蹤、考核及監督等多管道的措施，以確保懲戒或處理得以有效執行，進而避免相同事件或報復情事發生。同時，在處理過程中，雇主認為當事人有接受輔導或醫療的必要時，可以尋求專業輔導或醫療機構的協助。

(八)《性別工作平等法》有關性騷擾的相關懲處規定

《性別工作平等法》中與性騷擾防治有關的規定，可分四個層面。首先是第二十八條確定雇主對於其職場內的性騷擾事件，必須負起賠償責任。該法規定，受雇者或求職者因雇主違反第十三條第二項，亦即知悉其職場內發生性騷擾之情形，而未立即採取有效之糾正與補救措施，而遭受損害時，雇主應該給予賠償。其次是第二十七條關於性騷擾損害賠償責任的規範，該法規定雇主及行為人必須對受性騷擾傷害的受雇者或求職者，連帶負起損害賠償的責任。如果雇主能夠證明已經遵行《性別工作平等法》的規定採取各種防治措施，仍然無法避免該狀況之發生，雇主得免除賠償責任。

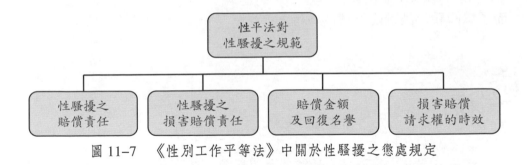

圖 11-7　《性別工作平等法》中關於性騷擾之懲處規定

　　但是權利受損之被害人若無法獲得損害賠償時，法院有權斟酌雇主與被害人之經濟狀況，要求雇主負擔全部或一部分之損害賠償。對於這項損害賠償，雇主可向性騷擾之行為人尋求彌補。第三，是第二十九條有關以金錢賠償非金錢（如名譽受損）上損害與名譽之恢復。所有受雇者或求職者所遭受到的非財產上之損害，都可請求賠償相當之金額；若是名譽受害，則可請求回復名譽的處分。最後，也是第四，關於損害賠償請求權時效的規範。根據該法第三十條，第二十六條至第二十八條所規範的損害賠償請求權，從請求權人知道有損害與賠償義務人的那個時候算起，如果兩年間不提出請求，則這項請求權將於兩年後自動消滅。從有性騷擾行為或違反該規定之行為的時候起算，超過十年亦自動失效。

　　縣市政府為處理性騷擾案件，應設立性騷擾申訴審議委員會，其中女性委員不得少於委員總數二分之一，以便讓通常處於性騷擾事件中弱勢的女性，可以獲得比較平衡的處理程序保障。同時委員會為處理申訴案件，必要時得邀請當事人列席說明或陳述意見，並得依當事人之申請，進行調查；當事人除非有正當理由，不得拒絕。處理性騷擾申訴之相關人員，均不得洩漏當事人之姓名或其他足資識別當事人身分之相關資料，以便保護當事人隱私權。而且，委員會應於受理申訴之日起三個月內作成決定。若遇到特殊狀況，最多只能延長二個月，並且以延長一次為限。這些規定的用意在於快速作成決定，以免案件懸而未決之狀態使得當事人必須面對工作場所內與日俱增的敵意和壓力，造成當事人不必要的擔憂與困擾。最重要的是，為了保障當事人的工作權，雇主不得因性騷擾或受雇者提出申訴，

而予以解雇、調職或為其他不利之處置。

　　依據美國史上第一件性騷擾的集體訴訟，所改編的電影，是一場集體的性騷擾並非單一的受害者、或加害者的情境。從 1985 年整個案子進入訴訟之後，才是「反性騷擾爭戰」的開始，歷時十四年，直到 1998 年鋼鐵公司決定和解，方才落幕。這段期間內，受害的女礦工除了對抗公司外，還要面對其他女礦工的不理解、不支持，更要面對男礦工和工會的警告、威脅。女性雖是弱勢，但不自覺的女人往往就像不自省的男性勞工，是性別歧視的幫兇。

議題十一
工作場域中的性別平權

─摘要─

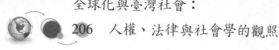

　　「《性別工作平等法》不應該給男性勞工產假、育嬰假，生孩子是女人的事，男人去湊什麼熱鬧嘛!」、「男人也要請產假? 講兩性平等講過頭了吧!」、「嚴格處分不讓男性勞工請陪產假、育嬰假的雇主的法令，簡直是勒索老闆的惡法嘛!」……仔細回想看看，其實還有很多很多這種類型的想法潛藏在我們的生活之中，而這些想法的背後，有著一個大家都不太敢認真去思考的問題，那就是「為什麼我們社會的男人在視工作權為理所當然之時，從來不曾積極地去爭取做父親的基本權利?」說到這裡，也許大夥兒會一頭霧水、滿臉狐疑，在這個時代父權氣焰仍然高漲不去的現代臺灣社會，還需要鼓勵臺灣男人去爭取做父親的基本權利嗎?

一、只有面子沒有裡子的形式父親角色

　　男女相戀、甜甜蜜蜜結婚之後所生下來的小孩都冠上父姓；個性不合、吵吵鬧鬧離婚後，每天早起晚睡養大的小孩的扶養權，還被無情地依法判歸給父親。更不要說，絕大多數的雙薪家庭每天下班時刻，看到一陣兵荒馬亂趕車回家接小孩、煮晚飯的都是外出工作的母親，而不是外出工作的父親。在這樣沒天理的父權制度下，父親的權利還不夠大嗎? 還需要在這個倡導兩性平權的時代裡，大張旗鼓地鼓勵男人去爭取做父親的權利嗎?

　　是的，父權羅網法力無邊，但是這些龐大勢力建築起來的，是一個可以「不回家吃晚飯、加班應酬到沒天沒地」的偉大父親神話。這個偉大的父親形象可以不需要花下與母親同等時間來「扶養」、「教育」他的小孩而得以維繫不輟；這個偉大的父親角色可以忍受搞不清楚自己的子女是哪一年生的、念哪所學校、讀的是幾年級；這個偉大的父親角色可以忍受自己的子女遇到成長的困難時，見到他時欲言又止，甚至敬而遠之? 這一切一切的可以可以，只說明了一件事，那就是，在我們社會的父權文化下，做父親是「不要」花時間的，父親與子女間的「親子」關係是「不需要」時間培養的（或者說只要母親去培養就夠了）。不論您同不同意，社會上確實有許多父子經常王不見王、見面時像個生疏的陌生人，話說不上兩三句就

卡死僵住的場面。對父親的溫情只有在日記中、甚至記憶裡，靠著那些少得不能再少的片段在那裡流連翻騰。

　　這幾近煽情論述的重點只有一個，那就是——我們社會的父權文化，給父親的只是個徒有名分地位的空架子，而不是紮實窩心的真實互動，有的只是徒具其名而無其實的形式上的父親角色。這個父親角色背後的深層結構不僅合理化男性缺席扮演父親角色的必要性，更剝奪了女性在家庭之外職場中與男性公平競爭的平等權利。故而，在討論職場上兩性平權之前，有必要從父親角色切入，以對稱出「母職角色」的過重負荷。

二、外傭政策的反省：男性偏執與迷思

　　曾經有位勞委會官員驕傲地對開放外傭做過下列的陳述：政府開放外籍幫傭進入國內家務勞動市場，其中一項主要的動機是我們的社會需要提高婦女的勞動參與率。因為與其他社會比較，臺灣婦女的勞動參與率最低，只有百分之 45，比日本的百分之 50，美國的百分之 56 都來得低。

　　對於這項政策美意，臺灣社會的已婚職業婦女們真的需要感謝勞委會開放引進外傭的「德政」嗎？引進外傭來幫助婦女解決家務勞動與照料子女的「業務」，使臺灣婦女們能夠放手在職業磁場全力衝刺，豈不大快人心？臺灣女人，你看連政府都放下身段為你打開外傭大門，你還有什麼不滿的呢？如果臺灣社會的婦女稍有反省能力的話，對於這項討好婦女的「德政」，絕對會認為那是個在充滿了男性偏執的思想框架下所制定的最荒謬的政策。不僅不能夠達成兩性平等，反倒是先出賣了自己在文化傳承上與子女教育上的聖職。

　　換句話說，在這類性別平權的討論中，被忽略的是生產性勞務 (productive labor) 與再生產性勞務 (reproductive labor) 同樣重要的事實。所謂生產性勞務主要是指所有的經濟活動，包括社會制度與結構的創造。所謂再生產性勞務，主要指的是社會的再製 (social reproduction)，社會制度與結構的傳承與延續，生物性的傳宗接代與文化上的社會化過程都包括在內。

父權社會的錯誤不在於用性別分工來完成這兩大範疇的勞務，而在於主宰生產勞務的男性宰制負責再生產勞務的女性，使男人與女人都成了單面人，而且男性單面人還優於女性單面人。所以，每當婦女節（現在是婦幼節）的時候，例行性地檢討女性在社會地位的爭取上的成就時，其實特別需要關心的是，臺灣社會的男人什麼時候才會恍然大悟，瞭解到從事再生產性勞務是他們的權利，進而去爭回親自做全職父親的基本權利？在外傭入侵日盛、對女性勞動力依賴日殷的壓力下，要求男性與女性一塊來思考工作與家庭角色的平衡是當務之急。因為婦女們爭的不是她們的權利而已，而且還包括了為男性們爭取做父親的權利。結果男性的偏執反而成為這項理想落實最大的絆腳石。若從這個角度觀察，兩性工作平等這項權利反映在工作與家庭角色扮演上，就是最為平實的拒絕應酬、回家煮晚飯、或一同吃晚飯；當小孩出生時，幫小孩洗澡、換尿片、泡牛奶、陪著子女走過青春期的困惑、自我的定位等等，這些都是全職的工作，應該有權占去一天二十四小時的另外三分之一，甚至更多。唯有當這個社會的男人都認清了生產與再生產的工作對於下一代健全人格與心理的養成具有同樣的重要性，那麼兩性工作平等政策才會是個兼顧男女兩性就業與家庭的雙元政策，而《兩性工作平等法》也才不會陷入產假、育嬰假、兒童照顧假只有女工可休，男工不可休，以及休這些假時，雇主得不支付工資的狹隘眼界。

三、提高婦女就業：觀念問題還是結構問題

　　讓我們換另一個角度來看看臺灣婦女勞動參與率低的問題。試想一個情境：有極高比例有能力、有意願的婦女等待就業，但卻找不到工作做。你會做何種解讀呢？可能是，婦女有極高的就業意願，可惜勞力市場沒有相對應的需求。這個答案確實嗎？首先，得去瞭解一下哪些婦女有極高的就業意願？是出於階級效應？名門望族的女性是為了維繫家族或個人權利，所以得擔任擁有實權的董事長總經理之類、或是領乾薪的虛職，那麼勞動

階級或家境清寒的婦女呢？是迫於生計吧！此外，教育效應，又是如何呢？婦女希望受雇於哪些職業？她們對於勞力市場的報酬系統、就業環境、升遷管道有何看法？是勞力市場中性別就業歧視的因素所造成的結果嗎？還是想就業的婦女不具有市場所需要的技能呢？

讓我們試想第二個情境：市場上有極高比例的工作機會，等著雇用女性就業者，但是卻雇不到女性勞動者。你又會做何種解釋呢？解讀一：婦女對於這些工作機會不感興趣，所以寧可賦閒在家，也沒有就業的意願？解讀二：婦女無法勝任這些工作，因為沒有辦法兼顧家庭與工作？要確定哪個解讀比較接近事實，首先，得去瞭解一下這些工作機會有些什麼共同的特質？是次級勞力市場的工作嗎？社會地位低、缺乏社會聲望、工資低、缺乏保障、沒有升遷機會？還是大部分都不是全職的工作嗎？談不上自我實現、也沒有機會自我成長？不適合有學齡前子女（有家累）的婦女的工作機會？

再進一步，讓我們思考相關配套問題。如果婦女沒有性別工作平等的意識，需要倡導性別工作平等的意識嗎？如果婦女沒有就業需求，有必要增進婦女就業嗎？如果無法針對有就業需求的婦女不足之就業能力，提供任何的輔導與協助，增進婦女就業豈不成為奢談？如果無法改善勞力市場對女性勞動者的雇用偏見，那增進婦女就業，豈不又成了奢談？如果知道育嬰托兒問題是阻礙婦女就業的最大絆腳石，又不懂得善用全職家庭主婦對社會與社區的勞動價值與可能貢獻，以解決職業婦女育嬰托兒的需求，那增進婦女就業，豈不又成了空談？如果增進婦女就業的作法，是再度以部分工時的工作或臨時性工作等次級工作機會，來對婦女進行二度剝削、或強化女性勞動者次級勞動者的地位，那又何必侈談增進婦女就業？

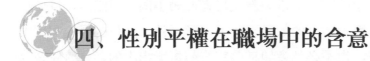
四、性別平權在職場中的含意

想像一下性別平等在職業場所中的含意。就拿第一個工業革命的國家英國來說，到了 1956 年男性煤礦工人都還認為有個外出工作的老婆是喪失

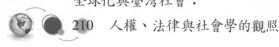

地位的標誌。女人外出工作意味著她的男人養不起她。不要說外出工作的婦女待遇很差，基於先生的形象與輿論的壓力，許多英國婦女寧願在家中做些兼差性的工作換取低廉的工資。單身婦女不是在紡紗廠之類的工廠上班，就是進入服務業。工作環境與工資都很差，一旦結婚就立即結束了她們的就業身分。節育工具與教育改善給予許多婦女計畫生涯發展的機會。速記、打字機、電話交易的發明，更提供了中產階級婦女被社會接受的就業型態，並且提供了勞動階級社會流動的管道。

但是，像護理工作之類，被認定為屬於女人工作的職業，提供的待遇都很差。再加上，就業婦女仍然有內在的障礙；特別是雇主不願意訓練女性員工的心結，因為女人結婚後就可能會離開公司。更重要的是，婦女接受的仍是只認為某種工作才適合女性來做的社會化。就業的母親常常經驗到角色衝突，飽受沒把小孩照顧好的良心譴責。然而，並沒有證據顯示母親外出工作確實會使三歲以上的小孩受苦。儘管有不少對於母親外出工作會使小孩變成不良少年、或是精神狀況不正常的揣測。不過，更多研究提供豐富證據顯示事實並非如此。受多個母性人物照顧的小孩並不一定會受苦，只要每個人給予小孩的是一份穩定的關係與妥善的照料。實際上，有些研究已經顯示，母親外出工作的小孩比母親待在家裡的小孩，更不可能成為不良少年。因為外出工作強化了對母親角色的補償，反映出外出工作的母親對家庭照顧的投入高於一般的水準。

當然，關於這些研究有兩個但書必須先加以說明。第一，這些研究沒有調查當小孩還是個嬰兒時，母親便開始出外工作的影響，雖然可得到的資料並沒有指出任何負面效果。第二，母親人物老是換來換去的情況，以致於小孩沒有機會和其中任何一個發展出穩定的關係，是有可能產生更不利的影響。這類不穩定的安排通常與為人母者照顧不周一併出現，以致於無法獨立檢視這兩個變項個別的效果。此外，常被外出工作的母親利用的日間托兒所與幼稚園，也不必然會如某些官方報告所指出的，會對兒童產生永久性的不利影響。這類論斷並沒有道理。日間托兒所這類特殊看護形式不必然會干擾到母親與小孩正常的親密關係，而且現有的資料尚提不出

具體的理由，斷定使用日間托兒所會對幼兒的心理上或生理上造成長期的不良影響。

　　隨著臺灣工業化的進展，婦女就業的傳統障礙開始塌陷、並逐步消失。主張兩性平權的婦女運動者極力挑戰傳統有關婦女能力有限的刻板印象。教育的普及加上婦女教育水準的提升所帶來的就業期望的提高，在在促使更多的婦女發展出生涯取向。不論是在經濟上追求獨立、或是必須貢獻家庭收入，除了找一份有薪水的工作之外，婦女們很少還有其他的選擇。因此，上述的這些問題，也成了臺灣社會思索兩性平等時，無法規避，更須正視的問題。

　　支持現代化理論的學者通常相信，如果有愈來愈多的婦女接受更多的教育，進入勞力市場成為受薪階級，有能力決定生育控制的決策，並且享有平等的公民權，那麼婦女就能擺脫父權的控制，實現兩性平等的理想。這種樂觀的看法持續沒多久，便遭到質疑。❶綜合而言，主張現代化將帶來女性平等的論述，已遭三片面的包挾：第一、被吸納進入現代工業社會的有償勞力市場，並不必然為婦女帶來充分的經濟平等。就婦女勞動參與率比較高的先進國家來說，勞力市場上仍然有高達百分之 50 的兩性職業隔離。就水平職業隔離 (horizontal occupational segregation) 來說，女性大多受雇於相當有限的職業類屬之中，尤其是那些傳統以來被認定是女人的工作的職場範圍內；就垂直職業隔離 (vertical occupational segregation) 來說，女性大多集中在職業階梯的底層，從事的多屬報酬少、聲望低的工作。第二、縱然有設想周到的育嬰休假制度、幼兒托育設施，以及平等就業機會政策，並不必然會帶來兩性在公共生活、工作場所，甚至於家務處理上的平等地

---

❶　參閱 Hartmann, H., 1982, "Capitalism, Patriarchy and Job Segregation by Sex", in A. Giddens & D. Held(eds.), *Classes, Power and Conflict*, London and Basingstoke:Macmillan.；Walby, S., 1986, "Gender, Class and Stratification:Towards a New Approach", in R. Crompton & M. Mann(eds.), *Gender and Stratification*, .pp. 23–56, Oxford:Polity Press.；Crompton, R. & Sanderson, K., 1990, *Gendered Jobs and Social Change*, London:Unwin Hyman.

位。在先進已開發國家，在家務料理方面，有關婦女權益雖然有長足的進步與改善，這一方面可歸功於先進家庭電器產品的發明，另一方面是因為這些國家的男士會主動幫忙料理家務。儘管如此，這些國家中的婦女仍要努力對抗在工作場所內的從屬地位，以及在政治參與上的女性代表人數過低的現象。第三、工業化與現代化並不必然保證兩性在勞動上與社會地位上的平等。就連最能實現兩性平等的社會主義中東歐國家來說，在充分就業的政策下，婦女享受到國家社會提供的育嬰托兒服務，在職場內與男性平起平坐、一較長短，但是回到家之後，絕大多數的婦女卻必須獨自承擔所有的家事。

⊕　性別職業隔離❷

　　哈金姆 (Hakim, 1979) 指出以性別為基礎的職業隔離，主要可分為垂直隔離與水平隔離兩類。

1. **垂直職業隔離：**是指男性通常受雇於高階職業，而女性則多受雇於低階職業。主要是藉由差別雇用與升遷限制兩種方式加以達成。所謂「差別雇用」是指相同職業之內，分別雇用男性與女性於位階高低不同的職位。「升遷限制」是在內部勞力市場中，將女性受雇者的雇用與升遷都限制在低階職位之內。垂直職業隔離有兩種類型：一、在一個職級高低結構明確的職業磁場中，直接雇用女性於永久性低層級的職位；二、藉由內部勞力市場機制的運作，透過文憑主義與父權價值，將女性限制在某些職級位階之中。

2. **水平職業隔離：**是指男性與女性普遍受雇於不同類型的職業。水平職業

---

❷　參閱朱柔若，1998，〈第 12 章：女性勞工與性別歧視〉，《社會變遷中的勞工問題》，臺北：揚智，頁 210–212。

隔離的維持主要是根據性別類屬，雇用男女兩性於不同的職業磁場之中的方式來達成——即剛性職業只招募男性勞工，柔性職業只雇用女性勞工。水平職業隔離的出現有兩種情況：其一、依照性別分類而選擇雇用人員的職業，也就是說，某些職業是只有女人或是只有男人，才會去申請的職業；其二、因女性勞動供給過多，而導致勞力市場上報酬過低的女性職業。

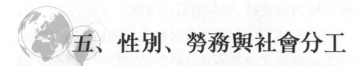

五、性別、勞務與社會分工

　　所有的社會都必須處理生產性勞務與再生產性勞務的問題，生產性勞務幫助社會解決生存問題，然而若沒有再生產性勞務的配合，社會根本無法延續。前工業社會解決這個問題的方法主要是建立在性別分工的基礎上。生產面的勞動主要是由男性來負責，女性則負責再生產面的勞動。生產面的勞動屬於公領域的範圍，對社會的貢獻重點擺在當下；再生產面的勞動，特別是操持家務、傳宗接代與子女的家庭社會化，則屬於私領域的範圍，重點在於未來；公領域的勞動是有酬勞動，而私領域的勞動是無償勞動。這種以性別為基礎的分工來執行生產與再生產的功能，如果執掌兩個不同領域的性別群體都擁有相同的權力、地位與財富，或許這種分工體系本身並無所謂的對錯或好壞之分。但問題是，這種分工模式隨著女性教育水準的提高，經濟體系與勞力市場對女性勞動力的需求增加，而對女性成員產生不利影響時，社會就有責任滿足女性成員從事有酬勞動力的需求，也有義務幫助女性解決其在滿足社會對其生產層面勞動力需求的同時，又過分依賴女性提供再生產方面的勞務的問題。

　　因此如何使女性取得具有與男性平等的社會地位與就業權利，基本上可從生產與再生產兩個層面來加以思考：(1)在生產活動層面，兩性平等是指女性與男性在接受教育、選擇職業、聘雇任用、薪資待遇、升遷管道、政治參與方面，都享有同等的權利與機會。據此，追求兩性在勞力市場上

地位的平等可從兩個方向著手：第一種是以突破兩性在生理上與社會上限制為基礎，以消弭性別所造成的職業區隔為宗旨。就這個層面來說，可以透過提高婦女在非傳統工作上的就業比例，來加強就業機會平等政策的落實。第二種則是重新反省社會文化建構的性別分工的正面意義與功能，積極肯定被歸類為女人的工作的社會價值與地位，並給予等值的經濟回報。也就是說，從等值工作的角度，接受所謂男人的工作與女人的工作對社會貢獻的價值相等，並據此回饋他們等值的勞動報酬。(2)在再生產活動方面，兩性平等的意義則是指給予適當的支持，以幫助兩性扮演在家庭內的角色，至少避免將所有家庭內的勞動全部集中在女性成員身上。關於生產活動，不管採取的是第一還是第二條途徑來改善兩性在勞力市場的差別地位，都必須與解決私領域內兩性執行社會再生產功能時的必要勞動該如何分擔的問題，一併思索檢討。換句話說，如果只有兩性平等的雇用制度，而沒有兩性平等的家庭政策給予支援與配合，女性勞動力仍將面臨「既要主內，又要主外」的雙重負荷，而難以全力以赴的瓶頸，結果勢必使兩性平等的雇用制度終將因流於形式，而猶如虛設。因此，支援性家庭政策其實乃是針對工業社會繼續沿用傳統社會建立性別分工的三大價值，提出嚴正的批判：(1)育兒與家務是女人主要的而且是唯一的職業；(2)料理家務必然無法與從事有償勞動同時兼顧；(3)育兒與扶養依賴人口純然是家庭的責任，不應該由雇主與社會共同承擔。

　　根據過去的紀錄，政府許多措施經常顯示女性的時間是可以剝削的這項認知，看準了女性會繼續扮演看護者的角色，因此經費不足時，總是最先刪減衛生、教育、育嬰、托老、以及其他基本服務的預算。目前在先進國家已經採行的支援性家庭政策包括兩個方面：第一，提供良好的幼兒看護與托兒服務設施；第二，可供選擇的工作組合與帶薪的育嬰假。政府提供托兒設施與母親參與勞動力的比例之間，始終有某種程度的緊密關連，譬如擁有最完備的政府補助托兒設施的北歐國家，就有高達四分之三的婦女投入勞力市場。

　　因應職業婦女的普遍化所做的另外一項調整，是提供多種不同的工作

組合，包括部分工時的工作與育嬰假期。在西方國家，部分工時的工作已經成為有小孩的年輕媽媽的正常工作，遺憾的是幾乎每個國家中的這些工作都與低工資、沒有升遷希望的特質脫不了關係。瑞典與芬蘭訂定有十二個月到十五個月的男女皆可分享的育嬰假，英國政府目前則致力於強化父親育兒責任權的法令規劃，準備從 2009 年 4 月起，母親生下孩子六個月後可以選擇返回工作崗位，把餘下六個月產假留給丈夫。根據英國現行規定，父親產假只有兩週，每星期獲得一百英鎊補貼。如果新提議得以實施，父親不僅能休六個月產假，每星期還能拿到 112.75 英鎊補助❸。其實這些措施皆可作為其他追求性別平等國家效法的典範。

　　除了英國的突破之外，這方面的各種措施，大多都擺在避免家庭與育兒的勞務傷害到女性的就業權利。問題是，如果育嬰假、或是托兒所等措施，都被視為針對女性的特殊設計，那麼可能只會惡化職業的性別區隔與工資的不平等。避免落入這個陷阱的主要措施，就是使這類政策成為性別中立的政策，是針對所有受雇者所設計的福利措施，而不是特定的某個性別。因此尋求性別之間或世代之間的角色分享，是解除長久以來加諸在女性身上過重負荷的主要途徑。想要落實兩性工作平等、角色共享的理想目標，首先必須改變態度，重新肯定再生產與養兒育女工作的價值，並且將之視為一種兩性當享的權利，而不僅只是一種當盡的義務。就這點而言，除了透過性別平等雇用制度的建立、強化支援性家庭政策的配合之外，就得從教育上灌輸性別平等、公共與私有領域等值並重的理念，建立做個實至名歸的好父親與好母親，爭取育嬰養兒的時間是值得所有勞動者，以追求平等工作權同樣的心力，來加以主動爭取的權利。唯有如此多軌並進，方能加速社會觀念的改變，早日見到性別平等理想的落實。

---

❸　參閱朱柔若著，2007，〈徒法不足以自行：簡述英國之工作平等法制之變遷〉，《高市勞工》: 26–31。

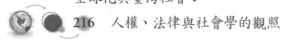

六、臺灣職場的四大性別歧視

㈠招募歧視

報紙徵人啟事欄上多的是招募時的性別限制,諸如「儲備幹部限男性」,「行政人員限女性」等申請資格要求。招募「主管經理人員」、「佐理人員」、以及「專業技術人員」這類職務時,有百分之 65 以上甚至百分之 70 是限男性的;而「秘書」、「會計出納」、「服務人員」這類職務時有百分之 68 甚至百分之 88 是限女性的。至於政府機關的特考,同樣也有明顯的性別限制,如外交、金融、關務、稅務人員特考,在外勤組上完全只招收男性,女性連報名的機會都沒有,完全被摒除在外。

㈡同工不同酬

目前臺灣女性受雇者的平均薪資大約是男性薪資的百分之 71.6,這樣的現象與職業隔離有關(如擔任專業及管理階層者以男性居多)。即使同性質的工作,男女性受雇者的薪資亦有差異。理由是什麼呢?「男性要養家」?是嗎? 在單親家庭日益增高的趨勢下,女人賺錢真的就不需要養家嗎?

㈢升遷不公

女性要晉升為主管的機率比男性小得多,工作分派也常有不平等的現象,女性往往被安排去做低階瑣碎的事務,次要的工作、沒有發展性的職務。舉例來說,通過國家考試的女性在比例上是高於男性,然而政府部門中女性擔任主管的比例不到百分之 10。這不但是一開始在招募上就存有性別區隔,也是出於根據刻板印象而從事職務分配的結果。譬如認為男性可以協助社交應酬,對公司的貢獻較大,在考核和升等上理應獲得回報。或者認為女人的責任主要在家庭,所以在職業訓練機會上給予不公的分配,以致而阻礙女性升遷的機會。

㈣懷孕歧視

　　還有一類會威脅到女性的生涯規劃與升遷管道的歧視是「懷孕歧視」。這項歧視似乎直接懲罰女性的生育能力。除了早先銀行與信用合作社行之有年的單身禁孕條款、貿易公司惡意要求或以考績逼迫懷孕員工離職、空服員因為懷孕被迫留職停薪，都是最明顯的懷孕歧視的例子。雇主常認為懷孕女性工作能力較差、又會請產假，因而使用隱微的手段排斥雇用懷孕的女性。

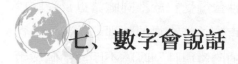

七、數字會說話

　　經濟奇蹟的創造使臺灣於 1987 年正式由製造業為主導的就業模式,轉變為由服務業為主導的就業模式，使得受雇於服務業的白領勞工在人數上大量增加。但是這二十年間婦女勞動參與率未見顯著的增加（參閱圖12-1），以致有勞委會提出輸入外傭的政策出籠。造成女性勞動參與率低落的原因很多，勞力市場障礙雖不見得是主要原因，但是絕對脫離不了關係，若再參考一些關於勞力市場上，兩性在工資與行業上的差異，或許可以窺出些端倪。

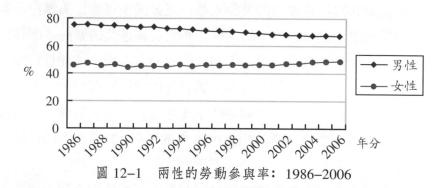

圖 12-1　兩性的勞動參與率：1986-2006

　　關於兩性工作平等現況的討論，常集中於婦女弱勢地位的訴說，傾全力批判女性在勞動市場的次等地位。也許這些刻板印象都接近事實，甚至

就是事實。在此，就讓一些相關的官方統計資料來彰顯臺灣社會兩性在職業隔離、工時、工資、以及勞動參與上的差異。為了能夠更清楚地反映社會變遷的效果，不論是自然的還是人為的，將以十年為一個觀察期，藉助行政院主計處的薪資與勞動統計的資料，呈現臺灣女性在工作與就業的領域內相對於男性的地位，及其在勞力市場上的挫敗與斬獲。

㈠性別職業隔離

職業的性別隔離是學界與政界頗為關注的議題，這裡的焦點集中在呈現水平的性別職業隔離，也就是男女兩性普遍受雇於不同職業以及受雇於同一職業卻得到不同待遇的現象。透過官方統計資料的整理，首先可依性別職業隔離的程度區別出性別隔離明顯的職業與性別隔離不明顯的職業兩大類；然後可從鮮明性別隔離的職業中，再區別出男多於女（男人優勢的就業領域）與女多於男（女人優勢的就業領域）兩大職類。

就 1986 年的整體資料來看，三大產業中製造業與服務業的性別職業隔離現象並不顯著。但是隨著 1987 年發生產業轉型之後，這兩個性別區隔不顯著的產業，逐漸發展出製造業是「男人的職業，服務業是女人的職業」的趨勢。1986 年製造業就業人口的性比例是 0.9，經過股市崩盤、大量製造業資金流向大陸與東南亞之後，顯示在 1996 年的資料中，製造業勞動力的性比例縮減為 0.73。這縮減的勞動人數，或多或少可斷定為源自於製造業出走，而帶動的大量女性勞工的失業。相對於製造業的緊縮，服務業的蓬勃發展吸引大量女性勞動力進入服務部門的勞力市場，使無性別隔離的金融保險業（1986 年的性比例是 0.94）與具有中度性別隔離的工商服務業（1986 年的性比例是 0.68），在短短的十年之後，這兩大服務業反而成為女性就業人口超過男性的行業，根據 1996 年的資料，其勞動力的性比例分別為 1.22 與 1.1。

其次，就製造業與服務部門內部各行業性別隔離的嚴重程度而言，紡織、成衣、製鞋業、醫療服務、旅館、美髮業、與金融保險業主要是女人優勢的行業。從 1986 年到 1996 年，經過十年的變化，美髮、成衣與醫療

服務業不但沒有改變女人優勢的特性，反而有加重的趨勢，特別是醫療服務業與美髮業。相對的，製造業中之製鞋業的女性優勢，則隨著該產業的外移而衰退，不過這個現象暗藏著一股隱憂，未來鞋業如果繼續出走，大部分失業的勞工，女性將首當其衝（參閱圖 12-2）。

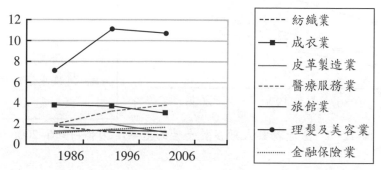

圖 12-2　女性就業人數多於男性的產業：1986–1996–2006

　　至於男性優勢的產業，諸如礦業、水電燃氣、營造、運輸倉儲及通訊、化學材料、石油煤氣、環境衛生污染防制、汽機車修理保養、以及出版業，經過十年的變化，女性的能見度，除少數外，都有明顯改善，特別是汽機車修護保養，女性就業人數從 1986 年不到男性就業人數的百分之 1 的情況，增加到突破百分之 1，自 1996 年之後再經過十年的變化，到了 2006 年女性就業人數已接近占該業男性就業人數的二分之一。其次，在這二十年期間，出版業女性就業人口占該業男性就業人口的百分比已從 1986 年的百分之 40 增加到 2006 年的百分之 61；在這些男性職業中女性就業比例皆呈現普遍改善的趨勢之下，化學材料製造業的女性就業在這二十年中，表現出不增反減的現象，從 1986 年的百分之 40 降低到百分之 25（參閱圖 12-3）。

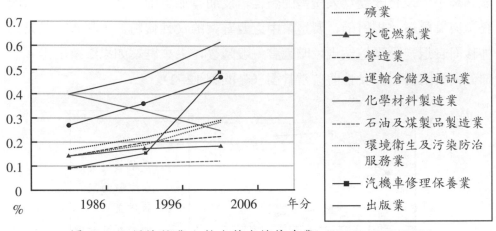

圖 12-3　男性就業人數多於女性的產業：1986-1996-2006

㈡工時

　　在所有勞動條件中,或許工作時數是顯現兩性工作平等最有力的證據,特別是在正常工時方面。若比較 1986 年與 1996 年的情況,似乎可以說,《勞動基準法》發揮不少功效。一般說來,每月的工作時數男性通常比女性多 1 個小時左右。不過在加班時數上,男性顯著比女性為多,以 1996 年的資料來說,製造業男性比女性平均每月多出 6 小時的加班,甚至高過於 1986 年的紀錄,其中又以女性優勢的罐頭食品業中的男性勞工加班時數最高,比同業女性勞工多出 9 個小時。其次為紡織業的男工,每月加班時數多於同業女性勞工 5 小時。值得注意的是,受雇於女性優勢行業的女性並未因屬勞動的主力而承擔較多的工作時數,相反的,反而同業中的男性承擔較多的加班時數（參閱圖 12-4）。

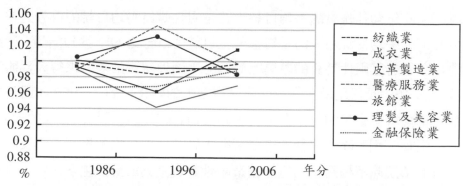

圖 12-4　女性多於男性就業人數的產業在工時上的差異：1986–1996–2006

　　另外，比較有趣的是，就 1996 年的資料顯示，在男性優勢的行業中，除礦業之外，似乎都展現男性正常工作時數皆比女性正常工作時數為少，但加班時數皆比女性為多的現象（石油及煤製品製造業尤其如此，參閱圖 12-5）。特別是在 1986 年尚未有如此明顯的「差別待遇」的行業，到了 1996 年，大多都「殊途同歸」了！

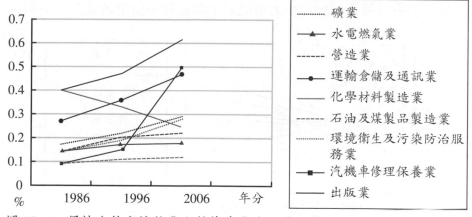

圖 12-5　男性多於女性就業人數的產業在工時上的差異：1986–1996–2006

(三)工資

　　一般說來，從事相同職業的女性其平均工資都比男性來得低，但是十年來在薪資方面，不同的職業卻也發展出相當不同的變化。以製造業整體

來說，1986 年女性職員的平均月薪大約是男性職員平均月薪的百分之 59；女性勞工的平均月薪則大約是男性勞工月薪的百分之 68。換句話說，製造業中，白領勞工兩性薪資的差異比藍領勞工兩性薪資的差異來得大，將近有百分之 10。這個現象在十年之間並無多大的變化，到了 1996 年雖說白領女工相對於男性白領勞工在工資差距上，有稍微上升兩個百分點的改善，反觀藍領女工相對同業男性的工資卻有下跌三個百分點的倒退。相反的，服務業的情況頗不相同，而且服務業兩性薪資差異的對照主要是在主管與員工兩個層級的比較。早在 1986 年，服務業女性主管的月薪不到男性主管月薪的百分之 70，介於最低的百分之 59 到最高的百分之 86 之間。就這個層面來說，在員工方面女性的月薪占男性員工月薪的比例就高些，大約在百分之 76 左右，除工商服務業偏低為百分之 69。到了 1996 年，女性主管相對於男性主管的薪資比，改善了不少，有逼近百分之 80 的潛力。而在員工方面，特別是金融保險與不動產業女性員工的月薪幾乎和男性不相上下，衝上百分之 94（參閱圖 12-6）。就這點而言，可見女性與男性工資比有朝兩極化的方向發展，這個趨勢對於受雇於製造業的藍白領女工都不利。

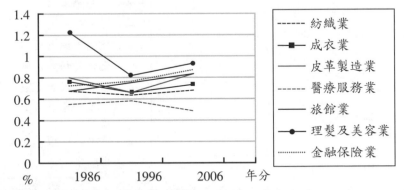

圖 12-6　女性就業人數多於男性的產業在薪資的差異：1986-1996-2006

在女性優勢的行業中，根據 1986 年的資料，製造業的女性職員與服務業的女性主管的月薪占製造業男性職員與服務業男性主管月薪的比例，都比製造業女性勞工與服務業女性員工占製造業男性勞工與服務業男性員工的月薪低 12 到 26 個百分點；其中只有醫療服務業的情況稍為好些，只低

6 個百分點。美髮業則是唯一的例外，女性主管與員工的月薪是男性主管與員工月薪的 1.07 與 1.22 倍。這個趨勢到了 1996 年沒有多大的變化，可嘆的是，女性勞工的月薪占男性勞工月薪的比例都有明顯減少的趨勢，減幅為 3 到 23 個百分點不等。其中，美髮業的女性員工與勞工薪資反而減至占同級男性員工工資的百分之 75。此外，值得欣慰的是，醫療服務業的女性員工月薪占男性員工比例有顯著改善，從為同級男性月薪的百分之 58 升至百分之 85（參閱圖 12-7）。

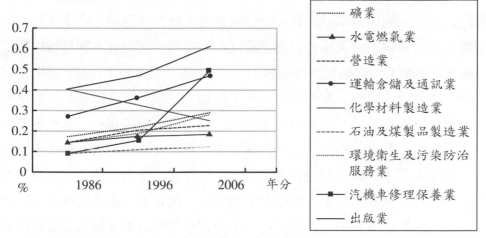

圖 12-7　男性就業人數多於女性的產業在薪資的差異：1986–1996–2006

　　在男性優勢的行業中，礦業與營造業女性薪資占男性的比例經過十年的變化有顯著的改善，分別從百分之 49 與 68 進步到百分之 65 與 81。不過在石油製造業則出現兩極化的趨勢，女性職員占男性職員薪資比例有明顯改善，但是女性勞工占男性勞工的薪資則出現倒退的現象（就這點水電燃氣業亦然）。此外，服務於環境衛生污染防治的女性主管月薪占男性主管月薪比例，經過十年之間的變化，反而下降了百分之 20。這項發現若與女性在這些行業中人數增加的現象做一對照，似乎隱藏著新就業歧視正在緩慢發展當中。

　　從上述資料中可窺見，雖然女性在服務業中開闢出不少新職業領域，

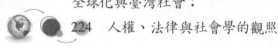

特別是金融保險不動產與工商服務，而隨著女性人數的增加，兩性工資比也有顯著的改善。但是新的職業隔離與工資歧視也隨之出現，特別是傳統以來服務業中原本就是女性職業領域的女性就業人數，雖見高成長，但是在工資方面，不論是在醫療服務業，還是在理髮美容業，再次出現男女薪資差距加大的現象。更別提，那些經過二十年的變遷之後，兩性工資比例不但未見改善，反而有惡化趨勢的行業，特別是製造業內屬於女性優勢的行業以及水電燃氣業。

　　《勞動基準法》第二十五條規定「雇主對勞工不得因性別而有差別之待遇。工作相同、效率相同者，給付同等之工資」、《性別工作平等法》第十條也規定「雇主對受雇者薪資之給付，不得因性別而有差別待遇；其工作或價值相同者，應給付同等薪資」，現今回顧了這些數字之後，個別產業之間與之內的「現況」與兩性工作平等這個「理想」之間的差距，卻是不容狡辯地展現在眼前。雖然目前呈現的只是工資差距的資料，其他隱藏在招募、雇用、升遷、職訓、退休、解雇等方面，女性可能經歷到的差別待遇，就不用說了。固然其他非性別因素，如年資、獎懲、績效的效應，會產生同工並不同酬的效果，但是對於明顯的、刻意的性別差別待遇，則有必要加以規範。唯有如此，雖不見得能夠提供積極鼓勵女性投入勞力市場的正面誘因，至少可以消減社會上傳統以來認定「工作是女人的副業而刻意壓低女性勞動報酬」的偏差心態。

議題十二
婚姻場域中的性別平權

―摘要―

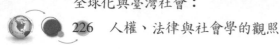
　　「婚姻三昧」——床鋪、餐桌、與小孩——陳艾妮用日常語言，傳神地指出了「婚姻中的三項要素」。轉化成較為學術專業的語言，床鋪指的是夫妻之間性關係的忠誠度與排他性。用比較商品化的語言表達，選擇結婚的決定，等於對外公開宣告選擇了一種契約關係；在此契約有效期限內，必須與契約當事人維繫一種絕對封閉的關係，從此以後只與對方共同經營性生活，同時也放棄了與其他人產生這方面關係的權利。餐桌指的是夫妻相處時對彼此個性、偏好、優缺點的磨合，即使無法全然接納，也必須相互協調與尊重。小孩則涉及家務分工與新生代的教養，是家庭社會化的重要課題。所以婚姻中的人權議題，基本上，就涵蓋了夫妻這三個方面的對等權力關係。

一、婚姻暴力中的人權議題

　　雖說暴力行為有直接與間接兩種型態，或以一種迂迴的方式、或以直接對峙的方式，強迫對方順服的手段。暴力行為可以被界定為施暴者用來剝奪受暴人應該享有的人身安全權利，以暴力的方式取走受暴人的安全與人身自由。施暴者最大的問題在於無知，不懂得尊重別人身體的界限，其實是一切尊重行為的基礎。❶婚姻暴力發生於婚姻關係之中，夫或妻的一方對另一方以暴力的方式，使其順從己意。用法律的語言來說，婚姻暴力指具有夫妻關係雙方彼此之間向對方實施身體或精神上不法侵害的行為。不法侵害主要是指置對方於奴隸或類似奴隸之狀況，其中尤以身體上的不法侵害最為明顯易見，在刑法上需負擔傷害罪的刑責。父權制度的影響與男女權力的不對等，常致使婚姻暴力中以毆妻（打老婆）出現的普遍性遠高於毆夫（打老公）。所謂打老婆是指丈夫重複毆打妻子的行為，用以強迫妻子順服他所提出的所有要求，對妻子權利與意志毫無認知與尊重意思。

---

❶　朱柔若，2002 年 10 月 4 日，〈從家庭暴力到職場性騷擾——台灣法律對女性人權之保障及其極限〉，國際和平大會「婦女關懷、讓愛飛翔研討會」。

丈夫使用暴力的目的在於控制，但是在他施暴的同時或許並不知道，加諸在妻子身上的肢體暴力，實屬於嚴重的犯罪行為；若無動手毆打，只以惡言威脅、兇狠的表情、脅迫的態度，使妻子膽怯害怕，或以帶走子女作為威脅之手段，亦屬精神上的不法侵害，觸犯民事責任中的不法行為，使他人權益受害或受損。若其中涉及恐嚇的行為，尚須擔負觸犯《刑法》恐嚇危害安全之罪的刑責。若以暴力致使妻子受傷，也必須負擔刑事責任。倘若無論妻子與誰說話、看什麼東西、去往何處，都加以限制，甚至將妻子關起來，完全不許其外出，則觸犯了妨害自由之罪。

將婦女人權的議題擺回家庭來看，那麼婚姻暴力，婚姻關係中男人對女人的施暴，就非常吻合馬克思對家庭所提出的嚴厲批判——「一種男人為提升其自身利益與特權而犧牲女人及子女的權力與壓迫工具」。❷的確，對於婚姻暴力的受虐者而言，被配偶毆打是一件極不符合正義的事。所謂「正義」，原則上就蘊含著意志傾向須依照平等，施予每個人，是每個人應有之權利。

在一個主張人權至上的時代裡，人權是個人透過一定的社會實踐來體現其潛能的一種權利，本身就含有「個人」自我實踐的道德預設 (a sort of self-fulfilling moral prophecy)。❸1993 年聯合國大會通過《終止所有對婦女暴力宣言》中的第一條，便開宗明義地指出打老婆是對婦女造成嚴重傷害的行為：「所謂對婦女的暴力是在公開或私人的生活中，對婦女施暴造成或可能造成她身體上、性方面、或心理上的傷害，包括隨意以任何動作來威脅或剝奪她的自由」。

❷　Thompson, W. E. & J. V. Hickey, 1994, *Society in Focus: An Introduction to Sociology*, Allyn & Bacon, p. 323.

❸　Donnelly, J., 1989, *Universal Human Rights in Theory and Practice*, Ithaca: Cornell University Press.

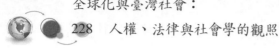
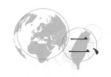

二、人權意識的成長等於美德的消滅？

傳統社會強調對婚姻的忠貞、承諾、責任、犧牲與奉獻；雖然也強調互相尊重，但是更要求妻子而非丈夫要有忍讓與順從的心，並據此建構出婚姻關係中妻子的美德觀念，藉以強化妻子在婚姻關係中的從屬性格。華人社會儒家文化灌輸女子「三從四德」的婦德觀念以及西方社會基督教文化中強調丈夫是妻子的頭，以夫為尊的觀念，都是片面的、傾斜式的婚姻倫理。

現代化與民主化的結果，教育重心轉向強調個人自我的發展與權利的對等。當女性瞭解自己的權利，知道如何行使權利以對抗不合理的剝削與壓迫、拒絕接受不公平的要求與待遇之後，自然會跳脫傳統價值觀念的束縛，進而發展出自主、主動、堅強與獨立等現代特質。一旦女性受到啟蒙，意識到自己的主體地位優先性，對於傳統講求出嫁從夫的順從美德，便不自主地產生對立的情愫、甚至採取對抗的行動，實為無可避免的趨勢。當女性不再願意扮演被保護的依賴者角色，傳統夫強妻弱關係頓時失去平衡。尤有甚者，以回打回罵方式回應施暴丈夫的少數現代化婦女，反而更加激怒施虐者，促使其加重暴行。儘管以暴制暴與忍氣吞聲皆非處理婚姻衝突的有效手段，對於接受現代化民主教育洗禮、認同人權是一種「個人」自我實現的道德預設、是實踐自我潛能之基本權利的女性而言，在強烈個體中心的權利意識下，要求她在面對挨打、人格權利喪失之時，還得報以長期忍耐，以換得美德的讚揚，抑或譴責她缺乏傳統婦德觀念，皆為開倒車之迂腐言論。

三、婚姻暴力是想像、迷思，還是事實？

長期以來，傳統觀念對家庭都抱持著正面的看法，以致於婚姻暴力常被視為「家務事」，而使受虐的婦女無法獲得及時的援助。其實，在西方社

會，「打老婆」早在 19 世紀，就是一個深受重視的社會議題。進入 20 世紀之後，則普遍被稱為「家庭暴力」。此外，還有一些常用的名詞，諸如配偶虐待 (spousal abuse)、婚姻虐待 (marital abuse)、婚姻犯罪 (conjugal crime)、打女人 (woman battering)、家庭暴力 (family violence)、對婦女施暴 (violence against women)。❹以先進的美國社會而言，丈夫打老婆也非絕無僅有的罕見現象，相反的，而是出現頻率頗高、威脅家庭人權的重大社會問題。

國內對婦女受虐的問題，遲至 1989 年方才逐漸受到學術界與實務界的關注，成為受重視的社會問題。從官方統計可知，不包含離婚、同居關係、以及其他家庭成員之間的暴力事件，國內每年有近 15 萬已婚婦女處於受暴狀況。內政部 1998 年對臺灣地區婦女生活狀況調查提要報告中指出，有百分之 3 的已婚婦女曾被先生施暴過，該年 4 百 83 萬 5 千餘名的有偶女性中，約有 14 萬 5 千餘名婦女遭受到婚姻暴力，顯示女性在家庭中的劣勢處境。就連近期的調查數字，自 1998 年家庭暴力防治法實施後八年，亦即 2006 年婦幼節前夕年代民意調查中心針對婦女人權與婚姻暴力狀況所做的電訪結果❺，也證實接近有一成（百分之 9）的已婚婦女承認在最近一年內曾受到先生暴力相向，其中遭受肢體暴力的大約有百分之 1，百分之 3 遭受精神虐待，約百分之 8 遭受到言語上的羞辱。這些看起來不高的數字，若以全國將近 5 百萬的已婚婦女人數推算，則可能有高達 45 萬已婚婦女遭受婚姻暴力，其中至少有 5 萬人過去一年內被先生毆打過。依內政部家庭暴力及性侵害防治委員會 2006 年的統計，通報婚姻暴力受害的有 3 萬 8 千餘起，其中女性受害人為 3 萬 6 千人占百分之 93。本國籍受暴婦女占百分之 81.3，外籍配偶占百分之 6.8，大陸與港澳籍占百分之 5.6。受暴婦女年齡以 30 至 40 歲的最多，約 1 萬 3 千人，占百分之 35.2，40 至 50 歲

❹ Gelles, R. J. & D. R. Loseke (eds.), 1993, *Current Controversies on Family Violence*, Newbury Park, Calif.: Sage Publications. Bacchi, C. L., 1999, *Women, Policy and Politics: The Construction of Policy Problems*, London: Sage Publications.

❺ 年代民調中心，2006，《婦女人權與婚姻暴力民調報告》，頁 2。

次之，約 9 千人占百分之 25.5，24 至 30 歲居三，約 6 千人占百分之 17.3，換言之，24 至 50 歲的受暴婦女占總受暴婦女人數的百分之 78。從這些數字來看，配偶間非致命身體暴力的受害者大多是妻子，而且打老婆可能已經是一項夠嚴重到值得重視的社會現象。如果相信數字會說話，這些數字也足以解釋這個頗能「束縛」女性自我發展私領域中的家庭與婚姻的議題，何以婦女人權指標上「婦女遭受婚姻暴力或其他家庭暴力形式之威脅」，會是婦女人身安全權評量中得分最低的項目。❻

四、受暴妻子為何沉默？

由於性別社會化的緣故，女性常將自己定位為維持婚姻關係的關鍵人，認為維持婚姻關係是其主要的責任，從而順從、容忍、包容、委曲求全形成婦女處世的一套獨特的價值觀，在婚姻中也因此經常陷入自我犧牲的處境。正因為受虐婦女重視自己與先生以及整個家庭的和諧，經常犧牲個人的興趣與利益以換取和諧關係的維繫，以致於這類和諧關係常流於表面，背後卻隱藏著許多埋怨，甚至潛伏著極端的不和諧。

在男性中心主義社會文化價值觀的影響之下，婦女往往是婚姻暴力的主要受傷害者。這些受虐婦女在受虐初期，沉默忍受通常是其主要的回應方式，內心深處總是期待著自己的忍耐能換得施虐者的良心發現。究其原因，一部分是受到「珍惜情感」、「重視責任」等婚姻信念的影響；另一個比較不可思議的，解釋被毆婦女不會告訴他人她受到丈夫虐待原因是出於保護丈夫。尤其是高社經階層的婦女比較不會透露受虐的事實，她們擔心受虐的消息若傳揚出去會破壞先生的事業、也害怕在社會和政治上造成先生的尷尬、失面子。然而，事與願違，忽略、容忍、原諒的方式，反而招來施虐者暴力行為不斷循環複製，甚至變本加厲的惡果。❼

---

❻ 潘淑滿，2004，《2004 年台灣婦女人權──指標調查報告》。

❼ 周月清，1994，〈臺灣受虐婦女社會支持探討之研究〉，《婦女與兩性學刊》第

五、婚姻暴力的解釋

關於婚姻暴力的解釋，心理學、女性主義、乃至社會學，各有各的不同論點與觀察心得。在心理學方面，主要是從行動者的微觀角度說明家庭暴力的成因與影響。女性主義則是從社會建構論 (social constructionism) 的觀點，解析夫妻衝突與影響歷程。以資源議論與社會控制理論為主的社會學觀察，則採取鉅觀研究途徑，從社會文化的角度分析家庭暴力的問題。❽

(一)心理學以行動者為核心的四大觀點

心理學有關婚姻暴力的實證研究，從微觀角度置行動者為觀察重心，可細分為受虐婦女人格特質結果論、受虐婦女的母職經驗說、施暴男性的人格特質說、以及受虐原住民婦女的拒絕求助說四大觀點。

1.受虐婦女人格特質結果論

受暴婦女長期處於人為暴力創傷，屢遭毆打之後，經常出現依賴被動、沮喪焦慮、孤獨無助、恐懼害怕、自尊低落等扭曲的人格特質。雷諾‧沃克 (Walker) 稱這些行為特質為「被毆婦女症候群」(battered women syndrome, BWS)。❾換句話說，出現在受虐婦女身上的認知扭曲、冷漠、甚至失憶，是一種長期遭受暴之後學習而來的生存策略，藉由這些行為，

5 期：69–108。周月清，2001，〈受暴婦女與專業人員對婚暴認知探討研究〉，《社區發展季刊》第 94 期：106–133。

❽ 朱柔若、吳柳嬌，2004，〈打老婆：社會學研究取向之探討〉，家庭關懷研討會，高雄：輔英科技大學。朱柔若、吳柳嬌，2005，〈行動主義、女性主義、社會學、與實務界的多元對話：台灣婚姻暴力研究之檢討〉，《南大學報》第 11 卷第 3–4 期：31–61。

❾ Walker, L. A., 1993, "The Battered Woman Syndrome is a Psychological Consequence of Abuse", in R. J. Gelles & D. R. Loseke (eds.), *Current Controversies on Family Violence*, Newbury Park, Calif.: Sage Publications.

受虐婦女尋求心理與生理上的自我保護。所以，這些為了生存而習得的人格特質，當視為受暴事實的「結果」，而非受暴的「原因」。

2. 受虐婦女的母職經驗說

「受虐婦女如何在受虐的狀態下善盡母職?」是引發心理學家好奇，進而執行有系統觀察研究的另一個問題。試圖瞭解已婚婦女在受虐妻子與育兒母親雙重壓力下的母職經驗。結果發現受虐婦女面臨的母職困境主要有四項——沒錢沒權難以給孩子好好的照顧、母職的孤立無援、無法避免孩子受創、難以挽救母子關係的破裂等。基本上，母親角色對受虐婦女的親子關係，同時有正面與負面的影響。負面影響是指承受施虐者以小孩的安全做威脅，包括懷孕、生產、與作月子期間承受的暴力凌虐。也就是說，身為人母或即將為人母親的受虐婦女，為了保護孩子、給孩子一個「完整」而非「破碎」的家，而可能陷入難以逃離的虐待關係。所謂正面的影響是指母愛的力量給予受虐婦女對抗更多暴力的力量與能量，不論是為了生存而反抗暴力、還是逃離暴力。

3. 施暴男性的人格特質說

根據男性施虐者對施暴經驗的回溯，施暴行為與建構男性特質與形象有極密切的關係。大多數施暴男性配偶是屬於權威型，不尊重對方，不把婦女當成一個人，認為女性角色只是在滿足自己的需要，遂要求女性絕對的服從。華人社會的男性在特有的社會文化價值觀念之下，講義氣成為個人道德、男性形象、以及人際交往的核心。其間所謂的義，包括了「道義」、「孝義」、「兄弟之義」、「父子之義」、「夫婦情義」等多個層面，因而加重華人男性在面對社會變遷與婚姻衝突時的壓力，減弱了其角色調整的能力。為了實現「義」的道德訴求，華人男性多堅持配偶配合、體諒、做出犧牲。若妻子無法達到他的期望，在壓力與不理性想法的推促下，華人男性也比較容易變成施暴者。❿

---

❿　陳高凌，2001，〈義與面子在華人家庭暴力裡的運作及其對治療之啟示〉，《本土心理學研究》第 14 期，頁 63–111。

4.受虐原住民婦女的拒絕求助說

在臺灣社會，緊密的人際關係籠罩下，婚暴的傷痛成為遭受婚姻暴力的原住民婦女不願說、不可說、甚至要求自己隱忍的問題。根深蒂固的原漢族群歧視，使原住民婦女擔心婚暴將繼酗酒、雛妓、失業等問題之後，成為主流社會給原住民貼上的負面標籤。承受著這個壓力的原住民受虐婦女，擔心向正式協助系統求援會丟原住民的臉，以致於她們不願意向警政與社福等機構求助。此外，不適應機構協助的模式是原住民婦女拒絕求助的另一個理由。機構專業人員所賴以解釋原住民婚暴問題的那套迷思，令她們相當反感，也因此阻礙了求助意願。同樣的心理在飽受婚姻暴力之苦的東南亞與大陸外籍新娘身上，也可見到。

(二)女性主義社會建構論的解釋

從社會建構理論的觀點來呈現受虐婦女婚暴經驗的女性主義者，大多將焦點擺在「性別」與「權力」的角力過程，認為女性配偶是主要的受害人。婚姻暴力所反映的是夫妻之間資源與權力分配不均的結果。這派學者主張社會盛行的主流價值觀念，若是建構在不平等的兩性權力結構之上，夫妻權力分配不均將是可預期的結果。換句話說，受暴婦女的存在本質上就是一種性別權力結構失衡所產生的社會問題。在這類社會中，性別階級化的外在環境，是阻礙女性追求獨立生活的絆腳石。

婚姻暴力強化婚姻以及其他近似婚姻的親密關係中的不平等關係，複製在家庭之內與之外男性宰制與女性臣服的局面。[11]對女人施暴，無論是職場上的性騷擾、約會強暴、或是打老婆，都是男性控制的一種策略。換句話說，不論是在勞動市場的經濟分工，或是在婚姻制度中，只要是動手打女人，都不是性別中立的問題。[12]

---

11. Schechter, S., 1982, *Women and Male Violence: The Visions and Struggles of the Battered Women's Movement*, Boston: South End Press.

12. Hanmer, J. Z. & Maynard, M., 1987, *Women, Violence and Social Control*,

透視　　⊕　關於社會建構主義

　　社會建構主義是關於知識的社會學理論，焦點在揭露個人與團體參與其所知覺之社會實相的創造過程，致力於解釋社會現象在特定社會脈絡下的發展過程，特別是社會現象被創造、制度化、變成傳統的方式。社會建構派學者主張個人的知識是建構於社會文化環境之中，即便深具主觀性，仍深受社會文化的影響。實相的社會建構是個不斷演進的動態過程，隨著時代與社會文化的改變，人們對於實相的詮釋與知識也會有所不同，實相會不斷地被重製與再製。

　　米契爾‧福柯 (Michel Foucault) 使用社會建構主義的概念解釋同性戀與異性戀的起源，主張性傾向不是獨立於外界條件的生理或心理上的自然屬性，而是文化建構的結果。在美國，建構主義因彼得‧伯格 (Peter Berger) 與湯瑪斯‧路克曼 (Thomas Luckmann) 所著的《實相的社會建構》(*The Social Construction of Reality*) 而盛極一時。這兩位學者主張所有的知識，包括日常生活中最基本的、被視為理所當然的實相，都是源自於社會互動，並在社會互動之中得以維繫延續。

　　對於突破受虐情境，女性主義者建議在微觀層面，得靠受虐婦女的自覺、不再否認、合理化受暴的事實，方有可能發展出對抗男性暴力的行動；在鉅觀層面，確立「婚姻暴力是犯罪行為」的社會規範、認清「父權宰制」乃是傳統夫妻不對等婚姻信念的根源，方有可能增加行動的正當性、降低社會環境阻力、並獲得外界的肯定與支援。

London: Macmillan.

(三)資源理論的解釋

資源理論是探討婚姻暴力現象時，被應用得最廣的社會學理論，其焦點擺在家庭成員之間擁有的資源與權力大小的關係，主張家庭成員權力的取得，主要是根據其擁有的資源對家庭的用處所決定。所謂的用處是指可以幫助滿足他／她的需求或是達到他／她的目標。[13]資源不一定必須是經濟的，像是金錢與財富；也可以是人際技巧，像是社交能力；能夠獲得聲望的要素，像是教育與職業；或是如自信、成就取向、無憂無慮等個人特質，都包括在內。擁有較多資源的家庭成員，在家庭中享有較多的權力。關於資源的評量，是根據夫妻個別擁有的相對資源而定。因之，一旦妻子的資源增加，譬如工作收入或是教育程度的增加，若丈夫的資源仍維持不變，妻子在家庭中的權力就會高出丈夫。其次，男性成員通常比女性成員比較容易取得資源、較可能是擁有較多資源的一方，因此經常是婚姻關係中擁有較多權力的一方。

運用資源理論解釋家庭暴力，最常見的是兩個相左的論點。論點一認為擁有資源愈多的家庭成員擁有的強制力與權力就愈大，遇到挫折時，使用暴力的可能性也就愈高。[14]與此相反的另一個論點則認為暴力是沒有任何資源作為合法權力基礎的家庭成員所擁有的唯一資源。缺乏資源的一方，為了使家庭成員順從他／她的要求，暴力可能成為其最後的資源。[15]夫妻間權力的高低取決於誰比較能夠取得各種資源，以及缺乏資源的一方如何依賴擁有資源的另一方改變其社經地位。[16]男性不但可以從合法的資源中

[13] Blood, R. O. & Wolfe D. M., 1960, *Husbands and Wives: The Dynamics of Married Living*, New York: Free Press.

[14] Goode, W. E., 1971, "Force and Violence in the Family", *Journal of Marriage and the Family* 33: 624–636.

[15] Straus, M. A., 1980, "A Sociological Perspective on the Causes of Family Violence", in M. R. Green (ed.), *Violence and the Family*, Boulder, CO: Westview Press, pp. 7–31.

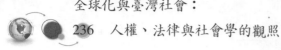

維持其主宰的地位，還可以從不合法的暴力中取得宰制的權力。因此，當妻子的資源比丈夫多，丈夫卻認為他應該是家庭資源的提供者時，男性比較可能以暴力的手段取得家庭控制的權力，以致於演變成丈夫對妻子的施暴。

　　婚姻衝突愈是激烈，丈夫對妻子施暴的可能性也就愈高。不過，婚姻權力結構對夫妻衝突或丈夫對妻子施暴的影響有明顯的差異。❶ 發生在男性主宰的權力結構（亦即父權家庭）之下的婚姻衝突，出現暴力的可能性通常比平權家庭來得高。平權家庭發生丈夫對妻子施暴的可能性最低。❶ 也可以這麼說，個人擁有資源的多寡不是決定家庭權力的唯一來源。文化期待對於每個家庭夫妻權力的分配，也扮演相當重要的緩和或加重角色，那是因為權力主要是歸屬於文化界定下應該擁有權力的那一方。綜合這兩個因素，個人在婚姻關係中所擁有的權力大小，可以說是取決於文化期待與個人資源的交互作用。舉例來說，就業提高婦女所擁有的資源、本該增加婦女在婚姻關係中的權力，但是並非所有婦女習得的性別角色態度都相同，因此即使就業使職業婦女擁有較多的資源，並不必然使她們在婚姻中要求或行使相對較多的權力。特別是擁有傳統性別角色觀念的職業婦女，如果甘心樂意接受服從、配合的角色，那麼她在婚姻關係中所施展的影響力自然就比較少。這項結果與她擁有的資源多寡，顯然並無直接的關聯。

❶　Scanzoni, J., 1979, "Social Processes and Power in Families", in W. R. Burr et al. (eds.), *Contemporary Theories about the Family*, New York: Collier Macmillan Publishers. Szinovacz, M., 1987, "Family Power Relations and Processes", in M. Sussman & S. Steinmetz (eds.), *Handbook of Marriage and the Family*, New York: Plenum Press, pp. 651–693.

❶　Coleman, H. D. & M. A. Straus, 1986, "Martial Power, Conflict, and Violence in a Nationally Representative Sample of American Couples", *Violence and Victims* 1: 141–157.

❶　Straus M. A., R. J. Gelles & S. K. Steinmetz, 1980, *Behind Closed Doors: Violence in the American Family*, Newbury Park, Calif.: Sage Publications.

㈣社會控制理論的解釋

大部分的社會控制理論都是用來解釋偏差行為，其理論的依據大多是出於賀齊 (Hirschi) 在其專著《偏差行為的原因》(*Causes of Delinquency*) 第二章〈偏差行為的控制理論〉(A Control Theory of Delinquency) 中所做的闡釋。❶ 根據賀齊的觀點，偏差是社會中自然秩序的一部分，除非強制個人必須服從其他人，否則一定會出現偏差行為，因此社會控制的作用在於加強社會規範的內化以及對別人期待的敏感度，促使服從行為成為常態反應。

應用社會控制理論來解釋家庭暴力的學者視家庭暴力為一項偏差行為，將社會控制定義為社會用以預防家庭暴力發生的正式與非正式制裁。藉由警察干預的直接控制到不受親朋好友歡迎的間接控制機制的干預，以提高使用家庭暴力的成本，從而減少其發生的機會。但是現代化與工業化的結果，使家庭的功能萎縮，成為一個私密的機構，而與社會的其他機構隔離，連最接近的左鄰右舍也走避不干涉別人的家務事。家庭私密性的提高，降低了家庭之外的社會控制機制的接近性，進而導致「在家門之內」發生的行為缺乏正式與非正式社會控制的監督。因此，當核心家庭外的親戚朋友無法發揮正式與非正式社會控制機制的機能時，家庭暴力的發生頻率與持續性也隨之增加。❷

換句話說，少了家庭外可依附他人的關照或節制，增加了家庭暴力發生的機率。妻子受虐的程度因施虐者的社會網絡對於受虐者的支持程度不

---

❶ Hirschi, T., 1969, *Causes of Delinquency*, University of California Press, pp. 16–34.

❷ Gelles, R. J., 1983, "An Exchange/Social Control Theory", in D. Finkelhor et al. (eds.), *The Dark Side of Families: Current Family Violence Research*, Newbury Park, CA: Sage Publications. Gelles, R. J., 1993, "Through a Sociological Lens: Social Structure and Family Violence", in R. J. Gelles & D. R. Loseke (eds.), *Current Controversies on Family Violence*, Newbury Park, Calif.: Sage Publications.

同而有差異。最容易受家暴傷害的女性是那些得獨自面對先生擁有極大社會網絡支持的婦女，最不會受傷害的則是那些可以在其網絡中獲得足夠支持、願意來防衛她，並且責難她先生行為的那些婦女。❷ 同理，同居者比已婚者，對伴侶施暴的機會較高。加入俱樂部、專業組織、或參加宗教服務者對家人施暴的比例遠低於那些未加入任何團體者。部分工時的勞動者與失業者，都比起全職工作者，毆妻的機率也比較高，顯然這些已婚男性不是擁有較少的資源，就是能監督其行為的社會機制比較不足；暴力似乎成為其重新確定其權力地位的唯一工具。❷

父權的家庭結構也具有降低對家庭關係的社會控制，進而減少婚姻暴力所需負擔的成本，增加使用暴力的機會。父權家庭給予丈夫比較多的資源，諸如較高的地位和較多的金錢，妻子則缺乏這些資源，無法給予毆妻者懲罰，所以毆妻的丈夫不會損失他們在社會的投資，以致於會有較高的毆妻情況出現。

社會控制理論說明家庭暴力行為的出現與否取決於對他人意見的敏感度與內化傳統行為的強度，亦即愈是依附他人支持者，施暴的可能性愈低；傳統性別角色的承諾愈高，施暴的可能性愈高。社會控制理論解釋婚姻暴力的優勢在於性別中立，同時適用於預測夫對妻與妻對夫的施暴行為。然而，忽略性別因素的社會控制理論，其缺點是無法有效解釋女性的家庭暴力。加入性別階層化概念之後的權力控制理論，進一步說明男女接受到不同類型和數量的社會控制，因而產生不同的偏差行為。

❷ Baumgartner, M. P., 1992, "Violent Networks: The Origins and Management of Domestic Conflict", in R. B. Felson & J. T. Tedeschi (eds.), *Aggression and Violence: The Social Interactionist Perspective*, Washington D.C.: American Psychological Association, pp. 209–231.

❷ Straus, M. A., 1980, "A Sociological Perspective on the Causes of Family Violence", in M. R. Green (ed.), *Violence and the Family*, Boulder, CO: Westview Press.

(五)權力控制理論的解釋

　　權力控制理論 (power control theory) 結合控制理論的傳統觀點、新馬克思主義對於社會結構的分析、女性主義對於家庭和性別的分析，發展出據以解釋婚姻暴力中的性別差異。❷ 依照這派學者的說法，婚姻暴力的性別變異是歷史過程下的產物，男女被配置到不同的社會領域，參與不同類型的社會控制過程。現代工業經濟將工作場所從家庭中分離出來，明顯地區隔消費與生產領域──婦女大部分被隔離在消費領域，而男性主宰著生產領域。犯罪司法體系與其他正式控制機構屬於生產領域，主要控制著男性的行為。相反的，作為消費領域場所之家庭與家戶，屬非正式控制部門，主司女性而非男性行為的控制。這便是社會控制階層化的過程 (stratified process of social control)，結果造成男性比女性更受制於正式控制，而女性比男性容易成為非正式控制的工具。家庭是負責初級社會化的機構，是世代之間複製性別差異的主要媒介，社會控制的階層化隱含母親比父親更需要負養育之責，女兒比兒子更受制於這些控制過程，將女性預備成「家務的信徒」。因此，丈夫對妻子的暴力多出現於父權家庭，父權家庭缺乏節制男性權力的社會控制機制，使得男性（父親與兒子）比較可能發展出虐妻的偏差行為。沒有外出就業的妻子在參與家庭決策時缺乏權力、沒有聲音，比較容易遭受虐待。在父權家庭中所習得男性權力價值觀造成婚姻暴力的性別差異，使男性比女性更容易出現毆打配偶的行為──越是接受父權的價值觀的男性，越是可能虐待妻子。

　　婦女外出就業取得新的工作角色改變了家務控制的社會組織，出現了有別於父權主義的新家庭型態──「平權家庭」，致使情勢出現了新的變化。

---

❷ Hagan, J., A. R. Gillis & J. Simpson, 1985, "The Class Structure of Gender and Delinquency: Toward a Power-Control Theory of Common Delinquent Behavior", *American Journal of Sociology* 90 (6): 1151–1178. Hagan, J., A. R. Gillis & J. Simpson, 1990, "Clarifying and Extending Power-Control Theory", *American Journal of Sociology* 95 (4): 1029–1037.

當持傳統信念的丈夫取得的資源比妻子少、卻又認為應該擁有比妻子高的家庭權力時，常會使用暴力作為「最後的資源」來重獲其權力。平權家庭中父母親皆在外就業擁有權威，相對於父權家庭，他們彼此是平權的，在生產和消費領域互相重疊，在養育子女方面的角色平等。影響所及，平權家庭中出現毆打配偶的性別差異就比父權家庭小。相對的，來自父權家庭的婦女比平權家庭者不會發生妻對夫的暴力，而那些來自平權家庭的婦女比來自父權家庭者比較會出現毆打配偶的家庭暴力。❷❹

六、《家庭暴力防治法》的規範

　　如《家庭暴力防治法》第一條所揭櫫的立法宗旨，是政府為了防治家庭暴力行為與保護被害人權益，所建構的社會控制機制。根據該法的定義，家庭暴力是指家庭成員間實施身體或精神上不法侵害之行為。家庭成員主要是指現有、或曾有事實上夫妻關係之配偶或同居人以及未成年子女；其次含括因這些關係而來的家長或家屬、以及現為或曾為直系血親或直系姻親、現為或曾為四親等以內之旁系血親或旁系姻親及其未成年子女。該法內含民事保護令、刑事程序、父母與子女、預防與處遇、以及罰則等五個重點，加上總則與附則，總計七章，六十六條。

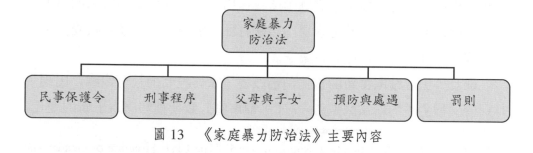

圖 13　《家庭暴力防治法》主要內容

❷❹　Baker, N., Gregware, P. & Cassidy, M., 1999, "Family Killing Fields: Honor Rationales in the Murder of Women", *Violence against Women* 5: 164–184.

1.民事保護令的種類與內容

民事保護令分為「通常保護令」、「暫時保護令」、與「緊急保護令」三種。「暫時保護令」與「緊急保護令」適用於有急迫危險的情況，法院為保護被害人，不經審理程序、或是在審理終結之前，於收到聲請之時起四小時內核發之保護令。「通常保護令」是在法院於審理終結之後，確認有家暴事實、並認為受暴人有保護必要者，依其聲請或是根據法院職權所核發的保護令。通常保護令的有效期間最長為一年，自核發時開始生效。在通常保護令失效之前，施暴者或受暴者皆可向法院申請撤銷、變更或延長。若申請延長，期限不得超過一年而且只能申請一次。《家庭暴力防治法》第十四條界定了「通常保護令」的內容，強制施暴人的行為接受「一定不得為」與「一定得為」等十三項不等的行為管束。前者包括施暴人不得對受暴人或其特定家庭成員繼續施暴、或是直接或間接對受暴人進行騷擾、通話、通信或其他非必要之聯絡行為。後者則含括施暴人必須遷出受暴人之住所，並且不得就該不動產進行任何形式的處分或假處分；遠離受暴人之住居所、學校、工作場所或其他被害人或其特定家庭成員經常出入之特定場所；訂定或交付汽、機車及其他個人生活上、職業上或教育上必需品之使用權；訂定或交付對未成年子女權利義務之行使權；給付受暴人及其未成年子女之扶養費、住所之租金；支付受暴人或特定家庭成員之醫療、輔導、庇護所或財物損害等費用；負擔相當之律師費；並完成加害人處遇計畫，接受戒癮治療、精神治療、心理輔導、或其他的治療與輔導。

除了扶養費、醫療、財富損害費、以及完成加害人處遇計畫之外，暫時保護令的內容大抵與通常保護令相同，著重於規範兩項「一定不得為」與四項「一定得為」的行為。「暫時保護令」的效期因聲請遭駁回、或因法院審理終結後核發「通常保護令」而終止。原則上，受暴人、檢察官、警察機關或直轄市、縣（市）主管機關都具有向法院聲請保護令的權利。如果受暴者為未成年人、身心障礙者、或因某種原因無法委任代理人者，則可以由法定代理人、三親等以內之血親或姻親代其出面，向法院聲請保護令。

2.保護令的聲請與審理

　　保護令之聲請，應該以書面的方式，向被害人之居住地、相對人之住居地、或家庭暴力發生地之法院提出。不過，如果受暴人有遭受暴力急迫危險者，檢察官、警察機關、或直轄市、縣（市）主管機關，不受夜間或休息日的限制，可以透過言詞、電信傳真、或其他科技設備傳送等方式，提出聲請。

　　保護令事件的審理採取不公開的形式，而且不得進行調解或和解。法院可依職權調查證據，必要時採取隔離訊問的方式審理。法院不得因受暴人或施暴人同時涉入其他案件的偵查或訴訟為理由，延緩核發保護令。而且法院在審理終結之前，必須聽取直轄市、縣（市）主管機關或社會福利機構之意見，再做出最後裁決。

3.違反保護令罪的罰則

　　《家庭暴力防治法》訂出罰則，違反保護令關於「禁止施暴」、「禁止直接或間接騷擾、接觸、通話或其他連絡行為」、「遷出住所」、「遠離住所、工作場所、學校或其他特定場所」、「完成加害人處遇計畫」等五項中任何一項的施暴人，等同於觸犯違反保護令罪，將被處以三年以下有期徒刑、拘役、科罰、或一併科罰十萬元以下罰金。

4.違反通報與出具診斷義務的罰則

　　值得注意的是，《家庭暴力防治法》對醫事人員、社工人員、臨床心理人員、教育人員、保育人員、警察人員及其他執行家庭暴力防治人員訂有通報的義務，責成相關人員在執行職務時，若得知有家庭暴力犯罪的嫌疑者，應當通報當地主管機關處理。

　　該法對於違反通報義務的人員，尚訂有六千元以上三萬元以下罰鍰的處分。雖然該法對於避免被害人身體緊急危難而未通報的醫事人員，不科以罰責；但是，對於無故拒絕診療及開立驗傷診斷書給受暴人的醫院與診所，亦訂有六千元以上三萬元以下之罰鍰的不履行出具診斷證明義務的處分。

5. 父母與子女關係

　　雖然男性配偶也有可能成為婚姻暴力的受害人，事實顯示大部分家庭暴力的受害人除了受暴妻子之外，就屬家庭中未成年子女。❷❺因此，在《家庭暴力防治法》中亦可發現專門處理家暴時父母與子女關係的條文，即第四章第四十三條至第四十七條。基本原則有五：

⑴法院依法有權推定由加害人行使或負擔權利義務不利於該子女。

⑵如果在約定會面期間，再度出現家暴，法院有權為子女之最佳利益改定會面之約定。

⑶法院依法有權設定加害人與其未成年子女會面的條件、形式、與場所，諸如： 1.於特定安全場所交付子女； 2.由第三人或機關、團體監督會面交往，並約定會面交往時應遵守之事項； 3.要求完成加害人處遇計畫、或其他特定輔導，作為會面交往條件； 4.負擔監督會面交往費用； 5.禁止過夜會面交往； 6.準時、安全交還子女，並繳納保證金； 7.其他保護子女、被害人或其他家庭成員安全之條件。倘若加害人違反這些規定，法院依法有權依聲請、或依職權禁止其與未成年子女見面，並沒收保證金。

⑷法院有權依法命令有關機關或有關人員對被害人或子女住居之處所保守秘密。

⑸法院依法有權不同意進行和解或調解。

6. 執行機關

　　警察機關負責保護令的執行，應遵照保護令，保護被害人至被害人或相對人之住居所，確保其安全占有住居所、汽、機車或其他個人生活上、職業上或教育上必需品。關於金錢給付之保護令，得為執行名義，向法院聲請強制執行。當事人或利害關係人對於警察機關執行保護令之內容有異議時，可以在保護令失效前，向原核發保護令之法院聲明異議。同時為保

---

❷❺　陳若璋，1992，〈臺灣婚姻暴力之本質、歷程與影響〉，《婦女與兩性學刊》第3 期：117–147。

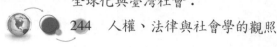

護受暴人的人身安全及相關權益，家暴法訂有授權司法單位與警察人員逕行拘提或簽發拘票的四大先決條件：

(1)施暴者的暴力行為已造成被害人身體或精神上傷害或騷擾，不立即隔離者，被害人或其家庭成員生命、身體或自由有遭受侵害之危險。

(2)施暴者有長期連續實施家庭暴力或有違反保護令之行為、酗酒、施用毒品或濫用藥物之習慣。

(3)施暴者有利用兇器或其他危險物品恐嚇或施暴行於被害人之紀錄，被害人有再度遭受侵害之虞者。

(4)被害人為兒童、少年、老人、身心障礙或具有其他無法保護自身安全之情形。

七、法律、媒體與防治工作者

不論是在政策目標或政策性格上，《家庭暴力防治法》、《兒童及少年性交易防治條例》、《性侵害犯罪防治法》，主要規範的場域以私領域為主，因此與《兩性工作平等法》比較起來，引起現存體制的反彈較小，而比較容易被立法通過。再加上，《家庭暴力防治法》不具有資源或權力「再分配」特質，也較《兩性工作平等法》容易為資本主義所接受，而其以達成「性別角色平等」的政策目標，也較後者以促成「性別角色轉換」的政策意圖，較容易被父權意識型態所容忍。[26]

就國家整體性別政策而言，《家庭暴力防治法》的作用主要在於婚姻場域內性別角色的公平對待，從「人」的立場去考量，著眼於男性社會的正義原則，提供婚姻關係處於不對等劣勢地位的受暴婦女，尋求支援與協助的機制，讓女性和男性都有一個公平的生活狀況。[27] 雖然《家庭暴力防治

[26]　許雅惠，2001，〈家庭暴力防治——性別化的政策分析〉，《社區發展季刊》第94期：277–288。

[27]　張靜倫，2000，〈臺灣婦運議題與國家的性別政策——訴求與回應〉，蕭新煌、

法》解決了長期以來家庭暴力無法可管的不正義問題，但是如果家暴防治人員缺乏性別意識與性別敏感度，常會使家暴法的保護功能付之一炬。《臺灣婦女處境報告書》指出，當婚姻暴力受害人決心透過法律救濟或以訴請離婚、或是提起傷害之訴，試圖脫離施暴者時，方才發現，法官對於「不堪同居之虐待」向來是以嚴格的認定標準，以致於許多被害人不得不與加害人繼續共同生活。若被害人實在忍無可忍、選擇離家出走的話，常又反遭加害人以惡意遺棄為由訴請離婚，面對失去爭取子女監護權和贍養費的困境。

根據婚姻暴力防治社工員的訪談，顯示不論是男性還是女性社工員都欠缺從「權力關係」的基礎來理解婚姻暴力本質的能力，反而不斷的強化「男為主、女為客」的主從觀點。❷❽ 其次，檢視性別意識如何透過專業服務歷程建構婚姻暴力的輔導策略，則發現社工員的性別意識有明顯差異。女性社工員認為婚暴證明了女人是父權婚姻下的犧牲者，而性別正是剝削的根源；男性社工員則認為男人是面子文化的犧牲者，女性化有助於婚暴的緩和。此外，過去數十年來，媒體專業人員建構出來的婚姻暴力圖像中所彰顯出來的缺乏性別敏感度的情形，亦反映出臺灣社會中兩性權力的落差。媒體對於婚姻暴力事件報導不斷複製的是父權思維與解釋，無論是婦女被殺或殺人事件，媒體的報導總是殊途同歸，將婚姻暴力歸因於女性個人行為欠檢點，不遵守女性角色，放縱私慾的悲劇，明顯地呈現「責備受害者」的框架；婦女團體又多認為婚暴是女性個人特質與社會支持不夠的結果，是傳統的父權婚姻制度讓女人擺脫不了婚暴的威脅；政治人物則將婚暴推給社會變遷與失序。再加上，臺灣社會對於資本主義與經濟發展的關切遠高於女性權益的思考，以致於常使婦女議題落入「女人救女人」的情況之中。為了扭轉女性承受多方面劣勢的局面，加強性別平權教育、推動符合夫妻對等平權的家庭價值觀念，就成了刻不容緩的當務之急。

林國明主編，《臺灣社會福利運動》，臺北：巨流。

❷❽ 潘淑滿，2003，〈婚姻暴力的性別政治〉，《婦女與性別研究》第 15 期：195–253。

關鍵概念解釋

性別主流化 (gender mainstreaming)

把婦女作為社會參與的實體，把性別觀點納入決策的主流，以達兩性平等的目標。

水平性別職業隔離 (horizontal gender occupational segregation)

男性與女性普遍受雇於不同類型的職業，是根據性別類屬，剛性職業只招募男性勞工，柔性職業只雇用女性勞工。

敵意環境性騷擾 (hostile environment harassment)

受雇者於執行職務時，任何人以性要求、具有性意味或性別歧視之言詞或行為，對其造成敵意性、脅迫性或冒犯性之工作環境，以致危及其權益。

主流化性別 (mainstreaming gender)

把性別觀點帶進主流政策的制訂過程，評估所有政策及發展項目對兩性不同的影響，以瞭解男女在決策及社會資源運用方面的差別。

主流化女性 (mainstreaming women)

將女性納入主流的制度，使兩性在各個範疇的參與得以平等，促使婦女所關心的議題、需要、意見在主流制度中得到關注。

生產性勞務 (productive labor)

所有經濟活動以及與社會制度與結構創造有關的勞動。

交換式性騷擾 (quid pro quo harassment)

雇主對於受雇者或求職者以明示或暗示之性要求、具有性意味或性別歧視之言詞或行為，作為勞務契約成立、存續、變更或分發、配置、報酬、考績、升遷、降調、獎懲等之交換條件。

再生產性勞務 (reproductive labor)

社會的再製、社會制度與結構的傳承與延續，包括了生物面的傳宗接代與文化面的新成員社會化過程。

垂直性別職業隔離 (vertical gender occupational segregation)

　　男女性受雇於不同位階的職業，男性通常受雇於高階職業，女性多受雇於低階職業；或同一職業內男女性受雇於不同位階的職務，高階職位多為男性，低階職務多為女性。

第五卷
全球化與醫療人權

引　言

　　醫療人權為新興的權利概念，關於這項權利概念的範疇與具體內容，迄今學界尚無定論。原則上，參考國際公約、各國法制、與相關學者的討論，醫療人權可以從鉅觀與微觀兩個層面探討。鉅觀層面涉及民眾健康權益的維護與增進，與政府對醫療資源的管理與規範有關，目標在於平等就醫權的落實。微觀層面的醫療人權直接關涉到醫病關係，重點在於病患權利意識的提升。從病患的角度而言，微觀醫療人權可以被界定為身為病患的民眾，在接受治療時，享有人格主權，要求尊嚴、自由、平等地接受妥當之醫療照護與拒絕醫療之權利，以使病患的尊嚴、私密、與健康能夠得到維護。

單元章節

關鍵概念

生物科技、不實施心肺復甦術、基因歧視、基因科技、基因治療、安寧療護、緩和醫療、社會資本、社會資源、優生運動、異種器官移植、人畜共通的疾病

議題十三
醫療疏失與病患權益

─摘要─

醫療訴訟是病患及其家屬不滿醫療傷害處理方式的極致表現，也是醫病關係跌入谷底之確實憑據。目前臺灣社會，面對重大醫療傷害的病患及其家屬，有不少選擇自行與醫院協商、或是抬棺抗議等自力救濟方式，來傳達他們對醫療傷害處理過程遭遇不正義的不滿情緒。真正走上醫療訴訟之途的案例誠屬少數，絕大多數仍以尋求非法律訴訟的協助為主，包含尋求民間團體、民意代表、地方人士、或官方調解等機制的協助等方式，討回公道。❶一般而言，病患及其家屬遭遇醫療傷害的問題時，通常會直接向醫療人員尋求解釋，在解釋牽強無法令病患及其家屬接受、或醫療人員反應過於冷漠、表現過於儀式主義或官僚作風，以致引起病患或其家屬的反感之外，正常情況下很少有醫療傷害會發展成為醫療糾紛。據此，也可以說醫療糾紛既是醫病關係跌入谷底之表徵，也是開啟重建和諧互動關係契機之門。

一、傳統醫病關係的新挑戰

　　傳統以來，醫病關係建立在病患對醫師與醫療單位的信任之上，再加上醫療是門專業領域、病患醫療知識的不足，病痛仰賴醫師的醫療與診治，因此，也塑造了醫病地位的不對等，在醫生主導的醫病互動中，病人處於被動配合與接受療處的地位。換句話說，醫病互動的倫理與關係模式是建立在病患對於醫生所具有之醫療專業權威的信賴之上。醫療糾紛的爆發，傳遞了醫生主導的醫病互動面臨挑戰、醫生的專業權威受到質疑，突顯病患尋求醫療處遇過程知的權利，試圖打破醫病之間不對等的權利與地位關係。近半個世紀以來，醫療體系愈來愈企業化，醫療遠離人性化服務的理

---

❶　謝啟瑞，1991，〈臺灣的醫療責任、糾紛與訴訟──理論與實證回顧〉，《經濟論文叢刊》第 19 卷第 1 期：87–114。朱柔若、林東龍，2003，〈醫療公道如何討？臺灣醫療糾紛處理機制弊病之探討〉，《醫事法學》第 11 卷第 3–4 期：31–61。

想，轉而強調企業化管理、提供標準化服務，以及降低成本為主要考量，使醫療變得與一般商品並無二致；而病人也成了醫療商品的消費者，換醫生就像更換商品一般。❷醫療的企業化提高了醫療專業化，固然使病患可獲得來自不同專家的建議，但不同專家的建議常是相互抵觸又缺乏完整性，減弱病患對醫師的信任感，反使病患遇到醫療決策時面臨更大的不確定性，終於產生了反噬效果──出現愈來愈多的病患面對醫療失當 (medical malpractice) 提出權利主張的情形。歐美先進國家的經驗顯示，醫療消費意識的抬頭、政府介入干預醫療市場運作、以及各種替代性醫療的蓬勃發展，一波接續一波衝擊著以醫師專業權威為主導的醫病關係，引起醫界的深刻反省與積極的回應。

二、醫病溝通與醫療失當

醫病溝通過程中，存在著兩種不同聲音：一是建立在專業權威基礎之上、著重問題診斷與病情詢問的醫療的聲音；另一是來自日常生活世界之聲音，與病患所處的社會脈絡密切相關，是以疼痛經驗、生活或工作的不方便為基礎的病人的聲音。❸這兩種不同的聲音明顯地反映在醫生與病患以截然不同的方式界定醫療結果。基本上，醫生是以醫療行為是否符合專業接受的範圍來評判醫療結果；病人則是以該醫療行為如何造成其活動改變的觀點來定義該醫療結果。❹

大部分醫療處理過程並未給予病人或其家屬充分的資訊，以致於有些可以藉由病患主動覺察而避免的醫療傷害，卻因病患資訊不足而無法立即採取行動來加以預防。換句話說，相對於醫療專業人員，病患是處於資訊

❷　Fielding, S. L., 1995, "Changing Medical Practice and Medical Malpractice Claims", *Social Problems* 42 (1): 38–55.

❸　Mishler, E. G., 1984, *The Discourse of Medicine, Dialectics in Medical Interviews*, Norwood, NJ: Ablex.

❹　同註❷。

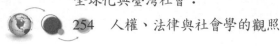

不對等之劣勢地位，只能就身體主觀感受或看到傷害發生之事實，來判斷自身所面臨的情況，進而判斷是否遭受醫療失當的傷害。當病患對他所接受的醫療照顧有所懷疑，又發生醫療傷害，那麼出現醫療失當的控訴，可謂意料之中。❺

　　病患對醫療失當與否之看法，除了本身主觀經驗感受外，也受周遭其他人意見影響。周遭他人會影響病患認定醫療結果的傷害性，甚至提供其是否應該採取訴訟行動的建議。❻

　　相對地，醫生從生物醫學的觀點來說明醫療結果。醫生認為他們是在充滿不確定性的環境中工作，即使經驗老到也無法保證醫療結果能完全符合期待。❼基本上，醫療結果的不確定性可分為兩種：臨床不確定性 (clinic uncertainty) 與功能性不確定性 (functional uncertainty)。前者是指人體組織器官的確實功能，有許多仍屬於醫療未知的領域，再加上個人體質的差異，因此無法完全預測到病患治療之結果。後者則是指醫生製造出來的不確定性，作為醫生與病患應對的策略，使病患及家屬更易管理，更遵從醫囑。❽

　　研究顯示百分之 70 的醫療傷害是屬於可避免的，最常見的形式包括技術錯誤（百分之 44）、診斷錯誤（百分之 17）、疏於防範傷害（百分之 12）、以及用藥錯誤（百分之 10）❾。事實上，臨床實際發生的醫療傷害或錯誤，遠比被揭露為多。如果花點時間聆聽醫師們的談話，將會發現醫療工作中發生錯誤甚至是常態而非例外。❿

❺　May, M. L. & D. B. Stengel, 1990, "Who Sues Their Doctors? How Patients Handle Medical Grievance", *Law & Society Review* 24 (1): 105–120.

❻　同註❷與註❺。

❼　同註❷。

❽　胡幼慧，2001，《新醫療社會學》，臺北：心理。

❾　Leape, L. L., 1994, "Error in Medicine", *Journal of American Medical Association* 272 (23): 1851–1857.

❿　Paget, M., 1988, *The Unity of Mistakes: A Phenomenological Interpretation of Medical Work*, Philadelphia: Temple University Press.

　　醫療錯誤通常可區分為顯性錯誤 (active errors) 與隱性錯誤 (latent errors) 兩大類。❶第一線操作人員的錯誤其效果立即可見，是為顯性錯誤。其次，醫療疏失也可能是醫療組織或體制上一連串的錯誤所造成的結果，像是不良的制度或組織設計、不好的管理策略、不正確的人事任免，這些疏失往往潛藏於每日例行工作之中，很少被人發覺、甚至早就習以為常，因而演變成偏差的常態化 (normalization of deviance)，這類錯誤可稱為隱性錯誤。

　　據此，有必要強調的觀念是，將「醫療不確定性的來源」明確地限制在現今醫療知識與技術的極限，可以免除給予醫師規避醫療過失責任、醫療機構提供劣質照顧的藉口。換句話說，對於源自於個人醫療專業能力不足、診療疏忽、或是組織協調失誤所造成之醫療傷害，也就是可以避免的醫療傷害，是不允許醫療專業人員以醫療上的不確定性加以搪塞諉過，推卸責任的。

三、告醫師的決策過程

　　醫療糾紛極少是一個單點的突發狀況，而是數度醫病互動後的結果。面對醫療疏失，甚至醫療傷害，病患的反應，隨問題的嚴重程度，通常可歸納出五種：⑴勉強容忍、不採取任何行動；⑵更換醫生避免問題；⑶當面向醫生反應、甚至抱怨；⑷透過非法律系統的第三方來傳達不滿、尋求協調；⑸尋找律師以瞭解法律訴訟，準備採取正式的法律行動。❷換句話說，若對醫療結果不滿意，病患不必然採取法律行動。若是採取訴訟手段，以現行法院實務，須花費三至五年以上時間才有結果，若再加上律師費用，堪可謂費時費錢。因此，只有少數的病患會循法律途徑解決。

　　當醫療傷害演變至醫療糾紛，臺灣病患及其家屬處理醫療糾紛的方式

---

❶　Reason, J., 1990, *Human Error*, Cambridge University Press.

❷　同註❺。

主要分訴訟與非訴訟管道兩類，其中以自行與醫療提供者進行協調、或透過第三方介入協助調解案例占多數，約占百分之 50 到 70，最終進入法律訴訟的醫療糾紛案件僅占百分之 10 到 20，不過有上升趨勢。❸愈往南部採行自力救濟與地方人士介入之情形愈是明顯。臺灣病患及其家屬所採行醫療糾紛之處理方式，主要以非法律訴訟的協調機制為主；而且，整個醫療糾紛解決的過程中，病患及其家屬也可能同時運用數種醫療糾紛之處理方式，而非只使用單一種。❹

　　目前社會科學界已發展出理性行動者取向、社會控制取向、醫病互動、與人際資本取向四大頗具規模的研究取向，解釋不滿醫療傷害的病患及其家屬，是否對醫師提出告訴的決策過程。❺從理性行動者的角度探討醫療訴訟的研究，大多強調醫病雙方皆為經濟理性的行動者，病患是否會採取訴訟來解決醫療傷害所涉及的不正義問題以及對不正義行為的制裁，端視醫病雙方對於興訟後預期淨收益之評估。強調結構影響力的社會學者，則從社會控制的角度出發，指出醫療訟案的勝敗取決於病患與醫師在社會空間結構上所處的相對位置。從人際資本與網絡關係的角度來看病患興訟的決策，則認為醫療傷害鑄成後醫病雙方的互動關係、病患所擁有的社會資源、以及涉入醫療傷害處理的其他關係人的意見，皆具有舉足輕重的影響力。

㈠告醫師出於經濟理性的決定

　　從經濟人與理性決策的角度，分析病患以訴訟來解決醫療傷害的學者提出病患興訟的標準模型說❻，認為對於醫療爭議是否走向訴訟的決定，

❸　謝啟瑞，1991，〈臺灣的醫療責任、糾紛與訴訟──理論與實證回顧〉，《經濟論文叢刊》第 19 卷第 1 期：87–114。

❹　劉斐文、邱清華、楊銘欽，1997，〈消費者基金會醫療爭議案件之分析研究〉，《中華公共衛生雜誌》第 16 卷第 1 期：77–85。

❺　朱柔若，2005，〈哪種病患可能告醫師？經濟決策、社會控制、醫病互動、與人際資源的觀點〉，《醫事法學》第 31 卷第 3、4 期：19–26。

醫病雙方都是在面對一個確定的庭外和解與不確定的法庭判決之間的選擇過程。也就是說，病患根據他對法庭訴訟的預期淨收益——亦即病患預期的勝訴機率，乘上預期勝訴後所能獲得的賠償金額，減去其預期的訴訟費用——來設定其接受和解的最低價碼。同樣的，被告醫師也根據他對法庭訴訟的預期損失——亦即醫師預期病患的勝訴機率，乘上病患勝訴後醫師預期其所必需支付的賠償金額，加上醫師預期的訴訟費用——來設定若達成和解他所願意支付的最高賠償金額。如果醫師所願意支付的最高和解金額超過病患要求的最低賠償價碼，醫療訟案便可能以庭外和解的方式結束。

　　以標準模型預測病患及其家屬是否會以告醫師的方式來尋求對醫療處遇的不滿進而達到索賠的目的，相關的法律制度是關鍵變數。❶因為一個社會處理醫療訴訟的法律制度，決定了法院所採取的賠償標準、認定醫療過失的標準、鑑定方式、過去判例、法庭訴訟費用負擔方式、以及律師收費方式，而這些因素都對醫病雙方是否能夠打贏官司，具有關鍵性的影響力。因此，醫病雙方可能都對己方會獲勝訴判決過度自信，以致加大了雙方對判決預測的差距。愈相信自己能透過法律判決獲得勝訴從而取得更多賠償的一方，愈不願意進行和解。而且，訴訟成本愈低、病患承擔風險的能力愈高，愈會增加病患尋求法律訴訟之機率。

　　再者，選擇以訴訟來解決醫療爭議的機率，會隨著醫療傷害程度與雙方對責任歸屬問題的爭議程度之增加而增加。病患及其家屬對醫療傷害責任歸屬的看法常不同於醫師，在預期法官會要求醫生應負起過失責任、判決病患勝訴的心理下，做出打官司的決定。同時，當傷害程度愈嚴重時，病患及其家屬對法院判決賠償金額的預測也愈大，愈不願意進行和解。❶以美國的經驗而言，面對日益增加之醫療爭訟，有的醫院已經著手收集病

❶　謝啟瑞，1991，〈醫療糾紛處理結果的實證分析——美國佛羅里達的研究〉，《經濟論文叢刊》第 19 卷第 2 期：287–328。

❶　盧瑞芬、謝啟瑞，2000，《醫療經濟學》，臺北：學富文化。

❶　同註❶。

患資訊，作為回應醫療訴訟時策略選擇的依據。院方累積多次處理被告經驗之後，促使醫事人員收集病患興訟偏好的資訊，以便事先掌握該病患好打官司的程度，據此判斷病患是否會追究以及會以何種方式追究醫療責任。其次，在被病患認定為醫療傷害的早期階段，醫院會先行對病患追究責任的難易程度進行評估，然後將病患加以分類。有些醫院更以病患是否提起訴訟，作為賠償金額多寡與是否進行和解之依據，以致造成訴求溫和的病患通常得不到賠償，所以出現處於抱怨階段的醫療爭議比已進入訴訟階段的爭議，較不會出現和解之情形。進入訴訟之後達成和解的比率是進入訴訟前達成和解比率的四倍；而且，抱怨階段達成和解之金額大約只有進入訴訟階段才和解金額的三分之一。[19]

最後，值得提醒的是，雖然經濟理性模型普遍認為要求金錢賠償是病患及其家屬會以訴訟來解決因醫療傷害所引發的醫療訴訟的目的。但是，非貨幣性動機在病患及其家屬做出訴訟決策上也占有非常重要的地位，特別是想要瞭解醫療傷害的真相、想討回公道、或是想為親人申冤，都是病患堅持提起訴訟之關鍵原因。[20]另一方面，醫師願意接受以金錢賠償來換取病患及其家屬不告訴的決定以及私下和解，是因為很多情況下，醫療訴訟對醫師所造成的損失，除了可能的金錢賠償外，更包括高昂的非貨幣損失，特別是名譽受損與精神上的折磨最為痛苦。醫事人員在訴訟過程中所蒙受的非貨幣損失，會使醫師提高其所願意支付的最高和解金額，因而提高雙方達成庭外和解之機率。[21]

---

[19]　Farber, Henry S. & M. J. White, 1994, "A Comparison of Formal and Informal Dispute Resolution in Medical Malpractice", *Journal of Legal Studies* 23 (2): 777–806.

[20]　Sloan, F. A. & C. R. Hsieh, 1995, "Injury, Liability, and the Decision to File a Medical Malpractice Claim", *Law & Society Review* 29 (3): 413–435.

[21]　同註[15]。

㈡告醫師的成敗取決於社會位置

從社會位置的角度解釋醫療訴訟的問題，主要是以傑弗瑞·慕里斯 (Jeffery Mullis) 的研究為代表，他運用布列克所發展之社會控制理論的架構❷，探討美國社會有關醫療過失的訟案。慕里斯認為，若能掌握健康照護提供者——醫師——與病人之間的垂直、組織，以及關係距離，使能預測病患是否會採取訴訟的方式來解決醫療爭議，進而預測醫療訴訟將獲得何種處理。❷一般而言，醫生與病人之間的相對地位，醫生在各結構層面不論是垂直（收入）、組織（專業結盟）、還是文化（教育成就、專業知識）層面，通常比病人具有優勢。病患告醫師場景的社會結構明顯呈現出地位不對等的特徵。因此，當病患對醫療處遇不滿時，通常是屬於下告上的社會控制類型。

由於醫生具有垂直與組織地位的優勢，通常會限制受害人使用法律與尋求法律資源，而傾向於容忍、不主張權利受損。所以，實際上臨床疏失造成傷害的頻率，往往高於醫生被控告的頻率。相關研究指出兩者比率大約介於 8：1 至 15：1。就連消費者意識高漲、病患主張權利比率不斷升高的美國，病患面臨醫療傷害時，容忍仍是主要的回應方式。其次，選擇避開也是美國病患不滿醫療處遇的方式之一，尤其激烈的市場反而提供了許多替代性的選擇，諸如轉院、換醫生、或替代性醫療，相形之下，避開醫療服務不好的醫師與醫院會比訴諸法律行動更為便宜而且方便。

根據布列克的社會控制理論，採行下告上的法律社會控制方式，是與垂直地位之距離呈負相關；所以，病患主張權利的比率不斷升高，無異於反映了醫病關係的轉變。也就是說，病患與醫師之間的垂直距離出現減少縮短的情況。特別是醫病之間的收入差距愈接近，病患採行法律行動可能

---

❷　參閱本書第一卷議題三對布列克理論的相關介紹。

❷　Mullis, J., 1995, "Medical Malpractice, Social Structure, and Social Control", *Sociology Forum* 10 (1): 135–163.

性愈大。這個命題已經得到多數研究的證實，破除許多醫生認為愈窮的病患愈有控告醫生傾向的錯誤印象。實際上，病患收入的多寡與採取訴訟解決醫療失當的爭議之間的關係呈正相關。就美國的情況而言，窮人較不容易察覺任何醫療疏失或不當，即使提出權利主張，也比較不可能獲得法律諮詢，這是因為美國律師只有在贏得官司之後，才能從賠償金額中收取一定比率的金額作為訴訟費。賠償金額之計算往往是以受害人收入為標準，所以窮人能獲得賠償的金額必定低於收入較高的病患。因此，在經濟收益較少的考量下，律師比較不願意代表窮人。❷❹

其次，從組織層面來看，醫師比病患擁有更大的集體能力 (collective capacity)，而醫院的集體能力又大於醫生個人。因此，醫生與病人之間的組織距離，比醫院與病人之間的組織距離要小。布列克預測法律的使用與組織距離呈負相關。所以，醫師被告的比例大於醫院，而且醫師付出的賠償金額遠多於醫院。這兩項假設皆獲得支持——醫生被控告的比率為百分之71 是為醫院百分之 21 的三倍，而且醫院的平均賠償金額普遍低於其他醫療提供者所支付的賠償金額。

第三，根據布列克理論，法律的使用與關係距離呈正相關，也就是說，醫病關係愈近，使用法律的情形愈少。然而，專科化的結果造成今日習以為常的、醫院根據病患的性別、年齡、疾病，以及器官，分配其所需要的醫療照護，不再由單一醫師提供所有的醫療服務。因而製造了更容易引起法律衝突的醫療關係結構，使得一位病人對任何一位醫生的依賴，以及醫病之間的互動範圍、持續時間與頻率，都大為減少，不可避免地造成醫病關係的生疏化，加大了醫病之間的關係距離，也增高了病患告醫師的可能性。❷❺

以美國的經驗來看，1928 年一般內科醫生占所有醫生人數的百分之88，到了 1970 年代，這個比率降到百分之 17。專業化加大了醫病關係的

---

❷❹　同註❷❸：147。

❷❺　同註❷❸：150–152。

距離，但是對各專科的衝擊並不相同。各專科的醫療診斷模式，形塑親疏不等的醫病關係距離，也造成了醫療訴訟比率的差異——心理治療的訴訟比率最低，外科最高。這有部分是因為心理醫師與病患互動之範圍、時間，以及頻率都比外科醫生來得多。更重要的是，心理醫生診斷病患問題時，除了關心生理因素外，也重視病患的情緒，對病患表現出全人的關懷，令病患感覺到醫師對自己的關懷，衝突摩擦自然減少。

(三)醫病互動影響病患興訟的決定

告醫師不可能是個突發的狀況動作、也不可能是臨時起意的決定，應該是個經過一連串情境互動、人際溝通、認知判斷後的決策結果。因此，從醫病互動的角度探索何以病患興訟告醫師所觀照的層面，有別於從個人層次出發的經濟理性的思維角度，強調社會互動的學者著重的是處於社會之中的個體如何受到外在社會環境因素的影響。當病人不滿醫療照護時，糾紛發生前後的醫病互動關係、周遭人際網絡之觀點、以及個人社會地位與過往經驗，是影響其處理不滿之三大重要因素。

面對醫療傷害的爭議，病患對傷害的理解、對傷害的反應與決策，以及對最終處置或賠償的態度，是左右病患回應行動的三大相關事件；至於病患是否會以訴訟來解決對醫療傷害的爭議，端視病患本身的憤怒程度、經濟能力、獲賠可能性、以及情願進行訴訟程度等四大屬性而定。[26]不過，這四大屬性究竟能發揮多大效果，仍繫之於「醫療傷害之特質」、「病患及其家屬對醫療過失的理解」、「醫病關係的優劣」，以及「病患與醫療提供者之社會特徵」等因素的實際狀況。

原則上，病患及其家屬是否提出醫療權利主張的決定與提出的形式，繫之於其對醫療傷害之看法，特別是醫療傷害的嚴重程度及其對醫療失誤所做的歸因。[27]病患根據醫療結果造成其生活改變之觀點，來理解醫療傷

---

[26] Penchansky, R. & C. Macnee, 1994, "Initiation of Medical Malpractice Suit: A Conceptualization and Test", *Medical Care* 32 (8): 814–819.

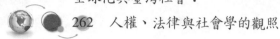

害的程度，這包括了傷害的持久性、嚴重性、是否會造成終身依賴他人照顧、是否造成殘廢與失能、心理障礙、以及疼痛的嚴重程度，這些狀況強烈影響到病患憤怒的程度、經濟的負擔，以及獲賠的可能性。醫療傷害對於不同年齡、性別、教育程度、收入的病患造成的衝擊不同，故而不同社會特徵的病患對於醫療傷害之理解自然有所差異，乃至於做出不同的因果論斷與過失認定，進而影響病患進行訴訟的意願。

　　不過，醫療傷害的嚴重度與進行控訴之行動存在明顯的正向關連，也就是說醫療傷害愈嚴重，病患及其家屬愈可能尋求律師協助去告醫師。❷❽顯然，病患遭受到的醫療傷害愈嚴重，承受的復健成本愈高，相對的，獲賠的可能性也愈大，所以病患愈可能尋求法律意見進行控訴。也可以說，當病患知覺到明顯疏失或對於過失的歸因愈有信心時，則較可能決定直接進行訴訟。❷❾

　　醫生極力隱瞞且阻撓病患獲得訊息的行為，反而增加病患試圖透過訴訟來瞭解真相之需求，即使最後並不一定真的會採取訴訟行動。這就是一般所謂的「彈弓效應」(slingshot effect)。❸⓿當病人向醫生進行權利主張後，若無法獲得醫生有效且滿意之回應，將加重其內心的不滿，轉而尋求律師的幫助。這時律師便扮演著守門人的角色，決定醫療爭議是否會走入訴訟的關鍵。

㈣人脈資源影響病患興訟的決定

　　除了索賠的動機、金錢的考慮、醫病互動的品質，影響病患興訟告醫師，還與病患的訴訟意願有關，而病患的訴訟意願，又取決於其擁有的社會資本 (social capital) 與人脈資源。社會資本的定義因使用學者的不同，而

---

❷❼　同註❷❻。

❷❽　同註❺：117，同註❷❻：828。

❷❾　同註❷：43，同註❷⓿：425–426，同註❺：116。

❸⓿　同註❺：116–117。

有不同的定義。有將社會資本概念定義為，相互認識關係所構成的持久性網絡，包含其中相互連結的實際與潛在資源的集合。❸亦有將社會資本視為團體內和團體間允許個人操作社會過程的生產與再生產資源，能夠吸引彼此相互支持、互惠、信任、以及義務之履行；❸或是將社會資本界定為個人透過成員身分在社會網絡中、或者在更寬泛的社會結構中，獲取稀有資源的能力。❸林南則藉助社會資源 (social resources) 的概念，作為界定社會資本的基礎。根據他的定義，社會資源，是指嵌入個人社會網絡中的資源，這種資源個人不直接占有，而是透過其直接或間接的社會關係而取得。因此，林南視社會資本為嵌入於社會結構中，個人出於某種目的而用以取得社會資源的媒介。

　　接受權威、讓步型的病患比較不可能選擇以訴訟的方式來解決醫療爭議。以美國的情況而言，這通常是指年紀較大、在外國出生、低教育程度、收入較低、或是來自少數民族這類社會背景的病患。❸其次，對法律體系的信賴程度、對律師法官辦案接案態度的瞭解程度、對醫療專業體系作業狀況的熟悉程度、甚至先前的訴訟經驗，也會影響病患進行訴訟的意願與能力。❸如果病患及其家屬曾經在法院或律師事務所工作過、或者有熟識的律師或法官，雖然不一定就表示這類病患一定會興訟告醫師，但是這些資源將有助其以比較合乎於法律程序的方式，向醫師與醫療單位傳達其醫療權益的主張，而獲得醫院較為積極的回應。

---

❸　Bourdieu, P., 1985, "Chapter 9: The Forms of Capital", *Handbook of Theory and Research for the Sociology of Education*, J. G. Richardson ed., Connecticut: Greenwood Press.

❸　Coleman, James, 1988, "Social Capital in the Creation of Human Capital", *American Journal of Sociology* 94: S95–120.

❸　Portes, A., 1998, "Social Capital: Its Origins and Applications in Modern Sociology", *Annual Review of Sociology* 24: 1–24.

❸　同註❷：816–817。

❸　同註❺：112–113。

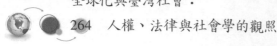

相對的，如果曾參與過醫療照護訓練計畫、在醫院中工作過、或是親近朋友中有人是醫護人員、對於考慮是否要告醫師的病患及其家屬來說，雖然有可能對醫護人員繁忙複雜的工作負荷心生體恤，不見得會聯合律師去告醫師。但是這些醫界的人脈關係對於醫療傷害的界定、醫師或醫療單位一般處理醫療傷害訴求的模式、甚至打探索賠的行情與價碼，皆能提供相當有力的協助，供其決策參考。最後，病患早先的訴訟經驗不論是正面還是負面的，雖不見得是其信賴法律體系的保證，不過確實有助於其對法律訴訟程序的瞭解，自然構成影響其訴訟意願與決定的重要參考因素。不過，美國的研究顯示，病患對醫療專業工作愈是瞭解，愈不可能容忍院方歧視性的醫療爭議處理模式；對於法律專業工作愈是瞭解的病患，則愈不可能提出控訴；但是，病患若具有法律訴訟的經驗，則愈有可能提出控告。㊱

四、臺灣非訴訟管道的醫療爭議處理機制

民眾普遍對醫療審議委員會鑑定醫療疏失制度的不信任，以致於消基會歷年來接獲醫藥申訴案件的數量，僅次於食品問題的申訴，為第二大宗；同時民眾也比較信任消基會，遇到醫療糾紛後，向其投訴者最多，占百分之 42。㊲ 於是，消基會在 1990 年正式成立醫療糾紛處理委員會，接受民眾醫療糾紛的申訴，提供醫療鑑定、法律與專業諮詢服務，協助與醫院進行協商，積極為醫療消費者尋求權益的保障。

臺灣醫療改革基金會成立於 2000 年，雖致力於改善醫病資訊落差所造成之不平等，但並不介入個案處理，亦無提供個別協助。該基金會主要是透過網站公布醫療爭議處理手冊、對現行醫療爭議處理流程提供說明、定期知會醫院或診所病患的申訴資料、並協助曾經歷醫療爭議的病患組成互

㊱　同註❺：117。

㊲　邱清華，1994，〈醫療糾紛的民間團體的角色──消基會〉，《臺灣醫界》第 37 卷第 6 期：104。

助團體相互扶持。

　　除醫療改革基金會之外，臺灣目前從事病患權益促進工作的民間組織，如醫療人權促進會、浮木濟世會，多為「一人組織」，經常面對經費短缺、人力不足的問題，想依靠他們獨立對抗醫療生態中專業霸權，頗有緣木求魚之憾。遭遇醫療疏失的病患或家屬也曾經結合多個非營利社會團體，如醫療人權促進會、殘障聯盟、智障者家長總會、浮木濟世會、臺北市女性權益促進會、婦女新知基金會、動物社會工作室、彭婉如基金會、臺灣勞工陣線協會、民間司法改革基金會，籌組行動聯盟共同對抗醫療體系的霸權。「國泰醫療糾紛行動聯盟」便是其中相當著名的一個案例。該聯盟成立的主要目的便是為了抗議國泰醫院對於該院某些鑄成嚴重醫療疏失行為的視若無睹，甚至縱容某些當事醫生繼續在院內執業。該聯盟所採取的具體行動，包括有透過立委召開過協調會、在國泰醫院門口前舉行了「財團醫院草菅人命」記者會、拜會當事醫院的衛生主管機關——臺北市衛生局，以期讓政府主管機關瞭解受害者的實際問題，並出面協助解決。

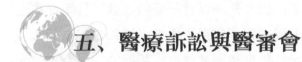

五、醫療訴訟與醫審會

　　臺灣醫療傷害的法律訴訟途徑，包含民事與刑事訴訟兩種。民事訴訟主要是依據《民法》對侵權行為責任的規範，❸刑事訴訟則依據業務過失致死罪❸與業務過失致傷罪的相關條文❹。業務過失致死罪與致傷罪的差別，除刑期不同外，主要在於業務過失致傷罪屬告訴乃論罪，若受害病患

---

❸　參閱民法第 184 條第 1 項「因故意或過失，不法侵害他人之權利者，負損害賠償責任」的相關條文。

❸　參閱刑法第 276 條第 2 項「從事業務之人，因業務上之過失致人於死者，處五年以下有期徒刑或拘役」的相關條文。

❹　參閱刑法第 284 條第 2 條「從事業務之人，因業務上之過失傷害者，處一年以下有期徒刑、拘役或一千元以下罰金，致重傷者處三年以下有期徒刑、拘役或二千元以下罰金」的相關條文。

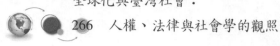

不提起告訴，檢察官是不會也不能提起公訴。

　　民事訴訟的官司極為耗時，提出告訴的病患不僅要支付保證金，若敗訴尚須負擔訴訟費用，還得自行擔負醫師過失的舉證責任，實處於極端劣勢的訴訟地位。近年來這項不對等的訴訟地位方稍有改善，出現所謂舉證責任轉換的作法，要求醫師應就無過失負舉證責任，以免除損害賠償責任。舉證責任倒置並不代表醫師必須對損害的結果負起完全責任，病患仍須就所受損害與醫療行為之間的因果關係，或是醫師未依契約履行之診療事項，負舉證責任。相反的，刑事法庭是由檢察官主動偵察，速度既快，又可附帶民事賠償，所以，醫療傷害在臺灣若進入司法程序者，以刑事訴訟最常見，約占百分之 70 至 80，成為現行醫療糾紛最常見的模式。❹再者，除了出於傳統刑罰主義的因素外，刑事訴訟之所以成為病患解決醫療糾紛的主要途徑，期望藉由刑事處罰的壓力逼迫被告醫師達成民事和解的賠償，是另一項重要的動機。❷

　　不過，刑事訴訟也有其風險，特別是同受專業訓練的刑庭法官，即使醫師實有過失，也可能基於同情，認為醫師以其所受的訓練及其所從事之業務本質，不應處以徒刑，而出現從嚴認定過失標準，結果宣判醫師無罪的情況。多數案件一旦刑事無罪，民事也跟著無責。相反的，以合理分配損害賠償為原則的民事訴訟，過失認定之標準本就較寬，刑事無過失並不代表民事無過失，走民事訴訟的管道，似乎較能滿足受到醫療傷害之病患與家屬獲得賠償的期望。

　　目前臺灣醫療過失的判定大多交由衛生署醫事審議委員會❸鑑定，以致於刑事過失與民事過失界線為之模糊化，再加上醫審會本身組織架構與作業程序上的瑕疵，使其公正性倍受質疑。一般民事刑事訴訟法中所謂的

❹　楊漢泉，1997，〈醫療糾紛鑑定實況〉，《律師雜誌》第 217 期：44–51。陳榮基，1994，〈臺灣醫療糾紛的頻率與原因的分類〉，《臺灣醫界》第 37 卷第 6 期：102。

❷　許振東，2002，〈從舉證責任倒置看醫療糾紛的問題〉，《臺灣醫界》第 45 卷第 6 期：35–37。

❸　通常簡稱為醫審會。

鑑定，是指基於特別知識或經驗第三人，在訴訟程序上陳述其關於法規或經驗法則之意見，輔助法院從事事實真偽之判斷的行為。這類第三人是為鑑定人。依據《民事訴訟法》第三百二十八條及《刑事訴訟法》第一百九十八條之規定，鑑定人必須具有一定資格、從事於鑑定所需學術、技藝或執業之特別知識，或經機關委任有鑑定職務者，方能勝任。通常由自然人為鑑定人，訴訟法明訂其負有到場、陳述、具結之義務；並且當事人獲得許可後，可自行針對與案情有關之事實與爭議的部分，向鑑定人發問，尋求釐清與解惑。怎奈醫審會本身沒有從事專業鑑定所需要之專屬設備與人員，其作業流程多是將案件轉託其他機關進行初鑑，以致於無法承擔自然人為鑑定人所需履行之義務。

鑑定資料為證據資料之一種，法官理當綜合全辯論意旨與調查證據之結果，並參照論理法則與經驗法則而做出最終的判斷。但就醫療糾紛的訴訟而言，法院判案仍舊多採醫審會鑑定結果作為依據，醫審會儼然成為實質上的裁判者，以致於累積不少民怨與不滿。根據最高法院 76 臺上字第 1721 號民事判決的意旨，《民事訴訟法》第三百四十條所定之囑託鑑定，必須受囑託機關或團體自身對於鑑定事項具鑑定能力者，方得接受委託。若受囑託之機關或團體並無鑑定能力、或雖有鑑定能力而任意指定第三人鑑定，均無法產生囑託鑑定之效力。據此，醫審會皆須轉送受理案件給與被告無關之醫學中心提供初步鑑定意見的這項作業程序，便已經違背法定制度所須具備之要件。其次，訴訟法亦訂有「囑託鑑定需以言詞報告或說明時，由受囑託機關實施鑑定或審查之人，或機關、團體指定之人為之」之規定。但就目前「法院審判時，醫審會僅提供鑑定書，其鑑定委員根本不到場」的情況而言，不用說其鑑定書的真偽無法確立，即使其鑑定報告有虛偽之處，亦無法可罰。再者，醫審會鑑定流程以避免造成審議困擾與確保客觀為由，採取秘密方式進行的這項作業程序，亦剝奪了訴訟當事人對整個鑑定過程當有的參與、詢問、與質疑之權利，外界對於初鑑人員、初鑑內容、鑑定委員名單、以及討論過程都無從得知，只獲得以醫審會名義作成的鑑定結果。最後，醫審會為委員合議制之組織，決議時力求意見

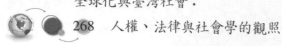

一致才為確定的鑑定意見，這種模式將其他不同意見摒除在鑑定報告外，剝奪法院取得與斟酌不同意見、達成客觀判決之機會。

　　除了鑑定委外的問題，醫審會鑑定委員的受聘人選也曾遭到監察院的質疑。❹其次，醫審會的運作模式也是常遭批判的項目。依照《醫審會組織章程》第六條第一項規定，應每三個月召開一次會議，每年應開會四次。問題是實際上，醫審會從未有三個月內向法院提出鑑定報告之實例，費時五、六個月之鑑定案件相當普遍。而且每次會議八個小時，討論眾多案件，以致於每一個案件平均討論時間甚至不超過三十分鐘。在這種情況下，期望每個鑑定案皆獲得詳密討論不但不可能，更糟的是能獲得會議共識之醫療人員「有過失」（僅百分之 12.8）與「可能有過失」（百分之 6.5）的鑑定報告為相對少數，兩者合計也不到百分之 20 的比例（只有百分之 19.3）❺。在此情形下，確立公眾對醫審會權威認定的信賴，減少「醫醫相護」之疑慮，實屬當務之急。

　　總之，一套完善的醫療糾紛解決機制應兼具遏阻醫療錯誤的發生與填補病患傷害兩項最基本的功能，以達成保障病患權利的目標。目前在立法院審議中三個類似的修正草案均期望未來的調解制度能發揮減少醫病雙方的訴訟、避免醫病關係日益對立的功能。同時，基於保護醫師的立場，藉由強制調解程序以達成醫療傷害去刑化，亦是現今修正醫療糾紛處理機制的主流方向，期待在免除或減少刑責的誘因下，醫療單位能勇於面對傷害事實，同時也可讓病患快速獲得合理賠償。

---

❹　曾經有一位醫審會委員其醫療過失經臺灣高等法院二審終局判決有罪確定、並且涉及七宗偵審機關有案可查之醫療糾紛，仍獲聘擔任醫鑑小組的委員，負責醫療鑑定的工作。

❺　邱清華，1999，〈醫療、法律、消費者——重建醫病關係〉，《醫事法學》第 7 卷第 2 期：4–6。

議題十四
生命尊嚴與安寧療護

―摘要―

在醫療技術進步的今日，平均餘命的延長，為數眾多的人在老年死於進行性慢性病的折磨之下。在這段漫長的失能期，其中還有不少將死之人，或是因為被過度治療、或是因群醫束手無策遭放任不管，而受不到良好的照顧。相關的醫療研究報告指出，嚴重的慢性疾病威脅著每個人，意識清楚的瀕死病人半數經驗到嚴重的疼痛，為了尋求醫治、解決痛苦，常導致病患或其家屬傾家蕩產，來支付高昂的醫療費用。再者，大部分腫瘤治療醫師也承認對疼痛處理並不在行，幾乎沒有任何一個照護系統能夠保證可以提供持續不斷的照顧，就連是否施以心肺復甦術 (Cardiopulmonary resuscitation, CPR) 這種可預期的醫療決定都不例外。正因為每個醫療機構與人員都治療過將死的病人，也都深感臨終照護制度的不健全、方式不適當，需要無數的制度改革以及跨部門的合作，方能達到改善的目標。

雖說法蘭西斯‧培根 (Francis Bacon) 很早就曾經指出「醫師不應該只醫治那些治得好的徵狀，對於那些已無治癒希望的病人，也需要提供醫療服務，好讓生命能夠公平而且和緩地逝去」❶。可惜這項關懷，遲至上個世紀末，才正式受到醫界的重視，全球四十多位醫療專家與相關機構簽署共同聲明，發表生命末期的照護品質是健康照護機構與臨床醫師責任的宣言，並列出症狀、功能、精進照護計畫、積極延長生命之治療、滿意度、生命品質、家屬的負擔、存活期照顧的持續與技巧、喪親之痛的支持等十個應該被衡量的項目。這項遲來的對培根醫師所提出之挑戰的回應，成為全球醫療行動關懷實踐的一個重要部分。

 一、安寧療護的開始

安寧療護 (Hospice) 的理念大約在 1960 年代開始在英國社會先獲得實

---

❶ Orr, R. D., 2002, "Just Put Me to Sleep.... Please! Ethical Issues in Palliative and Terminal Sedation", *Loma Linda University Centre for Christian Bioethics Update* 18 (2): 1–8.

踐，然後傳入美國。該理念建立在「太過積極治療末期癌症病患，不但無法延長其生命，反而增加其許多痛苦，阻礙了病患安享尊嚴死亡權利」的認識之上，據此提出醫護人員應該以具體行動實踐協助臨終病患使其生命在平安與尊嚴中結束的呼籲。

　　安寧療護的原始字義，是指中世紀朝聖者中途休息的驛站，收容照料朝聖途中因飢寒交迫、勞累生病的旅客，供應他們休息養病、補充糧食的處所。交通發達之後，休息驛站的功能消失，遂成為專門收容無藥可治病患的機構的通稱。19 世紀末，先是都柏林的一位修女瑪麗・愛特肯賀德 (Mary Aitkenhead) 將修道院的收容所轉變成專門收容照料癌症末期病患的安寧療護所。20 世紀初，倫敦一家修女開辦的聖約瑟安寧療護院 (St. Joseph's Hospice)，也改變方向，專門收容癌症末期的病患。1967 年原聖約瑟安寧療護院的西西里・桑德絲護士 (Cicely Saunders) 運用一位在疼痛中死去的年輕癌症病患所贈予的五百英鎊為基金，於倫敦郊區建立世界第一座結合醫療科技與全人照顧的聖克里斯朵夫安寧療護醫院 (St. Christopher's Hospice)。在這過程中，桑德絲護士也成了一位兼具護理與社工背景的專業醫師，帶領醫療團隊進行一連串的癌症疼痛與症狀控制的研究，努力為其安寧療護病房中的病人減輕痛苦，使病人能夠在平安尊嚴中接受死亡。大約十年之後，聖克里斯朵夫安寧療護醫院的一組醫療人員前往美國康乃迪克州，於 1976 年協助建立美國第一座安寧療護醫院 (New Haven Hospice)。從此以後，聖克里斯朵夫模式的安寧療護醫院陸續在歐美各國設立，隨著全球化的腳步，日本、新加坡、香港、與臺灣也在 1990 年開啟了這項服務。

二、什麼是安寧療護

　　國內所熟悉的通成為「安寧療護」，屬於國際上一般稱為「緩和醫療」(Palliative Medicine) 制度的一部分。根據世界衛生組織的定義，所謂「緩和醫療」是指當疾病已無法治癒時，承認死亡為一個自然過程，進而對病人

所做的積極完整的照顧。特別是在無法治癒的情況之下，疼痛與其他症狀的控制變成為極其重要的醫療項目之時，對於病人的精神、社會、和靈性問題所提供的照顧。緩和照顧是以達到病人與其家庭的最佳生命品質為目標。也就是說，緩和醫療是一個結合緩和照顧、安寧療護、臨終照顧三者合一的連續過程，對得了不治之症的病患，給予全人化的照顧，以維護病人及其家屬最佳的生命品質。具體的作法是透過疼痛控制，緩減病患身體上的不適症狀，同時處理病患及其家屬的心理、社會、與心靈問題。安寧療護提倡「四全照顧」，也就是全人、全家、全程、全隊照顧的全方位照顧，一種結合身、心、靈的完整照顧；不只關心病人，也關心照顧家屬；不只照顧病人到臨終，也幫助家屬度過悲傷；且結合醫師、護理師、社工、志工、宗教師等相關人員共同照顧病人及家屬。換句話說，在現代醫療技術無法為病患提供更有利的療癒服務之際，安寧療護的思維在於尋求病患主觀改善為原則，應用尊重生命的哲學態度，豐富病患及其家屬的生命價值，創造家人愛的綿延，陪伴病患走過人生最後旅程，並輔導家屬重新面對未來的生活，讓病患的生命在感恩與預期中結束。

透視

⊕　安寧療護的「四全」醫療服務理念

- 全人：病患在治療過程中所產生的心理與身體上的痛苦，專業醫療人員給予適當的照顧與心理的支持。
- 全家：對於常感無助、惶恐，不知病情的病患家屬，透過專業醫療人員詳細的溝通解釋，抒解疑惑。
- 全隊：以至少包括醫師、護理人員、社工師、營養師、宗教人員的專業團隊，一起照顧病人及家屬。
- 全程：陪伴癌症末期病患走完生命的全程，為病患舉行追思禮拜，甚至延續下去，包括與病患家屬建立良好的朋友關係，並視其需要提供哀傷輔導。

　　安寧療護強調「人性化」的照顧方式，挑戰的是長久以來醫療非人性化的層面，反映出社會文化中重視個人價值與病患權益的一種覺醒。2000年公布施行《安寧緩和醫療條例》正是這股精神的具體表現，代表政府與醫界對生命看法的改變，癌症末期病患及其家屬也因此而受惠。傳統由醫師決定癌症末期病患接受高科技醫療的觀念已經過去，取而代之的是病患有選擇的權利，自己可決定什麼樣的治療方式，甚至如何安詳、和悅地死去，自然平和地放下，舒坦地走盡旅程。

　　「臨終病人權益」主張病人有生的權利，知的權利，免於痛苦、表達情緒、參與醫療決策的權利。在全世界愈來愈多人分享這種理念下，醫師更需要提供病患正確的資訊，使患者有機會理解自己可為自己的生命做什麼選擇。實際上，無論告知與否，皆應由病人主導，建立病人自主權。再者，瞭解死亡，建立起視臨終是活著的正常部分 (Dying is a normal part of living) 的生命觀，當可減輕面對死亡時的恐懼，進而有助於推動「預立醫囑」及「不實施心肺復甦術」(do-not-resuscitate) 等尊重病患自主權的新主張所賴以維繫的配套措施。

　　據此，一般住院病患出院只有兩種，不是「病情穩定或康復出院」，就是「違抗醫囑出院」。飽受病痛折磨、經歷繁複治療過程的癌症末期病患及其家屬，則多享有一項選擇，那就是「病危出院」。基於對病患生命與自主權的尊重，癌症末期病患若選擇生前出院，沒有所謂「違抗醫囑出院」的問題。相反的，協助癌症末期病患家屬做好死亡準備與後事安排，避免病患在臨終前受到心肺復甦術等不必要、徒增痛苦的醫療措施，是安寧療護的宗旨。

三、安寧療護的經營模式

　　安寧療護的「全隊照顧」是由一組受過良好訓練的專業人員，提供末期癌症病患的全人與全家照顧，通常由醫師、護士、社工及宗教人士所組

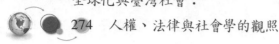

成的團隊，同時訓練義工加入陣容。安寧療護依經營的方式，可分為下列三種：❷

(一)建立獨立的安寧療護醫院

英國模式大都屬於此種類型。獨立的安寧療護醫院其硬體設施與環境布置猶如家庭般的溫馨，而不像醫院般的嚴肅。病房如同家中的臥房，還有如客廳般的會客室，安靜的祈禱室，以及美容院等。庭院設計重視花草樹木、水塘魚池，讓病人在親切的自然環境中享受生活的品質。每日醫療作業內容、軟體人員的訓練，皆針對末期病人的特殊需要而設計，使病人在像家一般或甚至比家更美好的環境中度過剩餘的生命，是這套經營方式的優點。相對的，龐大的建院經費與高昂的經營成本是其最大的缺點。所以，一般獨立的安寧療護醫院皆為小型醫院，病人總數由 10 餘床到 60 床不等。

(二)在醫院內成立「安寧療護病房」

在綜合醫院中規劃出一個病房單位，作為「安寧療護病房」是第二種經營模式。優點在於容易設立，可以利用現成的病房設備，再將現有的醫療專業人員，增加「安寧療護」的訓練，就能開始作業。缺點則是受制於原有的硬體結構，不一定能滿足末期病患的特殊需要。由於安寧療護所需的護理人員常比一般病房多出二至三倍，才能提供夠品質的服務。但是，設在綜合醫院內安寧病房的醫療工作人員常受制於整個醫院大環境的行政體系，在病床數與護理人員的編制與調派上，較難實現安寧療護應有的理想。

(三)在醫院內成立「安寧療護小組」

在綜合醫院內成立安寧療護小組，協助其他專業人員照顧散住在醫院

---

❷　趙可式，2000，〈安樂死、自然死與安寧療護〉，戴正德、李文濱編著，《醫學倫理導論》，臺北：教育部，頁 109–123。

各病房末期病患，是第三種經營安寧療護的方式。不需要特定的病房是其優點，缺點是很難真正做到「安寧療護」。由於病人散住在綜合醫院的各個病房，接受一般的常規作息與治療，不易符合末期病人的醫護特殊需求。此外，「安寧療護小組」通常只有在被諮詢時才會出面協助。如果病房的醫護人員不主動諮詢，病人也並不一定能夠得到安寧療護。

　　安寧療護雖然有這三種經營類型，但是每一種經營方式，都有住院病房、居家照顧、與日間照顧中心等三種服務類型：

1. **住院病房**：由於病人的症狀需要密切的觀察，以便給予最好的緩解方法，或者病人的居家環境不適宜養病，家中也無人可以照料，所以必須住院。
2. **居家照顧**：病人家中至少有一人能夠陪伴在旁，所以症狀已獲得有效控制之後便可回家調養，安寧療護專業人員定期出訪，使病人可以安心的住在家中，在最熟悉的環境中度過人生最後旅程。
3. **日間照顧中心**：有些病人的家屬白天都要上班，不放心將病人一個人留置在家，可將其送至「日間照顧中心」接受安寧療護；下班後再將其接回共進晚餐、就寢安睡，則屬日間托護型的服務。

　　兼具這三種類型的照顧，不同病人的個別需求有機會獲得滿足，才算是完備的「安寧療護」制度。其實，依照「安寧療護」的理念，應該所有無治癒可能的病患都需要提升其生命品質，沒有理由設立特殊的病房或醫院，來提供病患高品質的療護服務，而是所有的醫療機構都應該信守這個理念並提供這類服務。只是安寧療護理念的推動尚屬初期階段，其落實不僅需要理念的宣導，還需要專業團隊的配合，只得先從一個病房或一個團隊開始，以期逐步擴展此種醫療服務行動的普及性。

四、「不實施心肺復甦術」的論戰

　　安寧療護的很多觀念可以運用到其他疾病的治療過程，特別是在癌症末期的醫療上，不實施心肺復甦術就是其中一個重要概念。事實上，心肺復甦術是 1960 年代發明的新醫療技術，因其極具起死回生的功效，遂逐漸

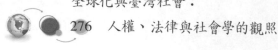

成為醫療人員必備的救命技術。正因為「心肺復甦術」被視為是一個關鍵性的醫療救治手段，所以關於這項醫療技術的選擇、決定、溝通、執行、評估，都必須以嚴肅的心態面對。其次，隨著醫療體系逐漸由家長指導制走向病人自主式，對於實不實施心肺復甦術的決定，也再度成為需要接受檢視的概念。不論是加拿大、英國、還是美國，經過嚴謹討論之後，對於實不實施心肺復甦術都朝向給予病人更多積極參與的機會、預立生前遺囑的方式發展。以美國的情況而言，自 1970 年代起便對心肺復甦術是否適用於每一位瀕死的病患身上，發展出廣泛的討論。❸ 1974 年美國的心肺復甦術暨心臟急診醫療全國研討會就曾清楚表示：「心肺復甦術的目的在於防止非預期性的突發死亡，並不適用於末期臨終病患」。該會同時主張在末期臨終病患的病歷中，需要記載不實施心肺復甦術的醫囑。此後歷經十餘年的努力，直到 1987 年，紐約州立法確立監督不實施心肺復甦急救術的指導原則，同年美國總統的生物醫學倫理顧問小組出版了末期臨終病人可以自主決定不接受、甚或撤除維生醫療措施的指南，並且明確指出為這類型病患施行無效的心肺復甦術是違反醫療倫理的行為。影響所及，從 1991 年起，不論是從醫學倫理還是法律事件的觀點角度來看，都不再強制醫師執行心肺復甦術了。不過，不實施心肺復甦術的決定，則要求同時出具醫師的病情說明與病患或其家屬的同意書，任何片面的決定，都不被視為適當的處置。

有關「不實施心肺復甦術」案例的各國研究都發現，不論是醫囑、病歷紀錄、醫病溝通等相關資料，都不如想像中的充分與完整。澳洲甚至建立了不實施心肺復甦術的臨床指引，不過該國的一項研究仍發現在 66 位亡故病患中，只有百分之 61 有不實施心肺復甦術的醫囑。這些有不實施心肺復甦術醫囑的案例中，百分之 80 的病患為失能或無行為能力。所以，該研究認為不實施心肺復甦術或許經常被用在醫治不被期待有治癒希望的病患

---

❸　Blackhall, L. J., 1987, "Must We Always Use CPR?" *New England Journal of Medicine* 317: 1281–1287.

身上。❹另一個針對疾病末期照顧後死亡病人的研究也發現，205 位亡故的病患中有百分之 72 確定為疾病末期，其中有百分之 77 有不實施心肺復甦術文件，百分之 46 有舒適治療的計畫。❺相較之下，有健康照顧代言人的病患，比較提得出不實施心肺復甦術的文件與同意接受舒適治療計畫的紀錄。接受舒適治療計畫的病人中，仍有百分之 41 繼續接受抗生素治療、百分之 30 有驗血檢查、百分之 13 使用呼吸器、百分之 19 在死前撤走人工注射的營養劑與水。

針對家庭醫療社區醫院所做的研究也發現 103 位病人之中有 60 位在七天之內有討論到生命末期的照顧問題，其中有 31 位接受不實施心肺復甦術，這 31 位中又只有百分之 25 的病歷有記載這項決定。顯然，生命末期病患即使有家庭醫師照顧，病歷紀錄也未必詳實記錄這類討論。❻另一項以五個醫學中心住院病人為對象的研究也指出，就算是重病進住醫學中心的病人，對是否接受心肺復甦術的討論也不多。❼該研究事先對於病患的背景、健康狀態、參與醫療決定與否、及其對心肺復甦術的態度，都詳加記錄，並且都和他們討論過病情，只留下是否要做心肺復甦術這個研究變項未加討論。在討論過病情之後的兩個月內，有百分之 30 的病患與其主治醫師討論心肺復甦術，一開始就想要接受心肺復甦術的病人，比較不會與

❹ Lowe, J. & I. Kerridge, 1997, "Implementation of Guidelines for No-CPR Orders by a General Medicine Unit in a Teaching Hospital", *Australian & New Zealand Journal of Medicine* 27 (4): 379–383.

❺ Fins, J. J., F. G. Miller, C. A. Acres, M. D. Bacchetta, L. L. Huzzard & B. D. Rapkin, 1999, "End-of-life Decision-making in the Hospital: Current Practice and Future Prospects", *Journal of Pain Symptom Management* 17 (1): 6–15.

❻ Calam, B. et al., 2000, "CPR or DNR? End-of-Life Decision Making on a Family Practice Teaching Ward", *Canadian Family Physician* 46: 340–346.

❼ Golin, C. E., N. S. Wenger & H. Liu, 2000, "A Prospective Study of Patient-Physician Communication about Resuscitation", *Journal of American Geriatrics Society* 48 (5): S52–60.

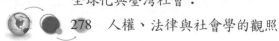
醫師討論這個問題。比較會主動與醫師討論的，是那些一開始就放棄心肺復甦術的病人與本來想要接受心肺復甦術治療後來選擇放棄的病人。即便如此，一開始就放棄心肺復甦術的病患，在兩個月之中也只有百分之 50 維持原來的想法。

　　病患、家屬或代理人對末期延續生命之醫療措施缺乏正確瞭解，更是另一個嚴重的問題。針對接受內科醫療照顧的病人所做的研究指出，在很多情況下，醫師視為理所當然的治療決定，病患想的可能完全是另外一回事。❽換句話說，關於治療術的選擇上，病人見解與醫師並不見得相符。該研究的 56 位病患中，有 39 位曾討論過心肺復甦術的使用，39 位中只有不到一半的病患能夠指出兩個重點，10 位指不出一個重點，26 位不知道絕大部分接受心肺復甦術的病人需要使用呼吸器。43 位討論過呼吸治療的病人沒有一位對相關的醫療有正確的認知，29 位不知道使用呼吸器以後病人不能說話，20 位的回答表現出對呼吸器的使用有嚴重的誤解。

　　一般認為生命品質的逐漸惡化，會促使病患主動討論接不接受心肺復甦術的問題，不過也不盡然。根據針對 329 位成年門診病人與 272 位開業醫師的調查研究發現，醫師比病人更覺得末期照顧事項的決定是病人的責任；病人比醫師更覺得醫師應該提供決定這些事項的建議；不管是討論或決定，病人都較醫師覺得有主動參與的必要。❾

　　從醫師的角度來看，癌症末期須要接受心肺復甦術的情況其實並不多。一篇針對醫療人員的研究指出，只有百分之 10 的醫師知道病人的意願是想在突發性心跳停止時，接受心肺復甦術。大部分的醫療人員都認為應該跟病人討論心肺復甦術的問題，但是有高達百分之 86 的醫師實際上並沒有這

❽　Fischer, G. S. et al., 1998, "Patient Knowledge and Physician Predictions of Treatment Preferences after Discussion of Advance Directives", *Journal of General Internal Medicine* 13 (7): 447–454.

❾　Johnston, S. C. et al., 1998, "Patient and Physician Roles in End-of-Life Decision Making, End-of-Life Study Group", *Journal of General Internal Medicine* 13 (1): 43–45.

麼做。⑩醫師對於病人是否樂意接受心肺復甦術的想法，其實並不瞭解。根據一項重病住院病患的研究，顯示醫師覺得有百分之 86 的病患需要接受心肺復甦術；然而，事實上只有百分之 46 的病患傾向於接受心肺復甦術。⑪如果病患的年紀相對較輕、接受心肺復甦術可以換得較高的生命品質、以及未來六個月內有較高存活希望，這類病患的醫師對其是否要接受心肺復甦術的瞭解程度，相對比較準確。其次，與病患談過心肺復甦術以及病患關係較久的醫師，也比較容易掌握病患接受心肺復甦術的意願強度；對於那些不準備接受心肺復甦術的病患，醫師也能使其較早獲得不接受心肺復甦術的醫囑。換句話說，醫師因詢問病患而能做出更符合病患意願的醫治，因沒有詢問病人而誤解其喜好，就算不得是什麼不尋常的事了。因此，主動邀請住院重症病患討論接受心肺復甦術的意願，是值得重視的問題，採取這種新的作法，是有助於醫病之間展開心肺復甦術的討論。⑫

　　據此，醫病關係的深入與否，對醫師提不提供不實施心肺復甦術醫囑的決定，具有決定性的影響。⑬一項安排五位專業醫師針對 613 位住進一般科病房的病人，逐一判斷其是否需要給予不實施心肺復甦術醫囑的研究發現，有 149 位病人被評定需要有此醫囑，88 位病人不需要醫囑；在這 88

---

⑩　Thorns, A. R. et al., 1999, "A Survey of Nursing and Medical Staff Views on the Use of Cardiopulmonary Resuscitation in the Hospice", *Palliative Medicine* 13 (3): 225–232.

⑪　Wenger, N. S. et al., 2000, "Physician Understanding of Patient Resuscitation Preferences: Insights and Clinical Implications", *Journal of American Geriatrics Society* 48 (5): S44–51.

⑫　Golin, C. E., N. S. Wenger & H. Liu, 2000, "A Prospective Study of Patient-Physician Communication about Resuscitation", *Journal of American Geriatrics Society* 48 (5): S52–60.

⑬　Eliasson, A. H., J. M. Parker, A. F. Shorr, K. A. Babb, R. Harris, B. A. Aaronson & M. Diemer, 1999, "Impediments to Writing Do-Not-Resuscitate Orders", *Archives of Internal Medicine* 159 (18): 2213–2218.

個案例中，有 11 位是因為病人或其家屬並不同意放棄心肺復甦術的施救。其他 77 位沒有不實施心肺復甦術醫囑的病人，與其年紀、性別、種族，並沒有多大相關。主治醫師沒有提供不實施心肺復甦術醫囑的原因，認為「病人並沒有馬上死亡危險」的有 49 位，占百分之 56；認為「應該由病患的家庭醫師與其病人討論，而非主治醫師」的有 43 位，占百分之 49；認為「缺乏適當的討論時機」的有 38 位，占百分之 43。至於放棄心肺復甦術與死亡率、末期醫療照顧引發的不適感、甚至擔心捲入醫療糾紛訴訟事件，都不是影響醫師開列不實施心肺復甦術醫囑的因素。

　　對大多數的醫師而言，尊重末期疾病病患拒絕治療的決定，並不是件容易的事。加拿大的研究指出，雖然法律保障病人有自主決定的權利，仍然有百分之 75 的醫院在行政措施方面，允許醫師忽略病人反對治療的意見。❶這是因為不實施心肺復甦術的倫理原則雖然大部分已經確定，但是由於醫病關係的重組、病患自主性提高，以致於臨床實務方面尚未發展出一套具體一致的作法。特別是當病患本身涉入這種情境之時，因焦慮而陷入天人交戰的掙扎，以致無法做出明確的決定，也是人之常情。❶其次，病情嚴重度的客觀評分工具，尚未普遍應用到末期疾病的臨床照顧上，因此，當醫學的專業規範不同於法律規範時，醫師傾向於遵從他們自己「救人為先」的專業規範。在將心肺復甦術的原則引入安寧療護病房之前，有必要訂出明確的行政作業流程並做好適當的教育訓練；❶也需要在法律限制與病人自主性的現況下，協助醫師克制使用那些無用的治療。❶

❶　Poirier, J., 2000, "Comparison of CMA Joint Statement on Resuscitative Interventions and New Brunswick Hospital Corporations' Policies on End-of-Life Treatments", *Palliative Care* 16 (1): 15–22.

❶　Phillips K. & V. J. Woodward, 1999, "The Decision to Resuscitate: Older People's Views", *Journal of Clinic Nursing* 8 (6): 753–761.

❶　Thorns, A. R. & J. E. Ellershaw, 1999, "A Survey of Nursing and Medical Staff Views on the Use of Cardiopulmonary Resuscitation in the Hospice", *Palliative Medicine* 13 (3): 225–232.

 **五、重症末期病患醫療照顧的醫病溝通**

關於末期疾病的安寧療護，最大的挑戰與最常被討論的問題，是如何在「最少有害的醫療」與「不被放棄的感覺」之間取得平衡點，這包括了加速使用嗎啡類藥物於疼痛控制、放棄維生治療措施、自主性的停止飲食、出現無法忍受的痛苦時施打鎮靜劑等醫療決策。❶⑧

生命末期的照顧常在醫師與病家溝通不足的情形下進行，病患及其家屬常誤解心肺復甦術的真正效果，以致於病患或其家屬對於生命末期的照護決定，常是出於錯誤的心肺復甦術知識。溝通不足的眾多因素中，又以醫師缺乏主動與病患討論末期治療有關。一家以內科住院病人為基礎的醫院，曾經一方面以行政策略鼓勵醫師與病人討論生命末期的醫療照顧，另一方面強迫醫師參加有關於生命末期照顧的教育性研討會，雙管齊下的方式對醫師進行教育訓練。❶⑨結果發現，研究之前，184 位病人有 64 位（約百分之 35）曾有醫師與其討論生命末期的照顧事項，其中討論不實施心肺復甦術者有 53 位（約百分之 29）。研究開始之後，則 121 位病人中有 41 位（約百分之 34）曾有醫師與其討論生命末期的照顧事項，其中討論不實施心肺復甦術者有 33 位（約百分之 28）。換句話說，鼓勵與強制措施並不具

❶⑦ Agich, G. J. & A. C. Arroliga, 2000, "Appropriate Use of DNR Orders: A Practical Approach", *Cleve Clinical Journal of Medicine* 67 (6): 392, 395, 399–400.

❶⑧ Quill, T. E., B. C. Lee & S. Nunn, 2000, "Palliative Treatments of Last Resort: Choosing the Least Harmful Alternative", *Annals of Internal Medicine* 132 (6): 488–493.

❶⑨ Shorr 等學者的研究是以該院住院時預估三年內死亡的機率超過百分之 50 的病患為研究對象。Shorr, A. F., A. S. Niven, D. E. Katz, J. M. Parker & A. H. Eliasson, 2000, "Regulatory and Educational Initiatives Fail to Promote Discussions Regarding End-of-Life Care", *Journal of Pain Symptom Management* 19 (3): 168–173.

有增強醫師與病人討論生命末期照顧問題的意願。

據說同意不實施心肺復甦術會增加病患死亡機率的疑慮，是絆住醫師主動與病患討論末期治療的重要因素。

1994 年以美國兩個州護理之家總計 3,215 位病患為研究對象，其中一組有不實施心肺復甦術的醫囑，另一組沒有這份醫囑的研究，發現一年之內，有不實施心肺復甦術醫囑的病患，在甲州有百分之 27 死亡，在乙州有百分之 40 死亡；這筆數字與沒有醫囑的那組比較並無多大差異。所以，醫療所在地與是否有心肺復甦術醫囑，無助於預估死亡期限的長短。只是住在乙州具有不實施心肺復甦術醫囑的病患，在固定的期限內似乎承受著較多死亡人數的風險。❷⓪

另有研究指出，在惡性腫瘤的住院病人心跳停止時做心肺復甦術，並不能發揮多大功效，使其免於死亡。一項以 83 位住院時心跳停止的病人（女性 42 位、男性 41 位，平均年齡為 56.2 歲）執行病歷的回溯研究發現，病患中有百分之 42 罹患血液性惡性腫瘤、百分之 19 肺癌、百分之 15 腸胃道癌、百分之 5 頭頸癌，百分之 19 罹患其他類型癌症。這 83 位病患中有百分之 66 的病患接受心肺復甦術後暫時恢復心跳，不過只有百分之 9.6 活到出院，百分之 3.6 存活超過一年。❷①

最後，提供不實施心肺復甦術的醫囑，是否有助於末期疾病患者節省住院支出，進而影響到醫院的收入，以致於醫師為之卻步。根據一項針對 852 份病歷回溯研究❷②，其中 625 位在死亡時有不實施心肺復甦術的醫囑，

❷⓪　Egleston, B. L., M. A. Rudberg & J. A. Brody, 2000, "State Variation in Nursing Home Morality Outcomes According to Do-Not-Resuscitate Status", *Journals of Gerontology Biological Sciences and Medical Sciences* 55 (4): M215–220.

❷①　Varon, J., G. L. Walsh, P. E. Marik & R. E. Fromm, 1998, "Should a Cancer Patient be Resuscitated Following an in-Hospital Cardiac Arrest?" *Resuscitation* 36 (3): 165–168.

❷②　Maksoud A., D. W. Jahnigen & C. I. Skibinski, 1993, "Do Not Resuscitate Orders and the Cost of Death", *Archives of Internal Medicine* 153 (10): 1249–1253.

腫瘤科病患備有此醫囑者高達百分之 97、心血管科病患則有百分之 43 備有此類醫囑。這 625 位有不做心肺復甦術醫囑病患中，有 107 位（約百分之 17）在住院之前就已經決定不做心肺復甦術，另外 512 位病患不做心肺復甦術的醫囑則是住院後才收到的，其中只有百分之 19 獲得病患的同意。死時有不做心肺復甦術醫囑的病人住院日約十一天，比死時沒有不做心肺復甦術醫囑的病人住院日約六天為長。從開出不做心肺復甦術的醫囑到病人死亡平均為內科二天、外科一天。有不做心肺復甦術醫囑的病人平均收費為 61,215 元；其中，住院前就已經決定不做心肺復甦術者為 10,631 元，住院之後才有不做心肺復甦術醫囑者為 73,055 元。住院後才收到不做心肺復甦術醫囑的，其繳納的住院費並沒有減少。

六、不實施心肺復甦術等於協助病患自殺？

用一句簡單的俗話，來概括傳達安寧療護所涉及的生命權與醫療權的爭議，那就是「賴活不如好死」。不過，宣導安寧療護並不等於接受安樂死 (euthanasia) 的作法。一位肺癌末期，肝、腎、心臟功能都已衰竭的病患，若併發肺炎而拒絕接受人工呼吸器的治療，或已接上人工呼吸器而病患要求拔除，在這個情況下不給予甚或撤除人工呼吸器，是符合醫學倫理的行為？還是協助病患自殺？一位胃癌末期已達臨終階段的病患，從食道、胃至腸已全部損壞，滴水無法進食，這個時候不提供、甚至撤除病患的全靜脈營養劑的醫療決定，是符合醫療倫理的行為嗎？還是見死不救有違醫德的行為？

不論在世界上的哪個角落，該不該立法賦予醫師對於尚有生命的病患停止醫療、或是幫助病人放棄生命（自殺）的權利，是充滿爭議的醫療議題。在美國有位醫師聲稱曾幫 44 名病人自殺，奧瑞岡州 (Oregon) 也曾經通過醫師幫助病人自殺的法規，1996 年春兩個美國特區法院宣布關於醫師幫助病人自殺的州禁令違憲。1998 年美國病理科醫師傑克・凱佛基安 (Jack Kevorkian) 為絕症病人靜脈注射安神劑、肌肉鬆弛劑、及氯化鉀後，導致

病人快速死亡，結果被密西根州以一級謀殺罪起訴。這一連串的事件引發對於美國憲法上保障人權條款適用性的爭議。此外，針對安寧療護義工的調查研究發現，有百分之 37 的義工支持對病患施以安樂死，還有百分之 4 的義工曾經有被病患要求他們協助結束生命的經驗。❷

　　第一個合法化安樂死的法案是澳洲北領地 (Northern Territory) 1996 年 7 月 1 日生效的《末期病患權利法案》(the Right of the Terminally Ill Act)，准許末期病患遭遇到無法忍受的痛苦時，要求醫師協助中止其生命。❷不過，八個月之後該法便遭澳洲國會否決，此後連在北領地安樂死也不再合法。推翻安樂死合法化最有力的反對力量來自於安寧療護團體。澳洲墨爾本大學的安寧療護中心進行數個研究，證實病患之所以要求安樂死的主因是疼痛太過劇烈，痛苦到無法忍受。同時研究也發現，如果能找到緩解痛苦的方法，病人就會改變安樂死的決定，接受安寧療護以得到良好的醫療照顧。身心痛苦獲得舒緩的病患，都相當珍惜生命的每一天，直到死亡的自然來到。

　　訂有安樂死立法的荷蘭，也要求醫院必須提出安樂死的決定是出自病患完全自由與自主的意志之下，經審慎考慮過後的持續性決定。關於安樂死的立法，在荷蘭是經過長達二十七年的努力（自 1973 年開始討論立法問題到 2000 年制訂立法通過），方才有的成果。安樂死的定義是為了減少病患的痛苦，以特定方式刻意結束病患的生命。如果不使用該特定方式，病患的生命有可能被延長。❷執行安樂死的方法有積極措施與消極作法兩種。積極安樂死 (active euthanasia) 又稱為憐憫殺人 (mercy killing)，屬於加工致

❷　Zehnder, P. W. & D. Royse, 1999, "Attitudes toward Assisted Suicide: A Survey of Hospice Volunteers", *Hospital Journal* 14 (2): 49–63.

❷　Kissane et al., 1998, "Psychological Morbidity and Quality of Life in Australian Women with Early–Stage Breast Cancer: a Cross–Sectional Survey", *Medical Journal of Australia* 169: 192–196.

❷　Keown, J., 1995, *Euthanasia Examined: Ethical, Clinical, Legal Perspectives*, Cambridge University Press.

死的行為，主要透過某種藥物或器具的使用以加速病人死亡的作法。消極安樂死 (passive euthanasia) 是指故意去除某些維生必須的物質或治療以致於造成病人的死亡。無論是積極還是消極的安樂死，其間所涉及的醫療倫理問題是，如果不刻意採取這兩種特定方式中的任何一種來結束病患的生命，病患仍有活下去的可能。一般而言，以病患決定為中心，安樂死分為「自願性」(voluntary)、「非自願性」(involuntary)、及「無自願性」(non-voluntary) 三種類型。「自願性安樂死」是指病人在有「決定能力」(competency) 的情況下，根據其自願決定以安樂死的方式結束生命。「非自願性」與「無自願性」的安樂死，都是發生在病人無決定能力、或是在不自願的情況下，由他人決定以安樂死的方式結束病患的生命。

實際上，這種分類並不如表面上的一清二白，特別是發生病久親疏的效果之後，病患與其家屬的親密關係常成為左右病患是否自願要求安樂死的關鍵變數，而此時病患自願要求安樂死的決定，算是自願的還是非自願的呢？自願性安樂死的判斷，已是如此困難。何況是由他人代為決定的「非自願性」和「無自願性」安樂死呢？根據醫療倫理，這兩類安樂死的決定必須符合「代為判斷」(substituted judgment) 與「最佳利益」(best interests) 二項倫理原則。「代為判斷」必須要有足夠的證據證明基於病患的「最佳利益」所做出的決定。若病人並未表達，任何證據都不足以證實是出於病患的「最佳利益」。據此，「非自願性」與「無自願性」安樂死——像是讓植物人安樂死的作法——本身就違反了病患自主 (autonomy) 原則，所以在醫療倫理上根本沒有討論的餘地。

「自願性安樂死」所涉及的醫療倫理問題，最主要的是病患所罹患的病症，若以目前的醫療措施加以治療，不僅達不到醫學治癒病痛、延長生命，或是增進其生命品質的三大目標，反而有增加痛苦、惡化其生命品質的結果，所以透過「自願性安樂死」的方式，結束病患的生命。如果說安樂死的目的是在減除痛苦，那麼相關的醫療倫理問題是，「殺死病患」或「放任病患自殺」以解除病患痛苦的正當性。一旦末期重症患者遭受病痛折磨可以合法尋求安樂死以求解脫，那麼其他非末期的病患，只要有病痛，就

可效法。那麼對於無自主能力的病患，只要見其痛苦，就可以讓其安樂死。如此一來，所有末期癌症、愛滋病、尿毒症，甚至嚴重的糖尿病、氣喘病、運動神經元疾病、黏多醣症、自閉症、植物人、痴呆症、嚴重的精神病患等等，豈不是全都能夠以解除他們的痛苦之名，用安樂死來除掉他們？ ❷⑥ 這些病都無法治癒，患者都飽受身心折磨的痛苦，難道都可以合法地同意他們以自願性安樂死的方式，或是授權他們的代理人以「非自願」或「無自願」安樂死的方式結束他們的生命嗎？

　　基於「行善原則」(beneficence) 的醫療倫理，只要保留維持生命所必須的措施，病人能夠存活，任何人都無權除去維生醫療措施讓其安樂死。更別提，基於「不傷害原則」(non-maleficence) 醫療倫理，醫師更不能順從病患或家屬要求以積極安樂死的措施，來結束病人的生命。換句話說，根本沒有合法的安樂死。只有一種情形，按病人的自主意願，不使用維生醫療方式來拖延不可治癒的病人之瀕死階段，而讓病人自然死亡。這些維生醫療包括心肺復甦術、人工呼吸器、強心升壓劑、各種插管等。那屬於自然死，根據美國加州 1976 年通過的《自然死法案》(Natural Death Act)。醫師只有在下列三項條件同時具備的情況下，方可停止醫療行為：⑴病人及／或家屬同意；⑵有明顯的醫學證據顯示病人已臨近死亡；⑶特別的醫療措施拖延著病人的瀕死期。據此，自然死不同於消極的安樂死，自然死是在延長生命、治療疾病、與減輕痛苦三大醫療目標之間，所取得的一個平衡點。發生於延長生命與減輕痛苦相互抵觸、執行治療對病人造成負擔遠超過利益的情況下，醫生可以下達不提供甚或撤除治療的醫囑。

　　正因如此，「自然死」不但遵循了醫學倫理原則中的「自主原則」、「不傷害原則」、及「行善原則」，同時也兼顧了「公義原則」(justice)，使有限的醫療資源做到公平正義的分配。「安寧療護」絕非「安樂死」，安寧療護著重在病患的生命品質之提升，不在於縮短生命；安寧療護承認死亡是自

---

❷⑥　趙可式，2000，〈安樂死、自然死與安寧療護〉，戴正德、李文濱編著，《醫學倫理導論》，臺北：教育部，頁 109–123。

然過程，肯定生命的意義，但其醫療理念也不主張英雄式地耗盡一切醫療設備去拖延臨終期。所以，建立在自然死基礎之上的「安寧療護」本質上是反對「安樂死」的，而且認為病人若是病症太過疼痛，以致於有尋求安樂死的念頭，便當本於尊重並保存生命，給予病患安寧療護以減除其痛苦、提升其生命品質，以達到病患沒有必要尋求安樂死的理想目標。相反的，對明知救治無望的末期臨終病患進行急救，明顯違反了「不傷害原則」。若末期重症病患曾表達過不願急救，則更違反了「自主原則」。根據英國的經驗，自 1967 年創辦安寧療護醫院以來，幾乎沒有一位接受安寧療護的病人要求安樂死；原本尋求安樂死的病患，在進入安寧療護醫院之後，由於痛苦減除，反而更珍惜存活的日子。

　　反觀臺灣，絕大多數的末期臨終病患，若死亡之前是在醫院接受治療，都得經歷一套痛苦的急救程序。雖然醫師明知這時實施心肺復甦術，頂多只能延長短暫的瀕死期。但是礙於《醫師法》第四十三條的規定，醫師為了免除訴訟，總是對明知救治無望的病患進行急救。據此，基於對病患生命的尊重，宣導安寧療護自然死的理念有其必要性。安寧療護所強調的「不論是醫療不足 (under treatment) 導致病患生命提早結束，還是過度使用醫療科技 (over treatment) 以致於病人臨終期的生命在痛苦中獲得無意義的延長，都不是合乎醫學倫理的醫療決定」這項價值觀，不但值得重視，更值得貫徹。對於重症末期的病人固然不可加速死亡，也不需無所不用其極地英雄式拖延死亡過程。醫療團隊協助病患緩解身體上痛苦的症狀，同時提供病人及家屬心理及靈性上的支持照顧，使病患達到最佳生命品質，並使家屬順利度過哀傷期，方能收到兼顧治病醫療與生命教育的雙重功效。

議題十五
基因檢測、複製與治療

―摘要―

自 1997 年 2 月英國蘇格蘭羅色林研究中心 (Roslin Institute) 的依思‧威瑪特教授 (Ian Wilmut) 創造出複製羊桃莉之日算起，三年半內人類基因圖譜定序草圖便於 2000 年 6 月完成，自此之後，各國就紛紛訂定禁止基因複製的法規，接著在不到兩年的時間內，耗資 20 億美元的人類基因組計畫 (Human Genome Program) 終於在 2002 年 2 月 12 日完成。但是基因科技 (gene technology) 的發展並未因此而中斷，基因工程 (gene engineering) 的研發也未曾因此而停頓，複製人的傳言也是不斷。

一、全球化與基因科技

基因資訊日益複雜，誤解與濫用的可能性也隨之增加。不僅可能在社會上逐漸浮現、而且在歷史上甚至已經出現，以某種基因性特質的種族或階級關連為理由，合法化既有的種族與階級差距與偏見。也可以說，基因科技使全球承受著一種風險，往好的方面想，有助於增加人類彼此之間對於相互差異性的瞭解與包容。往壞的一面思考，可能加重少數族群與低收入戶被視為人類物種上一個次等階級類屬的風險。

過去的經驗教訓，提醒我們注意目前正在進行的基因圖譜的努力，可能會對少數族群與低收入戶造成極為不利的影響。❶也就是說，在基因科技不斷進步的同時，避免科技福祉的社會分享，極可能出現階級與族群的歧視。如果醫療給付的承諾不會實現，基因圖譜方案將引爆指導醫療資源分配的機構，是否能夠堅持以少數族群與低收入戶為最大潛在的受益者為基點來建構醫療給付分配原則的爭議。

基因資訊的大量增加所帶來的社會衝突颶風，其暴風眼的所在，正是分配正義的問題，其間牽涉到的不僅是一個社會，而是全球資源如何受到公平正義分配的問題。誰會因這類新知識而獲益，誰會因此而受害？這是

---

❶ Kristol, W., 2002, *The Future is Now: America Confronts the New Genetics*, Maryland: Rowman and Littlefield.

全球化已經快速將整個世界各地不同的道德、法律、文化規範與價值的國家交織成一個商品化的經濟體系，無可避免必須正視的問題。在這樣一個成員背景分雜——由許多種族、民族、以及經濟階級團體——所組成的全球體系中，關鍵的問題是由基因科技所獲致的新知識，有多少可能會以造福人類全體的方式使用？又有什麼辦法對體系做出規範，讓這些知識能夠被用在造福人類全體之上？

二、從基因科技到基因治療

　　一般說來，生物科技 (biotechnology)，就是利用重組去氧核醣核酸 (DNA)、細胞融合、生物製程與修補技術等系列工具，來增進人類生活品質、或創造新物種之科學技術。諸如基因食品、幹細胞研究、複製羊、複製豬、乃至於複製人，都是生物科技的成就。基因科技是指涉及遺傳物質改造的一種生物科技，亦即透過分離、解析、重組、改造蘊藏著生物遺傳訊息之基因物質的科學程序與活動。當前最熱門的基因工程，其核心技術是去氧核醣核酸的重組。重組即利用生物體的遺傳物質或人工合成的基因，經過體外或離體的限制酶，經切割後，再與適當的載體連接起來，形成重組之去氧核醣核酸分子，然後再將重組之去氧核醣核酸分子導到受體細胞或受體生物，構建轉基因生物。經過此套程序的新轉基因生物就可以按照人類事先設計好的藍圖，表現出另一種生物的某種性狀。除去氧核醣核酸重組技術外，基因工程還包括基因表達、基因突變、與基因導入三大技術，整體來說，可分四大執行程序——先取得符合要求的去氧核醣核酸片段作為「目的基因」、將目的基因與質粒或病毒去氧核醣核酸連接成重組之去氧核醣核酸、把重組去氧核醣核酸引入某種細胞、挑選出目的基因能表達的受體細胞。

　　基因檢驗 (genetic testing) 是指藉由分析去氧核醣核酸分子、染色體、或是基因產物，如酵素與蛋白質等，以判斷受檢者是否帶有可能導致疾病的基因。基因檢驗在職場上的運用有兩種類型：一為基因篩檢 (genetic screening) 是指針對員工或求職者的基因特徵加以檢查；另一為基因監測 (genetic monitoring) 則是針對員工的遺傳物質加以檢驗，以確定是否因接觸危險物質而產生損害或變化。

　　因基因檢測而來的基因歧視 (gene discrimination)，則是指單獨基於個人基因構造與正常基因組的差異，而視其及其家族成員為低劣次等，並對之處以差別待遇。❷舉凡對帶有與正常人不同的變異基因的個人，不問是否確實發病，便加以歧視之行為，皆為基因歧視。更嚴重的是，只要家族中有一人帶有變異基因，其他家族成員並因此而遭受歧視。基因治療 (gene therapy) 是指以基因為治療對象之醫療行為，以直接更動（放入或修改）病人的遺傳物質為手術標的，因此一旦施行基因治療，會持續存在體內到生命的極限，甚至傳入到子代。例如針對罹患心臟病、高血壓、糖尿病、或唐氏症或肝癌病患的基因治療，其具體作法是先建立該疾病之基因圖譜資料庫以作為疾病判斷與治療的比對依據，再依據顯現異常的基因下手，透過轉殖、切除、或移除等方式，進行疾病的治療。

　　基因治療是將「功能正常」的基因移植入病患的基因體內，所以廣義的基因治療，也包含了器官移植 (organ transplantation) 的概念。因為植入的器官會持續存在，也不可能做再次移除的手術。器官移植時，種入的外來細胞之內，含有捐贈者的所有基因，所以對器官接受者而言，屬於基因治療之一。

　　一般而言，基因治療可分為體細胞基因治療 (somatic cell gene therapy) 與生殖細胞基因治療 (germ line cell gene therapy) 兩種。體細胞基因治療是針對已發病或將發病之病患，基因缺陷或異常所造成疾病之細胞、組織、器官加以治療，不會影響到病患的下一代或人類全體之基因組合 (gene pool)。生殖細胞基因治療，則是在生殖細胞的階段便對疾病進行基因層次的介入，其影響比體細胞的治療更直接、更深入。因此，如果對生殖細胞

❷　Natowicz, M. R. et al., 1992, "Genetic Discrimination and the Law", *American Journal of Human Genetics* 50: 465–475.

基因治療技術的使用不加以管制，必然會被發展並應用到基因的功能增進上 (genetic enhancement)，造成「基因超市」(genetic supermarket) 的現象，或引爆「訂做嬰兒」(designer baby) 的風潮。 ❸

三、歷史上基因資訊的使用

優生運動 (the eugenics movement) 與 1970 年代早期出現在美國社會的鐮刀細胞方案 (the sickle cell programs)，是歷史上醫界與醫療機構在使用基因資訊上犯下失誤與偏差的兩項嚴重錯誤的極具代表性的例子。優生運動是出於對人種改良的信念，建立在優生學人種改良的研究之上。因此，優生學的對話常與挖掘種族、心智失常、以及其他父母不健全的決定因素糾結成一體，而優生政策所產生的社會效果，促成廣設照顧生物學上與社會上不健全者的機構，以及限制性移民政策的制訂。影響所及，最著名的結果，就是強制剝奪大量的移民、貧戶、以及精神病患的生育能力。

在 1970 年代早期，鐮刀細胞貧血是常被忽視的健康疾病。鐮刀細胞貧血是一種基因違常的隱性遺傳疾病，有各種不同的嚴重程度。避免生出帶有鐮刀細胞貧血小孩的唯一方法，就是不生小孩。在美國，猶太人以罹患泰沙氏症 (Tay-Sachs disease) 居多，而且泰半採取自願篩檢的模式。相對的，鐮刀細胞貧血發病率頻率最高的群體是非洲裔的民眾。鐮刀細胞方案最大的問題是，在偵測鐮刀細胞徵狀或疾病的方法尚未被開發出來，也沒有發明出減輕或治療鐮刀細胞疾病的處方，美國某些州政府便已經訂定鐮刀細胞篩檢方案，並立即用之作為辨識民眾是否帶有鐮刀細胞退化基因的一項測量工具。影響所及，這項州政府授權立法的篩檢方案對非洲裔的社區造成巨大的傷害。由於非裔族群及其廣大的社區，對該症的知識貧乏瞭解相當有限，在不當的保密措施，再加上教育與諮詢上的失誤，造成了深

❸ Chu, J. J., 2003, "Human Rights and Social Justice: A Sociological Approach to Human Cloning", WSSA Conference, Nevada: Las Vegas.

受鐮刀細胞徵狀與鐮刀細胞疾病之苦的非裔族群飽受污名化與就業保險歧視之害。事實上，鐮刀細胞徵狀與鐮刀細胞疾病，只限於同時從父母雙方得到這項遺傳的子女才會發病。如果只從父或母一方獲得基因遺傳，則只具有鐮刀型紅血球特徵，並不至於出現貧血症狀。然而，接受基因篩檢之後，證實罹患鐮刀細胞貧血的病患，馬上被認為是鐮刀型貧血的帶因者，在就業與保險上皆遭遇到嚴重的歧視。

四、全球化與異種器官移植

由於醫學科技的發達，目前器官移植的手術在世界各地可謂相當普遍，特別是對末期病患來說，是種非常普遍的治療手術，而且每年大約都有四至五萬個器官接受移植。一般來說，可以移植的器官有腎臟、肝臟、心臟、胰臟、肺臟、以及小腸，而以心臟、腎臟最為普遍，肝臟移植還在人體試驗階段。正因如此，器官移植最大的問題，在於可移植之器官數量的不足以及接受器官移植之後，出現排斥與感染的問題。前者的解決依賴開發更多可以移植之器官，後者則依賴抗排斥藥物 (immunosuppressive drugs) 的研發，以減少這類抗排斥藥物降低病患的免疫能力，增加受細菌感染的機會。

由於器官數量之不足，因此器官的來源與取得變成為一項重要的議題。器官的來源如果是人，那麼移植器官的來源，必須來自於腦死的病患、死囚、以及自願捐贈者。換句話說，器官必是來自於死人。在人權至上的歐美先進社會，在所有可能的範圍內，人死後的器官皆捐贈給需要之人，除非當事人生前有明確的表達異議。

至於活體器官移植，來源有二：自願捐贈（以親人為主）以及器官買賣。捨棄器官買賣、鼓勵自願捐贈有兩項宗旨，其一是，倘若將器官買賣合法化，賣器官的永遠是低收入的窮人、失業者、遊民，因而增高了這些迫切需要金錢的窮人或貧戶被剝削與利用的機會。根據《美國醫學週刊》的報導，販賣腎臟盛行於印度南部城市，為了償還債務、接受一千美金捐

出腎臟的賣腎者中，超過百分之 85 的人表示，捐腎之後身體的狀況變差，使得平均家庭所得大約減少了三分之一。有錢人不需要親人捐器官給他們，他們的親人也不必承受器官捐出後的風險，他們只需出錢讓窮人去承受所有的風險與苦果。第二，器官買賣一旦合法化，勢必會造成器官分配的不公。可以想見，最有錢的人總是最優先取得器官的人，而且在市場競價之下，出價最高的人總是最先得到器官。這違反了支配稀有公共資源的公平分配原則。所以，在器官需要量持續增加、移植的等候時間不斷延長的情況下，需要努力的方向仍應該是鼓勵更多的人發揮利他精神，加入器官捐贈的行列，而非開放器官買賣，將器官商品化。❹

最後，由於生物科技的進步，面對人體器官來源有限這個問題時，避免以不人道的方式取得器官氾濫成災，同時達到解決器官移植供不應求的雙重功效，異種器官移植 (xenotransplantation) 是另一個管道。❺基因生物科技的進步、抗排斥的藥物改良、快速增加異種生物之間的器官移植的可行性。異種器官移植可以提供潛在的、無限數量的細胞、組織、以及器官。「異種器官移植」就是指基於醫療的目的，從某個物種身上取得活的細胞、組織、或是器官，然後移植到另一個物種。

在倫理、飼育、疾病傳染、器官大小與生理特性等諸多考量下，許多科學家現在認為豬是用來執行異種器官移植的最佳來源動物。用來執行異種器官移植的豬是被養在無菌的實驗室中，但是科學家並沒有辦法製造出沒有病毒的豬。因為異種器官移植的病患需要服藥壓制其免疫系統，所以動物傳染病可能很輕易地就在病患體中生存下來。人類基因轉殖豬 (transgenic pig) 可能把豬的病毒與疾病輕易地傳給人類。畢竟，沒有任何一項科技或醫療程序是完全沒有風險的。生物與醫學科學家目前尚不清楚，

❹ Jou-jou Chu, 2002, "In Response to Xenotransplantation: What We Can Learn from the Canadian Experience", Workshop on Bioethics, University of Montreal, Canada.

❺ Cooper, D. K. C. et al. (eds.), 1991, *Xenotransplantation: The Transplantation of Organs and Tissues between Species*, New York: Springer Verlag.

更無法掌握異種器官移植所可能涉及的各種風險。然而，最大的風險、也最令人擔憂的問題，可能是把動物的疾病移轉到接受異種器官移植的病患，然後由病患再把這些疾病傳給其他的民眾。這種類型由動物傳染給人的疾病，一般通稱為人畜共通的疾病 (zoonosis)。由於大部分接受動物器官移植的病患，在還沒有發展出病徵之前就已死亡，所以，迄今尚未有證據顯示，過去所從事的動物器官移植的實驗，導致病患感染動物傳染病。不過可以確定的是，引爆愛滋病的人類免疫缺乏病毒 (human immunodeficiency virus) 是源自於猩猩或猴子的病毒，後來感染到人類；而動物細胞中的「反轉錄病毒」(retroviruses) 也可以感染人類細胞，並且潛伏數年之久，病徵才會出現。像是猿猴、猴子、人類、狒狒這類哺乳動物與人類最為接近，牠們的疾病最容易傳染給人類。非哺乳動物也可能帶來動物傳染病。1993 年瑞典有 10 位糖尿病的病人接受豬細胞移植，他們都發展出抗豬病毒的抗體，而且沒有人因此得病。

　　知情同意 (informed consent) 是執行異種器官移植時，最重要的一項法律問題。也就是說自願接受異種器官移植的患者，必須瞭解並且同意他們移植的是動物器官。同時基於保護社會大眾避免受到異種器官移植的病患產生之傳染病的感染，接受異種器官移植的病患的若干自由亦將受到限制。諸如，絕不離開國境出國旅遊、絕不生育小孩、告知主管機關他們的性伴侶、絕不捐血、接受終身的監管、以及死後接受驗屍等。由於人畜共通的疾病要經過數年之久才會爆發，所以病患在同意所有的規定之後，可能永遠不能更改他們的心意。

五、基因檢測與就業歧視

　　在臺灣社會，一般對就業歧視的規範，可以從憲法第七條「中華民國人民，無分男女、宗教、種族、階級、黨派，在法律上一律平等」，與《就業服務法》第五條「為保障國民就業機會平等，雇主對求職人或所僱用員工，不得以種族、階級、語言、思想、宗教、黨派、籍貫、性別、婚姻、

容貌、五官、身心障礙或以往工會會員身分為由，予以歧視」，得到主要的概念與核心要旨。隨著生物科技的進步、基因檢驗技術的發達，以及人類基因圖譜計畫已然接近完成階段，基因檢驗的技術亦將趨於成熟而費用降低，在此情形下，企業在未來實施基因檢驗的誘因亦隨之增高。影響所及，未來在職場上便可能出現在美國已經發生的新歧視類型——基因歧視。雇主獲知求職者或受雇者基因檢測結果為陽性反應，或是以體檢的方式取得求職者或受雇者陽性反應的基因資訊後，以這項資訊作為是否錄用、晉升或調職的依據，以致於求職者或受雇者受到不利待遇，不論此種不利的待遇是在求職時遭到拒絕錄用、在該升遷時無法升遷、甚至在保險上不是被調高保費就是被拒保，而影響其生計或其生涯發展，都屬於基因歧視的範圍。

　　基因檢驗技術如果合理運用，在執行工作分配、職務調度之前，先參考受雇者的基因狀態，其實是對勞資雙方都有好處的措施。可想而知，根據受雇者可靠的基因資訊而分派任務，不但可降低受雇者因工作而發生職業病的危險，甚至還可以依據基因監測的結果，改進工作環境與衛生條件。當然，雇主取得受雇者的基因資訊之後，也可能基於自身利益的考量，而拒絕雇用罹患遺傳疾病的求職者——關於這方面，雇主可以運用、借題發揮、乍聽之下言之成理的理由很多，諸如：⑴員工的健康狀態會妨礙個人的工作表現，而影響事業績效；⑵員工因疾病而請假或曠職，將引起事業內部的工作分配與人手調度問題；⑶如員工因疾病而提早離職或退休，雇主必需重新招募人員，增加人力訓練成本；⑷如果雇主需要負擔員工的保險費或醫療支出，那麼員工的疾病更是加重事業的成本負擔，而減少事業獲利盈餘；⑸員工如果因為疾病的影響而發生意外事故，雇主將因此蒙受財物損失，也可能面臨其他受害人要求賠償。

　　聯合國在 1997 年已經通過《人類基因組與人權宣言》(Universal Declaration on Human Genome and Human Rights) 作為國際間規範，特別是不容許政府、教育機關和商業機構取得私人的基因資訊，作為各種歧視的依據，而各先進國家都採取相關的措施以杜絕此種侵犯個人和家族隱私的

行為。畢竟，在基因治療未能普遍使用，但基因篩檢已可應用的現況下，會導致對帶有嚴重基因疾病的少數民族或家族或個人之歧視或迫害，成為社會不公義的根源。

據此，雇主出於利益考量所表現出的基因歧視，當視之為施加在中下階層勞動者身上的結構性壓迫。除非科學證實致病基因在全人口當中是隨機分布，與社會階級因素無關。更重要的是，疾病的發生除了基因的作用之外，環境因素也扮演決定性的影響力，如果有良好的飲食、衛生環境、醫療照顧等後天環境因素，自然有降低基因導致疾病的機率，對於病情的緩和，也相當具有功效。然而，中下階層的勞動者在社會上所分配到的環境資源相對來說原本就比較差，同時卻是最需要工作來維持生活的勞動者。因此，對於雇主實施基因檢驗與取得基因資訊的權利，必須加以限制，以求事先預防帶因的求職者或受雇者可能因此而喪失求職機會，或是在工作晉升與職務分配上受到不利待遇。

其次，建立雇主「避免工作因素導致職業病帶來的經營成本，而剝奪帶因者的工作機會，是一種不負責任的行為」的價值觀念。積極鼓勵雇主擔負起企業責任，進行工作環境與勞動條件的改善，以消除工作引發勞動者的職業病的情境因子，而不是以基因為藉口剝奪勞動者的工作權。儘管具有這些基因傾向的勞動者，在其總雇用名單中只占少數比例，為這些少數員工的基因傾向，而改善職場設施與勞動環境所付出的成本，或許非常高昂，但是如果仍願意為此而支持帶因者的就業平等權，企業因此所創造出來的優質形象及其所帶來的附加價值，卻非金錢所能估算，不但提高經濟弱勢者的福利水準，更有助於改善貧富階級之間的資源分配狀態。

 六、基因篩檢的階層化

以美國的經驗來說，自願接受基因篩檢的情況很多，但是使用者多侷限於中產階級的白人。使用基因篩檢服務需要醫師的推薦書，這不是正值生育期間的少數民族與經濟貧窮的婦女所負擔得起的基因服務。因此，相

較於中產階級，低收入戶與少數民族婦女臨床基因檢測服務措施的使用率自然低落。雖然政府已經一再擴大許多方案措施的適用範圍，使更多符合條件的婦女能夠受惠於這些近年來才發展出來的妊娠診斷程序。雖然全民醫療給付也配合提供經濟條件最差的婦女醫療保險給付，可是目前體制仍未完善到將全國所有低於貧窮線之下的個人與家庭，都納入給付範圍。就全國醫療保險所保障的案例而言，只有 13 個州的州政府提供診斷出胚胎不健全的孕婦，可以接受健保給付的墮胎手術。其次，獲得聯邦家庭計畫服務基金補助的機構，可能並沒有盡全力告知受孕婦女可以選擇的墮胎條件，更別提是否向需要此項服務的懷孕婦女，推介合格的墮胎機構名單。換句話說，臨床基因服務的可近性問題，是構成基因服務使用出現階層化結果的主要來源。

基因篩檢方案依據的倫理規範，主要是資訊公開與非命令式的諮詢服務。目的在於賦權擁有充分資訊的案主，協助其在面對關係到個人福祉與生育決策時，能夠做出合乎個人價值與偏好的決定。不過，這項規範對種族與族群的少數團體以及低收入戶來說，要成為事實，更需要努力來克服跨文化溝通上的嚴重障礙與誤解。

為了使種族與族群少數團體以及低收入戶也受益於基因資訊，基因臨床服務方案的提供者更需要瞭解人種差異這個概念的意義，以及這些人種差異與基因資訊交互使用時，誤解對劣勢族群可能引起的殺傷力。特別是關於生育決策，基本上是建立在對個人自主性與選擇的重視，萬一強制性生育決策成了社會與公共衛生政策的基礎，種族與族群少數團體以及低收入戶，有可能因此不成比例地成為這些措施的標的。

歷史經驗早就已經顯示，健康地位與健康照顧服務可近性的差異，已經存在於少數民族與低社會階層之間。因此，沒有理由相信，種族與族群少數團體以及低收入戶，他們會受到被諮詢後、是預防、緩和、甚或治療他們基因病狀所需要的健康服務水準。如果健康照護的財政狀況與輸送制度不做任何改變，沒有理由相信，社會劣勢團體將受益於他們所獲得的基因資訊。健康服務只是整個基因科技福祉分享問題的一小部分而已。社會

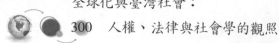

與經濟的因素，像是居住條件惡劣、缺乏就業機會，都是致病的重要原因，如同社會劣勢團體遭遇的其他問題，只會受到較低的優先注意，更別提在資源有限以及當下大眾對社會福利方案的希望破滅的這個時代。

七、基因篩檢與優生運動

　　基因科技的發展所帶來了基因篩檢的技術，容許對胚胎、胎兒、以及新生嬰兒的基因正常程度，進行某種先期的預測。一般說來，基因篩檢主要有三種方式：帶因者篩檢、產前篩檢、以及新生兒基因篩檢。

　　以剛出生的新生兒為對象的「新生兒基因篩檢」，原則上以治療新生兒之遺傳病為主要目標。目前這種篩檢已經實施，由於基因治療技術尚未具有治療的功力，所以採用的不是基因治療的方式，而是以其他傳統的醫療方式進行，如補充相關的維生素或蛋白質等養分，以抵消基因病變所引起的不足，減低新生兒在生長初期所可能遭受的傷害。

　　「帶因者篩檢」針對具有遺傳病家族背景的情侶、或配偶執行基因篩檢，以決定是否適宜結婚與生育。這種篩檢常引發基因優生論的疑慮，因為不准有遺傳疾病的人結婚或婚後不准許生育，都是以消滅這類違常的家族基因、以使這類基因家族成員日漸萎縮、乃至於這種家族基因自然消逝為目標，其中基因優生論的動機甚是明顯。

　　「產前篩檢」以尚未出生的胚胎和胎兒為對象，而當事者通常是罹患相關遺傳疾病的父母。雖然目前基因治療的技術並未完全發展成熟，基因篩檢的結果對懷孕婦女及其家人來說，仍然是協助其決定是否繼續懷孕生產的重要參考依據。事先知悉懷了基因違常胎兒的當事父母及其相關家人，可以考慮生育有遺傳病子女所需承擔的經濟與心理壓力，決定是否需要停止懷孕、甚至接受墮胎的手術。對於社會整體來說，則代表一股新的壓力，具有喚起大眾認真面對基因優生論的主張。支持與不支持生育基因違常胎兒的社會價值，對於當事家庭決定是否以墮胎的方式來解決懷了基因違常胎兒亦具有關鍵性的影響力。如果缺乏社會支持，這些父母或許會選擇墮

胎，以免基因違常的兒女長大之後遭受社會歧視，而本身亦需承擔為一己之私增加社會資源負擔的指責。再者，這種篩檢對胚胎或胎兒並沒有好處，在基因治療技術尚未有所突破之前，根本無法對於潛在基因違常的胚胎或胎兒進行治療，因此，胚胎或胎兒常被當成無法治療的病人，反而極可能淪為優生運動下被犧牲的對象。

由於基因篩檢技術的發達，得知懷了基因疾病胎兒的父母，反而感覺受制於有形或無形的社會壓力。因為明知堅持生育得了遺傳疾病的胎兒，是相當耗損社會醫療與照護資源，縱使其所懷胎兒罹患的只是輕度的遺傳疾病，也可能會被認為是浪費社會資源、增加不必要的社會負擔。堅持生養重度基因疾病的嬰兒，可能需要承擔的社會壓力更為重大，因為其違反強制墮胎法律的行為，可能更得不到社會的支持。這種從下而上的墮胎壓力，是極易轉化為支持「不讓有遺傳病的人生育」這類消極優生論的主張、或是成為「以墮胎方式不讓具有先天缺陷的孩子出生」積極優生論的推手。

總之，基因篩檢所以引起基因優生論的疑慮，是因為它提供了前所未有的知識，那就是，使尚未發病的胚胎或胎兒立即成為一名「病人」。在社會價值觀是容許墮胎的社會裡，最簡單的方式就是不讓這些罹患基因疾病的胚胎或胎兒誕生。而且，在已知胚胎或胎兒有基因缺陷時，當事人及其家庭即承擔了一種道德的義務，那也就是，明知所孕育的胚胎或胎兒有缺陷而仍然讓其出生，就當全面承擔後續所引發的相關心理與經濟負擔，日後不能以無知推卸責任，或是要求社會資源的支持。這項知情責任使當事人及其家庭承受鉅大的壓力，將其推向接受墮胎手術的選擇。例如，在許多先進的國家或地區中，當當事人知悉胎兒患有唐氏綜合症，絕大部分都以墮胎來解決問題。如果父母親事先並不知情懷了基因疾病的胎兒，在愛與期待之下，反而不會拒絕一個患有基因病症的孩子。換句話說，基因檢測技術的進步，反而帶來了暴露人性弱點、弱化親情力量的危機。

八、基因科技的倫理與社會議題

　　視基因為比環境更足以決定人類行為的基因決定論者，在其眼中人類行為變成由基因決定，而不是源自於自由意志。在基因篩檢的假面下，基因性向可能被用在教育、工作安置、軍事指派上。舉例來說，如果發現數學智力是出於基因的作用，學校可能會用這項資訊來選拔具有這方面基因稟賦的學生，大力培養與開發他們的數學能力，而疏忽甚至放棄對數學智力基因差的同學仍需擔負的教育責任。

　　關於基因科技所帶來的問題，不論是基因篩檢、基因歧視、基因複製、還是基因治療，可以從個人、家庭、社會、以及人類全體四個層面，加以檢討。「個人層級」相關議題的處理，包括什麼樣的個人基因資訊是可以收集的、如何收集到、為誰收集、透過誰的授權、基於什麼目的、收集到的資訊如何公開、向誰公開，這項科技由誰擁有、對個人與家庭會產生什麼影響。這些問題都是可以直接應用到基因資訊的醫療使用，諸如誰應該接受篩檢、什麼時候接受篩檢、在篩檢前應該得到哪些診斷與諮詢，在醫療篩檢與診斷之外哪些資訊是可以使用與應該使用的，該由誰付費、誰能夠取得這筆資訊，保險公司？雇主？教育機構？還是軍事單位？

　　基因科技的發達有可能助長基因決定論的迷思，個人的認同亦將受制於社會對基因認同的看法，尤其當基因資訊普遍化之後，無論就業、徵婚、保險、疾病診斷、罪犯確立、身分證明，個人的基因圖譜儼然成了個人的身分證與履歷表。換句話說，基因資訊的透明化，可能直接威脅到個人的自主性與隱私權。

　　每種基因疾病，都有其獨特性，需要以不同的方式處理與應付。有些疾病最常發生在某些特定的種族或族群團體，因此提高了這些群體遭受歧視與污名化的機率。其他的檢驗像是神經導管不良等病症，只能對懷孕婦女做檢驗，而到目前而止，建議墮胎可能是唯一的診斷。還有一些檢驗只能對新生嬰兒做，像是篩檢苯酮尿症之類的病狀，則需要立即處理，以避

免傷害發生。這些都有待政府與醫療專業團體，制訂相關的法令規定以維護相關當事者的權益。

在「家庭層級」方面，所有基因篩檢方案都蘊含著自主性與保密這兩大主要的倫理與法律議題。自主性要求所有的篩檢方案的實施與執行都必須是自願的，同意也必須是接受篩檢者充分獲知與瞭解該項篩檢具有之某項正面作用的所有資訊之後，所做出的決定。保密則要求非經當事人同意，所有篩檢的事實與結果不得向任何其他的人透露。人類免疫系統失常，雖然不是基因疾病，罹患者所經歷的普遍歧視問題，就是一個值得警惕的前車之鑑。不僅接受檢驗必須出於自願，而且檢驗結果必須保密，以維護患者的個人權益。另一個值得注意的家庭層級問題，是執行具有辨識某個疾病的發生、卻無法提供有效治療的新生嬰兒篩檢技術時，必須取得新生嬰兒父母同意的規定。這項規定有助於避免政府因擔心某種基因疾病會因環境變化而加重，貿然發布執行新生嬰兒篩檢的命令，以致醫療機構越過新生兒父母親直接進行篩檢，致使某些族群遭受不當的歧視與污名化。

在社會層級，基因篩檢所涉及的議題，基本上有三類。除了自主性與保密的議題之外，其次就是有關資源配置與商業主義以及優生學的問題。全國生物學研究經費在國家預算中應該規劃多少百分比投入人類基因體研究計畫？基因體研究計畫的成果與福利，政府該如何訂定合理適當的法律規範，以便開放給所有想要或需要使用的民眾共同分享？研發治療基因疾病的經費與用在直接改善導致基因疾病的非生物因素，像是降低貧窮、嗑藥、酗酒、營養不良、教育素質惡化、缺乏獲得高品質醫療照顧的經費之間，政府可以依據什麼原則，做出正確的分配？

社會層級面最後一項是關於「優者生、劣者亡」的問題。試想世界發展出私下買賣人類基因就像人類器官一樣的情形，只要有錢就可以買到姣好的容貌、身材、智力、與能力，優良基因將成為有錢人獨霸的市場。其次，有些疾病與不正常通常來自於社會建構，而非自然事實。特別是與種族相關的某些特性，是否也需要經過基因科技而改變？換句話說，不可能訂出所謂的正常或標準的人類基因。即使有，也是出自於人類的發明。若

果如此，那麼個人的基因在被標示為次於標準或反常之前，什麼是社會所允許的變異呢？諸如此類的基因正常的建構概念，會對社會帶來什麼衝擊呢？胚胎出現什麼變異，可以允許夫婦選擇墮胎、或是促使基因諮詢師提出結紮的建議呢？根據個人的基因組成，對於個人的生命，社會可以接受什麼干預？對事先知道他們的小孩在懷孕時或生出來之後會帶有某種嚴重基因失常，還堅持生下小孩的父母，當他們提出小孩醫療需求的請求權時，健康照顧保險公司有權主張不理賠嗎？雇主有權根據基因組成來篩選員工嗎？

最後是關於人類物種層級的「人何以為人」的本質問題。30 億對人類基礎基因序譜，會對人類概念產生什麼新的衝擊？如果人類被視為是以某種方式排列的分子集合，那麼該如何規範與避免世界上可能出現人類將自己與他人看做可以被製造、複製、與品管控制之產品？這個可能性將冷凍胚胎與代理孕母的爭辯，推上另一個高峰——如果孩子是產品，購買與銷售勢將變成為合理的行為。

基因科技似乎給予人類一個扮演神角色的機會，奢望永生與得勝的人類可以透過基因買賣取得想要的基因取代、換置自己不要的基因，甚至透過基因複製，製造與複製滿意的自己。然而，對於基因複製的技術，科學家早就指出，任何複製都存在變異的可能性，無人能夠保證複製後所產生的基因與原來的基因必定完全相符，如何對待複製後所產生的瑕疵品呢？棄置他嗎？殺掉他嗎？更不用說完全失敗的產品。

辨識特徵、改變基因的新科技使人類有機會利用科技，而非社會控制的方式來達到優生與完美的目標。但是，基因科技對於人性的提升與完美人格的提煉來說，是不具任何意義的。相反的，基因科技進步的優勢，反而可能助長人類無所不用其極地追求優生的目標，以致於人性在追求物質、金錢、權力，乃至於生命滿足的過程中，再度被扭曲，深陷物化與商品化的泥沼，而對於人格與德行完美的講求，也將再次被忽略。因此，不論是否使用基因學來改善人種，必須聯想到可能引起的哲學與道德上的關懷，宜朝著從預防與治療的角度去增進或改善人類基因科技的使用。

九、基因科技的法律規範

　　規範基因科技的使用主要是基於該科技所帶來的兩類風險。首先是基因科技發展對於人類健康、身體、生命、乃至於生態環境，所可能帶來的潛在危險。這類的風險必須透過法律加以規範，而執行風險管理時宜遵守「排除危險」、「預防風險」、與「容忍剩餘風險」的三大原則。其次，基因科技成果的正當使用有助於人類整體生活與生命品質的改進，因此亦有需要藉由健全的法制來鼓勵與保障相關的研究自由、商業活動、與相對應的財產權歸屬問題。

　　基因科技法律規範基本上屬於環境法性質，因此，環境法領域所發展出來的預防、合作、與製造危險者付費三大基本指導原則，亦適用於基因科技法領域。❻根據「預防原則」，基因科技的法律規範透過許可與證照制度的建立，不只是對抗已經形成的損害或迫近的危險，也期待將危害的發生尚屬遙遠的風險納入預防範圍。「合作原則」強調國家與社會力協力達成保護的目標，著重於建立獨立的專家委員會，委其扮演重要的參與基因科技管制決定的角色，除了在立法階段要求專家涉入參與立法政策的討論外，在行政機關相關的行政決定程序中，亦強制要求接受專家委員會之建議。「製造危險者付費原則」是出自於環境法的概念，確立環境保護責任的歸屬與分配的標準，要求造成環境污染或損害的人必須負擔製造危險的費用。應用到基因科技領域之後，則是指基於管制基因科技程序或活動而產生的相關費用，責成經營基因科技活動的業者負擔，而為履行法定義務所生的費用，亦由業者自行承擔。

　　關於基因科技法的制訂與修訂，澳洲經驗是值得參考與借鏡的。澳洲是少數針對基因科技訂定專法的國家之一，經過數個不同階段的充分討論

❻　蔡宗珍，2000，〈基因科技法之規範架構初論〉，第一屆「基因科技之法律管制體系與社會衝擊研究」研討會，臺北：臺大法律學院。

之後，澳洲議會在 2000 年 12 月通過《基因科技法》(Gene Technology Act)，政府並於 2001 年 5 月 21 日公布《基因科技法細則》(Gene Technology Regulations)。施行五年之後，澳洲政府在 2006 年 4 月 27 日正式公布第一份針對基因科技相關法規的法定評鑑，並於一年內完成相關修訂，於 2007 年 6 月 20 日通過《基因科技修正法案》(Gene Technology Amendment Act)。

2007 年《基因科技修正法案》，共有五大重點。第一，該法案建立以處理緊急狀況允許使用基因改良生物之機制 (emergency dealing determination)。建立核准採取緊急狀況處理辦法，只適用於具有潛力解除民眾或環境之健康與安全於立即危難的某種基因改良生物。雖然澳洲治療藥品管理局以及殺蟲劑與獸醫藥物管理局都有核發緊急狀況處理的法定權力，為了使基因科技管理體系更為有效、更具一致性，該修正案增列「緊急狀況許可」的相關規定，以因應突發情況，以求快速解決可能發生的危害。不論是與使用基因改良生物相關的所有行為、特定種類行為、還是其中一種或多種特定行為，該修訂法都給予緊急行為核准權，並訂定除非訂有特殊日期或是核准遭到撤銷，否則緊急行為核准的效期一概為六個月。第二，改善提供主管機構相關的諮詢與建言機制，將基因科技倫理委員會與基因科技諮詢委員會兩者合併，並成立基因科技倫理暨諮詢委員會兼具風險溝通與執照許可諮詢兩項功能。第三，授與主管機關變更證照許可的權力，從嚴管制不同許可與執照之間的轉換。第四，確立主管機關基於大眾利益，具有指示民眾遵守基因科技法及其施行細則的權力。第五，增列對非蓄意交易 (inadvertent dealings) 的通融。既然擁有基因改造生物不是出於刻意的非蓄意交易，則無須申請執照，而且只要擁有者同意，即使主管機關並未收到申請文件，亦可以視其為已經申請許可。

美國與歐盟的作法也深具參考價值，更有趣的是兩者迥然不同的管制哲學——歐盟認為只要涉及基因科技，除非能提出沒有風險的證據，否則就一定有風險；相反的，在美國，則認為除非能證明有風險，否則所有基因科技的使用都當以無風險視之。美國關於基因科技最主要的規範基礎是《公共衛生法》(Public Health Service Act) 與《聯邦食品、藥物及化妝品法》

(Federal Food Drug and Cosmetic Act)。經過 1997 年的修法，正式將基因科技產品納入法律的規範，主管機關為食品藥物管理局 (Food and Drug Administration)，在此規範下，基因科技的使用取得國家的許可執照並接受藥物體系的管理。

歐盟自 1995 年以後，所有基因科技的醫療產品都是由歐洲藥物評估局 (EMEA European Medicines Evaluation Agency) 負責審查，然後發給歐洲許可執照。歐盟對基因科技的法律規範，主要建立在《第四發展綱領》(the Fourth Framework Program)、《歐洲經濟共同體 1993 年第 2309 號規章》 (EEC Regulation No. 2309/93)、《從事人體生物醫學研究醫師指導建議》 (Recommendation guiding physicians in biomedical research involving human subjects)，以及《人權與生物醫學公約》(Convention on Human Rights and Biomedicine) 之上。特別是《人權與生物醫學公約》所確立的使用基因科技的十大原則——人性尊嚴原則、人的完整性原則、人類優先原則、合乎健康與研究領域專業標準原則、健康照顧平等原則、自主與知情同意原則、保護殘障者原則、尊重明示意願原則、禁止牟利原則、以及尊重隱私原則。

反觀臺灣，不論是在制定相關風險管理規範，還是凝聚社會倫理價值共識，都以牛步前進，遠遠落後於先進國家，都進入了 21 世紀，基因改造科技相關的管理辦法還在立法草案之中。由於各界意見紛雜，認同與不認同基因改造的學者專家相互對峙，以致遷延了立法的步調。然而不論立法困難度有多高，基因改造法案的立法速度，的確需要加快腳步，方能趁早建立相關風險的管制措施，以免民眾成為基因科技下的犧牲品。

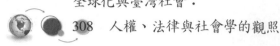

關鍵概念解釋

生物科技 (biotechnology)

利用重組去氧核醣核酸的技術、細胞融合、生物製程與修補技術等系列工具，來增進人類生活品質、或創造新物種之科學技術。

不實施心肺復甦術 (do-not-resuscitate)

心肺復甦術的目的在於防止非預期性的突發死亡、重點在於挽救生命。對於末期癌症病患施以心肺復甦術並無法產生延展生命的醫療效果，反而使臨終病患徒受折磨、苟延殘喘，所以新推動的醫療倫理概念給予癌症末期病人醫療自主權，生前預立不接受心肺復甦術的醫囑，選擇尊嚴逝去的權利。

基因歧視 (gene discrimination)

指單獨基於個人基因構造與正常基因組的差異，而對他及其家族成員處以差別待遇，視之為低劣次等。

基因科技 (gene technology)

指改造遺傳物質的一種生物科技，即透過分離、解析、重組、改造蘊藏著生物遺傳訊息之基因物質的科學程序與活動。

基因治療 (gene therapy)

指以基因為治療對象之醫療行為，以直接更動（放入或修改）病人的遺傳物質為手術標的；一旦施行基因治療，更動過的遺傳物質會持續存在體內到生命的極限，甚至傳入到子代。

安寧療護 (hospice)

一種對於末期癌症病患的醫療理念，主張醫護人員應該協助病人讓生命在平安和尊嚴中結束的呼籲與實踐行動。這項主張是基於「給予癌症末期的病患太過積極治療，不但無法延長其生命，反而增加許多痛苦，剝奪了病患安享尊嚴死亡的權利」的認識。

緩和醫療 (palliative medicine)

疾病已無法治癒時，承認死亡為一個自然過程，進而對病人所做的積極完

整的照顧。結合緩和照顧、安寧療護、臨終照顧三者合一的連續過程，緩和醫療對得了不治之症的病患，給予全人化的照顧，以維護病人及其家屬最佳的生活品質。

社會資本 (social capital)

指嵌入於社會結構中，個人基於直接或間接社會關係而擁有並用以取得稀有社會資源的媒介。

社會資源 (social resources)

指嵌入個人社會網絡中的資源，這種資源個人不直接占有，而是透過其直接或間接的社會關係而取得。

優生運動 (The eugenics movement)

相信人種改良可以促成廣設照顧生物學上與社會上不健全者的機構，以及限制性移民政策的制訂。影響所及，最著名的結果，就是強制剝奪大量的移民、貧戶、以及精神病患的生育能力。

異種器官移植 (xenotransplantation)

指基於醫療的目的，從某個物種身上取得活的細胞、組織、或是器官，然後移植到另一個物種。

人畜共通的疾病 (zoonosis)

指由動物傳染給人的疾病。有些疾病是只有動物才會感染的，接受動物器官移植的人類病患，動物的疾病隨之移轉到他身上，然後病患又把這些疾病傳給其他民眾，成為在人類間流傳的疾病。

未盡之路

　　寫書不難，只要忍受得了所帶來的挑戰、掌握住其對耐心的磨練，便能享受其中自問自答的樂趣。寫大綱，宛如宣示，充滿了自主權，割捨拿捏，盡在筆下，更具有創造滿足感的魔力。稍微有點難度的，當屬宣示完成之後，對於已經選取之主題框架的思維路徑與邏輯動線，提出合理的規劃與說明。所以，一本書從動念到完稿，章節順序與輪廓的調整，實屬難免。真的難度在於撰述過程中對當初已經捨去之主題的眷顧。在寫卷尾之際，的確掙扎著，是否就此收筆。相對於將未盡之關懷寫入，按原訂計畫收筆反而是項為難的決定。說來奇怪，這次的流連異常持久，最後化成卷尾的標題──「未盡之路」，為下回筆耕許下願景與記錄。當然，全球化的進展不會因本書的完成而止步，就這個階段而言，我對全球化的未盡觀察，在於環境權利意識與宗教世俗化兩個界面。希望在短暫的未來，能在對環境與宗教議題上，整理出有系統的觀察與批判，完成我對全球化的全方位研究，以盡一現代知識分子的職分。

參考文獻

中國時報 1988 年 11 月 16 日第 3 版相關新聞。

中華民國憲法增修條文，國民大會。

《中華民國 91 年版僑務統計年報》，2002，行政院僑務委員會，頁 36、42。

司法院大法官釋憲案 1–462 號，司法院。

自由時報 1999 年 5 月 1 日第 3 版相關新聞與報導。

勞工統計年報，1994 年、2007 年。

年代民調中心，2006，《婦女人權與婚姻暴力民調報告》，頁 2。

朱柔若，1998，〈第 2 章：關廠與反關廠行動〉，《社會變遷中的勞工問題》，臺北：揚智。

朱柔若，1998，〈第 12 章：女性勞工與性別歧視〉，《社會變遷中的勞工問題》，臺北：揚智，頁 210–212。

朱柔若，1999，《建構高雄市與布里斯本城市外交新模式之研究——以高雄市布里斯本移民為探索焦點》的研究報告。

朱柔若，2003，《資本與勞力的跨國流動：布里斯本之臺籍僑民研究》的工作報告。

朱柔若，2005，〈哪種病患可能告醫師？經濟決策、社會控制、醫病互動、與人際資源的觀點〉，《醫事法學》第 31 卷第 3、4 期：19–26。

朱柔若，2006，〈移民政策與定居經驗：臺籍移民在澳洲布里斯本的經驗探討〉，《新世紀移民的變遷》，玄奘大學海外華人研究中心叢書第四種：333–366。

朱柔若，2007，〈徒法不足以自行：簡述英國之工作平等法制之變遷〉，《高市勞工》：26–31。

朱柔若、林東龍，2003，〈醫療公道如何討？臺灣醫療糾紛處理機制弊病之探討〉，《醫事法學》第 11 卷第 3–4 期：31–61。

朱柔若、劉千嘉，2005，〈大陸新娘在臺灣的認同問題探討〉，《社區發展季刊》第 112 期：179–196。

朱敬一、李念祖著，2003，〈壹、平等自由的人權理論〉，《基本人權》，臺北：時報出版，頁 4–16。

周月清，1994，〈臺灣受虐婦女社會支持探討之研究〉，《婦女與兩性學刊》第 5 期：69–108。

周月清，2001，〈受暴婦女與專業人員對婚暴認知探討研究〉，《社區發展季刊》第 94

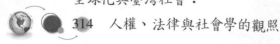

期：106–133。

林騰鷂，1999，《行政法總論》，臺北：三民書局，頁291–493。

法治斌，1996，〈司法審查中之平等權〉，《國科會人文及社會科學研究會刊》第6卷第1期：35–50。

邱清華，1994，〈醫療糾紛的民間團體的角色——消基會〉，《臺灣醫界》第37卷第6期：104。

邱清華，1999，〈醫療、法律、消費者——重建醫病關係〉，《醫事法學》第7卷第2期：4–6。

城仲模，1998，〈泛論憲法文化與法治社會〉，《司法院大法官釋憲五十週年紀念論文集》，臺北：司法院，頁568。

姜蘭紅、徐榮崇，2003，《澳洲臺灣僑民現況之研究》。

施文森，1998，〈論社會保險權益之性質〉，《司法院大法官釋憲五十週年紀念論文集》，臺北：司法院，頁643。

胡幼慧，2001，《新醫療社會學》。臺北：心理。

徐崇榮、葉富強，2006，〈性別角色的跨國思維——以布理斯本的一點五代臺灣移民為例〉，《人口學刊》32：43–81。

翁岳生，1994，〈司法權發展之趨勢〉，《法治國家之行政法與司法》，臺北：月旦，頁179。

翁岳生，1994，〈行政法院對特別權力關係之審查權〉，《法治國家之行政法與司法》，臺北：月旦。

翁岳生，1994，〈我國行政法四十年來之發展〉，《法治國家之行政法與司法》，臺北：月旦，頁220–297。

翁岳生，1994，〈法治行政的時代意義〉，《法治國家之行政法與司法》，臺北：月旦，頁220。

翁岳生，1994，〈近年來大法官會議解釋之研討——有關人民權利之保障〉，《法治國家之行政法與司法》，臺北：月旦。

翁岳生，1994，〈憲法之維護者——回顧與展望〉，《法治國家之行政法與司法》，臺北：月旦，頁399–400。

翁岳生，1998，〈我國釋憲制度之特徵與展望〉，《司法院大法官釋憲五十週年紀念論文集》，臺北：司法院，頁290–311。

翁岳生，2002，〈司法正義新作為（上）〉，《司法周刊》第1068期：頁2–3；暨〈司法正義新作為（下）〉，《司法周刊》第1069期：頁2。

張靜倫，2000，〈台灣婦運議題與國家的性別政策——訴求與回應〉，蕭新煌、林國明主編，《台灣社會福利運動》，臺北：巨流。

許振東，2002，〈從舉證責任倒置看醫療糾紛的問題〉，《臺灣醫界》第45卷第6期：35–37。

許雅惠，2001，〈家庭暴力防治——性別化的政策分析〉，《社區發展季刊》第94期：277–288。

陳小紅，2000，〈婚配移民：臺灣海峽兩岸聯姻之研究〉，《亞洲研究》第34期：35–68。

陳若璋，1992，〈臺灣婚姻暴力之本質、歷程與影響〉，《婦女與兩性學刊》第3期：117–147。

陳高凌，2001，〈義與面子在華人家庭暴力裡的運作及其對治療之啟示〉，《本土心理學研究》第14期，頁63–111。

陳敦源，2002，《民主與官僚》，臺北：韋伯出版社。

陳榮基，1994，〈臺灣醫療糾紛的頻率與原因的分類〉，《臺灣醫界》第37卷第6期：102。

陳寬政、李美玲，1992，〈臺灣海峽兩岸婚配的特性〉，《兩岸社會交流問題研討會論文集》，頁273–292。

畢恆達，〈當男人遇見女性主義：男性性別意識形成歷程之研究〉。

曾華松，1998，〈憲法保障人民訴訟權之回顧與展望〉，《司法院大法官釋憲五十週年紀念論文集》，臺北：司法院，頁225。

楊漢泉，1997，〈醫療糾紛鑑定實況〉，《律師雜誌》第217期：44–51。

葉俊榮，1999，〈從國家發展與憲法變遷論大法官的釋憲功能〉，《臺大法學論叢》第28卷第2期：頁1–63。

管歐，1998，〈憲法四度增修條文的綜合評估〉，《司法院大法官釋憲五十週年紀念論文集》，臺北：司法院，頁517–518。

趙可式，2000，〈安樂死、自然死與安寧療護〉，戴正德、李文濱編著，《醫學倫理導論》，臺北：教育部，頁109–123。

劉斐文、邱清華、楊銘欽，1997，〈消費者基金會醫療爭議案件之分析研究〉，《中華公共衛生雜誌》第16卷第1期：77–85。

潘淑滿，2003，〈婚姻暴力的性別政治〉，《婦女與性別研究》第15期：195–253。

潘淑滿，2004，《2004年台灣婦女人權——指標調查報告》。

蔡宗珍，2000，〈基因科技法之規範架構初論〉，第一屆「基因科技之法律管制體系與社會衝擊研究」研討會，臺北：臺大法律學院。

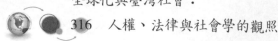

盧瑞芬、謝啟瑞，2000，《醫療經濟學》，臺北：學富文化。

謝啟瑞，1991，〈臺灣的醫療責任、糾紛與訴訟——理論與實證回顧〉，《經濟論文叢刊》第 19 卷第 1 期：87–114。

謝啟瑞，1991，〈醫療糾紛處理結果的實證分析——美國佛羅里達的研究〉，《經濟論文》第 19 卷第 2 期：287–328。

Ackerman, B., 1997, "The Rise of World Constitutionalism", *Yale Law School Occasional Papers, Second Series* 3: 9–10.

Ackers, L., 1998, *Shifting Spaces: Women, Citizenship and Migration within the European Union*, Bristol: The Polity Press.

Agich, G. J. & A. C. Arroliga, 2000, "Appropriate Use of DNR Orders: A Practical Approach", *Cleve Clinical Journal of Medicine* 67 (6): 392, 395, 399–400.

Alder, J., 1989, *Constitutional & Administrative Law*, Houndsmills, Basingstoke, Hampshire: Macmillan Press, pp. 3–6.

Angus Reid Group Inc., 1998, *Immigration to Canada: Aspects of Public Opinion*, Canada: Winnipeg.

Aronowitz, S. & W. DiFazio, 1994, *The Jobless Future: Sci-Tech and the Dogma of Work*, Minneapolis: University of Minnesota Press.

Atkinson, R., 2000, "Combat Social Exclusion in Europe: The New Urban Policy Challenge", *Urban Studies* 37 (5/6): 1037–1055.

Bacchi, C. L., 1999, *Women, Policy and Politics: The Construction of Policy Problems*, London: Sage Publications.

Bader, V., 1997, "Ethnicity and Class: A Proto-theoretical 'Mapping' Exercise", in W. W. Isajiw (ed.), *Multiculturalism in North America and Europe: Comparative Perspectives on Interethnic Relations and Social Incorporation*, Toronto: Canadian Scholar's Press.

Baker, N., Gregware, P. & Cassidy, M., 1999, "Family Killing Fields: Honor Rationales in the Murder of Women", *Violence against Women* 5: 164–184.

Baumgartner, M. P., 1992, "Violent Networks: The Origins and Management of Domestic Conflict", in R. B. Felson & J. T. Tedeschi (eds.), *Aggression and Violence: The Social Interactionist Perspective*, Washington D.C.: American Psychological Association, pp. 209–231.

Beal, T. & F. Sos, 1999, *Astronauts from Taiwan: Taiwanese Immigration to Australia and New Zealand*, Kaohsiung: Asia Pacific Public Affairs Forum, pp. 116–119.

Beatty, D., 1994, "Human Rights and the Rules of Law", in D. Beatty (ed.), *Human Rights and Judicial Review: A Comparative Perspective*, Dordrecht, Boston: M. Nijhoff.

Bennett, D. (ed.), 1998, *Multicultural States-Rethinking Difference and Identity*, London: Routledge.

Berescroft, P. & S. Croft, 1995, "It's Our Problem Too! Challenging the Exclusion of Poor People from Poverty Discourse", *Critical Social Policy* 15 (2/3): 75–94.

Berghman, J., 1995, "Social Exclusion in Europe: Policy Context and Analytical Framework", in Room, G. (ed.), *Beyond the Threshold: The Measurement and Analysis of Social Exclusion*, Bristol: The Policy Press.

Berlin, I., 2002, *Liberty*, H. Hardy ed., Oxford & New York: Oxford University Press.

Bett, K., 1999, *The Great Divide-Immigration Politics in Australia*, Sydney: Duffy & Snellgrove.

Bickel, A., 1975, *The Morality of Consent*, Yale University Press.

Black, D., 1989, *Sociological Justice*, New York: Oxford University, pp. 15–20.

Black, D., 1993, *The Social Structure of Right and Wrong*, San Diego: Academic Press.

Black, D. ed., 1984, *Toward a General Theory of Social Control*, Orlando: Academic Press.

Blackhall, L. J., 1987, "Must We Always Use CPR?" *New England Journal of Medicine* 317: 1281–1287.

Blood, R. O. & Wolfe D. M., 1960, *Husbands and Wives: The Dynamics of Married Living*, New York: Free press.

Bourdieu, P., 1985, "Chapter 9: The Forms of Capital", *Handbook of Theory and Research for the Sociology of Education*, J. G. Richardson ed., Connecticut: Greenwood Press.

Brubaker, R., 1992, *Citizenship and Nationhood in France and Germany*, Cambridge: Harvard University Press.

Byrne, D., 1999, *Social Exclusion*, Buckingham: Open University Press.

Calam, B. et al., 2000, "CPR or DNR? End-of-Life Decision Making on a Family Practice Teaching Ward", *Canadian Family Physician* 46: 340–346.

Campbell, M., 2000, "Labor Market Exclusion and Inclusion", in J. Percy-Smith (ed.),

Policy Responses to Social Exclusion: Towards Inclusion? Buckingham: Open University Press.

Castel, R., 2000, "The Roads to Disaffiliation: Insecure Work and Vulnerable Relationships", *International Journal of Urban and Regional Research* 24 (3): 519–535.

Castles, S. & A. Davidson, 2000, *Citizenship and Migration: Globalization and the Politics of Belonging*, New York: Routledge.

Cheal, D., 1996, *New Poverty: Families in Postmodern Society*, London: Greenwood Press.

Chen, T. F., 1996, *Judicial Review and Social Change in Post-war Taiwan*, Unpublished Doctoral Dissertation, School of Law, New York University, pp. 20–21.

Chu, J. J., 1994, "Chapter 3: The Rise of Island-China Separatism", in G. Klintworth (ed.), *Taiwan in the Asia-Pacific in the 1990s*, Allen & Unwin Press, pp. 44–58.

Chu, J. J., 1994, "Political Liberalization and the Rise of Taiwanese Labor Radicalism", *Journal of Contemporary Asia* 23 (2): 173–188.

Chu, J. J., 2000, "Nationalism and Self-determination: The Identity Politics in Taiwan", *Journal of Asian and African Studies* 35: 301–321.

Chu, J. J., 2000, "The New Working Class in Taiwan: Its Social Values, Political Attitudes and Class Position", *Asian Profile* 28 (5): 371–384.

Chu, J. J., 2000, "The Settlement Experiences of Taiwanese Immigrants in Brisbane", *Queensland Review* 7 (1): 37–52.

Chu, J. J., 2002, "Amendments of Administrative Law and Democratic Consolidation: The Case of Taiwan", XV ISA World Congress, Australia: Brisbane.

Chu, J. J., 2002, "In Response to Xenotransplantation: What We Can Learn from the Canadian Experience", Workshop on Bioethics, University of Montreal, Canada.

Chu, J. J., 2002, "Networking, Informal Economic Activities, and Ethnic Occupations: Economic Adapation of Taiwanese Immigrants in Vancouver", *American Journal of Chinese Studies* 9: 101–126.

Chu, J. J., 2003, "Human Rights and Social Justice: A Sociological Approach to Human Cloning", WSSA Conference, Nevada: Las Vegas.

Citizenship and Immigration, 1994, Ottawa: Minister of Supply and Services, p. 28.

Citizenship and Immigration Canada 1992–1999, Ottawa: Minister of Supply and

Services.

Citizenship and Immigration Canada 1996–1999, Ottawa: Minister of Supply and Services, Canada.

Coleman, H. D. & M. A. Straus, 1986, "Martial Power, Conflict, and Violence in a Nationally Representative Sample of American Couples", *Violence and Victims* 1: 141–157.

Coleman, James, 1988, "Social Capital in the Creation of Human Capital", *American Journal of Sociology* 94: S95–120.

Cooper, D. K. C. et al. (eds.), 1991, *Xenotransplantation: The Transplantation of Organs and Tissues between Species*, New York: Springer Verlag.

Donnelly, J., 1989, *Universal Human Rights in Theory and Practice*, Ithaca: Cornell University Press.

Egleston, B. L., M. A. Rudberg & J. A. Brody, 2000, "State Variation in Nursing Home Morality Outcomes According to Do-Not-Resuscitate Status", *Journals of Gerontology Biological Sciences and Medical Sciences* 55(4): M215–220.

Eliasson, A. H., J. M. Parker, A. F. Shorr, K. A. Babb, R. Harris, B. A. Aaronson & M. Diemer, 1999, "Impediments to Writing Do-Not-Resuscitate Orders", *Archives of Internal Medicine* 159 (18): 2213–2218.

Employment and Immigration Canada, 1990, Ottawa: Minister of Supply and Services, p. 35.

Farber, Henry S. & M. J. White, 1994, "A Comparison of Formal and Informal Dispute Resolution in Medical Malpractice", *Journal of Legal Studies* 23 (2): 777–806.

Fielding, S. L., 1995, "Changing Medical Practice and Medical Malpractice Claims", *Social Problems* 42 (1): 38–55.

Finnis, J., 1980, *Natural Law and Natural Rights*, Oxford: Clarendon Press.

Fins, J. J., F. G. Miller, C. A. Acres, M. D. Bacchetta, L. L. Huzzard & B. D. Rapkin, 1999, "End-of-life Decision-making in the Hospital: Current Practice and Future Prospects", *Journal of Pain Symptom Management* 17 (1): 6–15.

Fischer, G. S. et al., 1998, "Patient Knowledge and Physician Predictions of Treatment Preferences after Discussion of Advance Directives", *Journal of General Internal Medicine* 13 (7): 447–454.

Friedman, L. M., 1977, *Law and Society: An Introduction*, Englewood Cliffs, N.J.:

Prentice-Hall, Inc.

Friedman, M., 1982, *Capitalism and Freedom*, Chicago: University of Chicago Press, p. 2.

Gelles, R. J., 1983, "An Exchange/Social Control Theory", in D. Finkelhor et al. (eds.), *The Dark Side of Families: Current Family Violence Research*, Newbury Park, CA: Sage Publications.

Gelles, R. J., 1993, "Through a Sociological Lens: Social Structure and Family Violence", in R. J. Gelles & D. R. Loseke (eds.), *Current Controversies on Family Violence*, Newbury Park, Calif.: Sage Publications.

Gelles, R. J. & D. R. Loseke (eds.), 1993, *Current Controversies on Family Violence*, Newbury Park, Calif.: Sage Publications.

Ginsberg, T., 2003, *Judicial Review in New Democracies: Constitutional Courts in East Asia*, Cambridge University Press.

Goldberg, D. T., 1994, *Multicultural Conditions in Multiculturalism: A Critical Reader*, London: Blackwell, p. 1.

Golin, C. E., N. S. Wenger & H. Liu, 2000, "A Prospective Study of Patient-Physician Communication about Resuscitation", *Journal of American Geriatrics Society* 48 (5): S52–60.

Goode, W. E., 1971, "Force and Violence in the Family", *Journal of Marriage and the Family* 33: 624–636.

Gore, C., 1995, "Introduction: Markets, Citizenship and Social Exclusion", in G. Rodgers et al. (eds.), *Social Exclusion: Rhetoric, Reality, Responses*, Geneva: International Labor Organization.

Grieco, E. & M. Boyd, 1998, "Women and Migration: Incorporating Gender into International Migration Theory", *Working Paper Series* 98–139.

Gutmann, A. (ed.), 1994, *Multiculturalism: Examining the Politics of Recognition*, Princeton: Princeton University Press.

Habermas, J., 1996, *Between Facts and Norms: Contributions to a Discourse Theory of Law and Democracy*, translated by William Rehg, Cambridge, UK: Polity Press in association with Blackwell Publishers.

Hagan, J., A. R. Gillis & J. Simpson, 1985, "The Class Structure of Gender and Delinquency: Toward a Power-Control Theory of Common Delinquent Behavior",

American Journal of Sociology 90 (6): 1151–1178.

Hagan, J., A. R. Gillis & J. Simpson, 1990, "Clarifying and Extending Power-Control Theory", *American Journal of Sociology* 95 (4): 1029–1037.

Hall, S., 1991, "Old and New Identities, Old and New Ethnicities", in A. D. King (ed.), *Culture, Globalization and the World-System*, New York: State of University of New York.

Hall, S., 2000, "Conclusion: The Multi-cultural Question", in B. Hesse (ed.), *Un/Settled Multiculturalisms*, London: Zed Books.

Hamashita, Takeshi, 1997, "The Chinese World-System", in *Network Power: Japan and Asia*, Peter Katzenstein & Takashi Shiraishi eds., Ithaca: Cornell University Press.

Hanmer, J. Z. & Maynard, 1987, *Women, Violence and Social Control*, London: Macmillan.

Hartmann, 1979; Walby, 1986; Crompton & Sanderson, 1990.

Harvey, D., 1989, *The Condition of Postmodernity*, Cambridge, MA: Blackwell.

Henkin, L., 1994, "Elements of Constitutionalism", *Occasional Paper Series*, Columbia University: Centre for the Study of Human Rights.

Hiebert, Daniel, 1998, *Immigrant Experiences in Greater Vancouver: Focus Group Narratives*, Research on Immigration and Integration in the Metropolis, Working Paper Series #98–15, Vancouver Centre of Excellence.

Hirschi, T., 1969, *Causes of Delinquency*, University of California Press, pp. 16–34.

Holland, K. M. ed., 1991, *Judicial Activism in Comparative Perspective*, Houndmills, Basingstoke, Hampshire: Macmillan Academic and Professional, p. 1.

Huang, M., 2002, "Creating a National Human Rights Commission", Taipei: International Symposium on Human Rights in Taiwan.

Ife, J., 2001, *Human Rights and Social Work: Towards Rights-based Practice*, Cambridge University Press.

Inglis, C., 1999, "Chapter 3: Australia's 'New' Asian Immigration and its Impact in a Period of Globalization", *Asian Migration: Pacific Rim Dynamics,* Monograph No. 1, Taipei: Interdisciplinary Group for Australian Studies, National Taiwan University, p. 76.

Ip, D., M. Anstee & C. T. Wu, 1998, "Cosmopolitanizing Australian Suburbia: Asian Immigration in Sunnybank", *Journal of Population Studies* 19: 53–79.

Johnston, S. C. et al., 1998, "Patient and Physician Roles in End-of-Life Decision Making, End-of-Life Study Group", *Journal of General Internal Medicine* 13 (1): 43–45.

Keown, J., 1995, *Euthanasia Examined: Ethical, Clinical, Legal Perspectives*, Cambridge University Press.

Kissane et al., 1998

Klug, H., 2000, *Constituting Democracy: Law, Globalism and South Africa's Political Reconstruction*, Cambridge: Cambridge University Press.

Kristol, W., 2002, *The Future is Now: America Confronts the New Genetics*, Maryland: Rowman and Littlefield.

Kunin, R., 2000, "The Economic Impact of Business Immigration into Canada", *Employment and Immigration Canada*, Regional Economic Services Branch BC/YT.

Kymlicka, W., 1995, *Multicultural Citizenship*, Oxford University Press, pp. 14–18.

Leape, L. L., 1994, "Error in Medicine", *Journal of American Medical Association* 272 (23): 1851–1857.

Lee, E. S., 1966, "A Theory of Migration", *Demography* 3 (1): 47–57.

Lee, S. R., 1992, *The Attitudes of Taiwanese Immigrants: In Brisbane towards Assimilation: An Internal Perspective*, Griffith University: Unpublished Honours Thesis, p. 52.

Lerner, D., 1968, *The Passing of Traditional Society: Modernizing the Middle East*, Free Press, p. 36.

Levy, M. J. Jr., 1972, *Modernization and the Structure of Societies*, Princeton, N.J.: Princeton University Press.

Li, P. S., 1993, *Chinese Immigrants and Ethnic Enterprise Transplanted Cultural Thesis and Blocked Mobility*, Toronto: Robert F. Harney Professorship & Program in Ethnic Immigration and Pluralism Studies.

Light, I., 1972, *Ethnic Enterprise in America,* Berkeley & Los Angeles: University of California Press.

Littlewood, P. (ed.), 1999, *Social Exclusion in Europe: Problems and Paradigms*, Aldershot: Ashgate.

Lowe, J. & I. Kerridge, 1997, "Implementation of Guidelines for No-CPR Orders by a General Medicine Unit in a Teaching Hospital", *Australian & New Zealand Journal of*

Medicine 27 (4): 379–383.

Machan, T. R., 2001, "The Perils of Positive Rights", *Freeman: Ideas on Liberty* 51 (4).

Maher, K. H., 2004, "Globalized Social Reproduction: Immigrant Service Workers and the Citizenship Gap", in A. Brysk & G. Shafir (eds.), *People Out of Place*, Routledge.

Maksoud A., D. W. Jahnigen & C. I. Skibinski, 1993, "Do Not Resuscitate Orders and the Cost of Death", *Archives of Internal Medicine* 153 (10): 1249–1253.

Marshall, T. H., 1965, *Class, Citizenship and Social Development*, New York: Anchor Books.

Marshall, T. & T. Bottomore, 1992, *Citizenship and Social Class*, New York: Fress Press.

Massey, D. S., 1990, "The Social and Economic Origins of Immigration", *Annals of the American Academy of Political and Social Science* 510: 60–72.

Massey, D. S. et al., 1993, "Theories of International Migration: Λ Review and Appraisal", *Population and Development Review* 19 (3): 431–466.

May, M. L. & D. B. Stengel, 1990, "Who Sues Their Doctors? How Patients Handle Medical Grievance", *Law & Society Review* 24 (1): 105–120.

Mbaye, K., 1982, "Human Rights in Africa", in *The International Dimension of Human Rights*, Paris: UNESCO.

Meissner, D. M. et al., 1993, *International Migration Challenges in a New Era*, The Triangle Papers 44, New York, Paris & Tokyo: The Trilateral Commission.

Mishler, E. G., 1984, *The Discourse of Medicine, Dialectics in Medical Interviews*, Norwood, NJ: Ablex.

Moore, B. Jr., 1967, *Social Origins of Dictatorship and Democracy*, London: Allen Lane, p. 44.

Mullis, J., 1995, "Medical Malpractice, Social Structure, and Social Control", *Sociology Forum* 10 (1): 135–163.

Natowicz, M. R. et al., 1992, "Genetic Discrimination and the Law", *American Journal of Human Genetics* 50: 465–475.

Oishi, N., 2002, *Gender and Migration: An Integrative Approach*, Working Paper 49, San Diego: University of California.

Olds, K. & H. W. Yeung, 1999, *(Re) shaping "Chinese" Business Networks in a Globalizing Era*, Research on Immigration and Integration in the Metropolis, Working Paper Series #99–12, Vancouver Centre of Excellence.

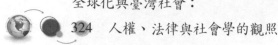
Oommen, T. K., 1997, "Chapter 9: Reconciling Nationality and Ethnicity: The Role of Citizenship", *Citizenship, Nationality and Ethnicity: Reconciling Competing Identities*, Cambridge: Polity Press, pp. 223–242.

Orr, R. D., 2002, "Just Put Me to Sleep.... Please! Ethical Issues in Palliative and Terminal Sedation", Loma Linda University Centre for Christian Bioethics Update 18 (2): 1–8.

Paget, M., 1988, *The Unity of Mistakes: A Phenomenological Interpretation of Medical Work*, Philadelphia: Temple University Press.

Parai, L., 1974, "The Economic Impact of Immigration", *Canadian Immigration and Population Studies*, Ottawa: Department of Manpower and Immigration.

Parekh, B., 1991, "British Citizenship and Cultural Difference", in G. Andrews ed., *Citizenship*, London: Lawrence & Wishart, pp. 197–199.

Paugam, S., 1995, "The Spiral of Precariousness: A Multidimensional Approach to the Process of Social Disqualification in France", in G. Room (ed.), *Beyond the Threshold: The Measurement and Analysis of Social Exclusion*, Bristol: The Policy Press.

Penchansky, R. & C. Macnee, 1994, "Initiation of Medical Malpractice Suit: A Conceptualization and Test", *Medical Care* 32 (8): 814–828.

Percy-Smith, J. (ed.), 2000, *Policy Responses to Social Exclusion: Towards Inclusion?* Buckingham: Open University Press.

Peterson, W., 1958, "A General Typology of Migration", *American Sociological Review* 23 (3): 256–266.

Pettman, J., 1999, "Globalization and the Gendered Politics of Citizenship", in N. Yuval-Davis & P. Werbner (eds.), *Women, Citizenship and Difference*, London: Zed Books Ltd.

Phillips K. & V. J. Woodward, 1999, "The Decision to Resuscitate: Older People's Views", *Journal of Clinic Nursing* 8 (6): 753–761.

Poirier, J., 2000, "Comparison of CMA Joint Statement on Resuscitative Interventions and New Brunswick Hospital Corporations' Policies on End-of-Life Treatments", *Palliative Care* 16 (1): 15–22.

Portes, A., 1995, "Chinese Capitalist Migration to Canada: A Sociological Interpretation", *Asian and Pacific Migration Journal* 4 (4): 465–492.

Portes, A., 1998, "Social Capital: Its Origins and Applications in Modern Sociology",

Annual Review of Sociology 24: 1–24.

Portes, A. & L. Jensen, 1989, "The Enclave and the Entrants: Patterns of Ethnic Enterprise in Miami Before and After Mariel", *American Sociological Review* 54: 929–949. Bailey, T. & R. Waldinger, 1991, "Primary, Secondary, and Enclave Labor Markets: A Training System Approach", *American Sociological Review* 56: 432–445.

Portes, A. & S. Sassen, 1987, "Making it Underground: Comparative Materials on the Informal Sector in Western Market Economies", *American Journal of Sociology* 93: 30–61.

Portes, A., M. Castells & L. A. Benton (eds.), 1989, *The Informal Economy: Studies in Advanced and Less Developed Countries*, Baltimore: The Johns Hopkins University Press.

Quill, T. E., B. C. Lee & S. Nunn, 2000, "Palliative Treatments of Last Resort: Choosing the Least Harmful Alternative", *Annals of Internal Medicine* 132 (6): 488–493.

Rand, D., 1993, *Canadian Politics: Critical Approaches*, Scarborough: Nelson Canada.

Rawls, J., 1972, *The Theory of Justice*, Cambridge, MA: Harvard University Press. 可參閱中譯本，李少軍譯，2003，《正義論》，臺北：桂冠。

Reason, J., 1990, *Human Error*, Cambridge University Press.

Robinson, P. & C. Oppenheim, 1998, *Social Exclusion Indicators*, London: Institute of Public Policy Research.

Rodgers, G., 1995, "What is Special about a Social Exclusion Approach?" in G. Rodgers et al. (eds.), *Social Exclusion: Rhetoric, Reality, Responses*, Geneva: International Labor Organization.

Room, G. (ed.), 1995, *Beyond the Threshold: The Measurement and Analysis of Social Exclusion*, Bristol: The Policy Press.

Scanzoni, J., 1979, "Social Processes and Power in Families", in W. R. Burr et al. (eds.), *Contemporary Theories about the Family*, New York: Collier Macmillan Publishers.

Schechter, S., 1982, *Women and Male Violence: The Visions and Struggles of the Battered Women's Movement*, Boston: South End Press.

Sciulli, D., 1995, "Donald Black's Positivism in Law and Social Control", *Law and Social Inquiry* 20 (3): 805.

Shorr, A. F., A. S. Niven, D. E. Katz, J. M. Parker & A. H. Eliasson, 2000, "Regulatory and Educational Initiatives Fail to Promote Discussions Regarding End-of-Life Care",

Journal of Pain Symptom Management 19 (3): 168–173.

Showler, B. & A. Sinfield (eds.), 1981, *The Workless State: Studies in Unemployment*, Oxford: Martin Robertson.

Silver, H., 1994, "Social Exclusion and Social Solidarity: Three Paradigms", *International Labor Review* 133 (5/6): 531–578.

Silver, H. & F. Wilkinson, 1995, *Policies to Combat Social Exclusion: A French-British Comparison*, in G. Rodgers et al. (eds.), *Social Exclusion: Rhetoric, Reality and Response,* Geneva: International Labor Organization.

Silver, H. & S. M. Miller, 2003, "Social Exclusion: The European Approach to Social Disadvantage", *Indicators* 2 (2): 5–21.

Skeldon, R., 1996, "Migration from China", *Journal of International Affairs* 49 (2): 440.

Sloan, F. A. & C. R. Hsieh, 1995, "Injury, Liability, and the Decision to File a Medical Malpractice Claim", *Law & Society Review* 29 (3): 413–435.

Stolarik, M. M. (ed.), 1985, *Making it in America*, ed., Lewisburg, PA: Bucknell University.

Stratton, J., 1998, *Race Daze-Australia in Identity Crisis*, Alken Press Pty. Ltd.

Straus, M. A., 1980, "A Sociological Perspective on the Causes of Family Violence", in M. R. Green (ed.), *Violence and the Family*, Boulder, CO: Westview Press.

Straus, M. A., R. J. Gelles & S. K. Steinmetz, 1980, *Behind Closed Doors: Violence in the American Family*, Newbury Park, Calif.: Sage Publications.

Strauss, D., 1996, "Common Law Constitutional Interpretation", *University of Chicago Law Review* 63: 877.

Szinovacz, M., 1987, "Family Power Relations and Processes", in M. Sussman & S. Steinmetz (eds.), *Handbook of Marriage and the Family*, New York: Plenum Press, pp. 651–693.

Tastsoglou, E. & A. Dobrowolsky (eds.), 2006, *Women, Migration and Citizenship: Making Local, National, and Transnational Connections*, London: Ashgate Press.

Theophanous, A. C., 1995, *Understanding Multiculturalism and Australian Identity*, Victoria: Elikia Books.

Thompson, W. E. & J. V. Hickey, 1994, *Society in Focus: An Introduction to Sociology*, Allyn & Bacon, p. 323.

Thorns, A. R. & J. E. Ellershaw, 1999, "A Survey of Nursing and Medical Staff Views on the Use of Cardiopulmonary Resuscitation in the Hospice", *Palliative Medicine* 13 (3): 225–232.

Thorns, A. R. et al., 1999, "A Survey of Nursing and Medical Staff Views on the Use of Cardiopulmonary Resuscitation in the Hospice", *Palliative Medicine* 13 (3): 225–232.

Tsai, W. H., 1986, "In Making China Modernized: Comparative Modernization between Mainland China and Taiwan", *Contemporary Asian Studies* 136 (5): 5.

Tsai, W. H., 1996, "In Making China Modernized: Comparative Modernization between Mainland China and Taiwan", *Contemporary Asian Studies* 136 (5): 20.

Turner, J. H., 1974, "A Cybernetic Model of Legal Development", *Western Sociological Review* 5: 3–16.

Varon, J., G. L. Walsh, P. E. Marik & R. E. Fromm, 1998, "Should a Cancer Patient be Resuscitated Following an in-Hospital Cardiac Arrest?" *Resuscitation* 36 (3): 165–168.

Versaevel, J. N. D., 1990, *Canadian Immigration Policy: A Critique of Intent and Practices*, Unpublished Master Thesis, Department of Political Science, University of Victoria.

Vertovec, S., 1998, "Multi-multiculturalisms", in M. Martiniello (ed.), *Multicultural Policies and the State: A Comparison of Two European Societies*, Utrcht: European Research Centre on Migration and Ethnic Relations.

Veugelers, J. W. P., 1999, "State-Society Relations in the Making of Canadian Immigration Policy during the Mulroney Era", *CRSA/RCSA* 37 (1): 95–110.

Waldinger, R., R. Ward & H. Aldrich, 1985, "Ethnic Business and Occupational Mobility in Advanced Societies", *Sociology* 19: 586–597.

Walker, L. A., 1993, "The Battered Woman Syndrome is a Psychological Consequence of Abuse", in R. J. Gelles & D. R. Loseke (eds.), *Current Controversies on Family Violence*, Newbury Park, Calif.: Sage Publications.

Wenger, N. S. et al., 2000, "Physician Understanding of Patient Resuscitation Preferences: Insights and Clinical Implications", *Journal of American Geriatrics Society* 48 (5): S44–51.

Wickberg, E., 1994, "The Chinese as Overseas Migrants", in J. M. Brown & R. Foot (eds.), *Migration: The Asian Experience*, New York: St. Martin's Press, p. 17.

Wilson, W. J., 1997, *When Work Disappears: The World of the New Urban Poor*, New York: Vintage Books.

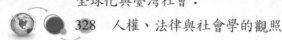

Wong, B. P., 1998, *Ethnicity and Entrepreneurship: The New Chinese Immigrants in the San Francisco Bay Area*, Boston: Allyn & Bacon.

Wong, L. L., 1995, "Chinese Capitalist Migration to Canada: A Sociological Interpretation", *Asian and Pacific Migration Journal* 4 (4): 465–492.

Yeates, N., 2004, "A Dialogue with Global Care Chain Analysis: Nurse Migration in the Irish Context", *Feminist Review* 77: 79–95.

Yepez Del Castillo, I., 1994, "A Comparative Approach to Social Exclusion: Lessons from French and Belgium", *International Labor Review*: 133 (5/6): 613–633.

Young, I. M., 1990, *Justice and the Politics of Difference*, New Jersey: Princeton University Press.

Zehnder, P. W. & D. Royse, 1999, "Attitudes toward Assisted Suicide: A Survey of Hospice Volunteers", *Hospital Journal* 14 (2): 49–63.

Zlotnik, H., 2003, *The Global Dimensions of Female Migration*, Migration Information Source.

索　引

社會學理論——從古典到現代之後　石計生／著

　　「社會」，一個日常生活中經常聽到的詞彙，一般人通常不假思索地接受它，卻鮮有認真觀察社會樣貌的能力；本書正是一本提供讀者經由閱讀社會學家所提出的各式解釋「社會」的理論，而從中發現理解之道的途徑。本書在寫作風格上力求深入淺出，以簡潔的文體、相對沈穩而邏輯清晰的論證方式導引讀者理解各家文本，並期待讀者能從中獲得反省自己所處的社會及其問題的能力。

社會學理論　蔡文輝／著

　　本書以簡潔易讀的文字，有系統地介紹和討論當代西方社會學主要理論學派之概念和理論架構。對於功能論、衝突論、符號互動論及交換論等四大學派及其代表人物等，皆有詳盡的介紹說明。其他次要理論如標籤論、演化論、俗民方法論、現象論、女性主義理論、後現代理論等亦有介紹。本書不僅是社會系學生學習之指引，也是其他社會科系學生不可或缺之參考書。

社會學概論　蔡文輝、李紹嶸／編著

　　誰說社會學是一門高深、難懂的枯燥學科？本書由社會學大師蔡文輝與李紹嶸聯合編著，透過簡明生動的文字，搭配豐富有趣的例子，帶領讀者進入社會學的知識殿堂。本書特色在於：採取社會學理論最新的發展趨勢，以綜合性理論的途徑，精闢分析國外與臺灣的社會現象與社會問題；此外，每章結尾並附有選擇題和問答題供讀者複習與反思之用，是一本值得您一讀再讀的社會學入門書。

社會學概論——蘇菲與佛諾那斯的生活世界

王崇名／著

　　蘇菲 (Sophia) 與佛諾那斯 (Phronesis) 皆源自於希臘文，分別代表了「知識」與「實踐」的意思。社會學不能僅止於蘇菲的世界，還必須兼具佛諾那斯。本書即是要教大家如何從切身的日常生活出發，來認識與實踐「社會學」。作者帶領您以最輕鬆有趣的姿態來認識社會學，藉此為國內大眾揭開「社會學」這門新興學問的神秘面紗。

調查研究方法　　瞿海源／主編

　　本書集結了中央研究院調查研究專題中心、社會學和統計學研究所的學者，對調查研究的過程和基本學理進行詳盡的探討，從擬訂調查主題、抽取受訪樣本、研擬問卷題目、進行焦點討論和認知訪談、施行訪員訓練、進行預試、正式訪談，一直到資料整理、資料檔建立、資料分析。由於利用調查資料庫進行研究是愈來愈重要的趨勢，本書也特別針對調查資料庫及資料分析闢了專章來引介。

社會運動概論　　何明修／著

　　從 1979 年的美麗島事件，到 2005 年的醫療改革大遊行，當我們將這些集會遊行視為稀鬆平常時，你是否真的理解所謂的社會運動？社會運動本身即是一種複雜的現象，因此作者不預設社會運動的本質，從各種經驗現象出發，除了導入諸多理論觀點，容納更豐富的議題討論外，本書更以本土經驗與外國理論對話，援引臺灣社會運動的研究成果，讓抽象的概念與理論，也能融入本土的參照點！